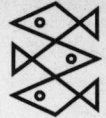

Plötzliche Geschichten

AMERIKANISCHE
SHORT-SHORTSTORIES

Herausgegeben von
Robert Shapard und James Thomas

FISCHER TASCHENBUCH VERLAG

Aus dem Amerikanischen von
Nina Adler, Claus Derenda, Uwe Friesel, Hannelore Gauster,
Michaela Giebelhausen, Christian Grote, Walter Hartmann,
Martin Hielscher, Annemarie Horschitz-Horst, Jürg Laederach,
Helga Pfetsch, Karin Polz, Eike Schönfeld, Brigitte Walitzek,
Cornelia C. Walter

Veröffentlicht im Fischer Taschenbuch Verlag GmbH,
Frankfurt am Main, Januar 1993

Lizenzausgabe mit freundlicher Genehmigung
des S. Fischer Verlags GmbH, Frankfurt am Main
Die amerikanische Originalausgabe erschien 1986
unter dem Titel ›Sudden Fiction. American Short-Short Stories‹
im Verlag Gibbs M. Smith, Inc., Layton
Copyright © 1986 by Gibbs M. Smith, Inc.
Deutsche Ausgabe:
© 1991 S. Fischer Verlag GmbH, Frankfurt am Main
Die bibliographischen Angaben und Quellennachweise
für die einzelnen Erzählungen befinden sich auf Seite 324–328
Umschlaggestaltung: Buchholz / Hinsch / Hensinger
Satz: Fotosatz Gutfreund GmbH, Darmstadt
Druck und Einband: Clausen & Bosse, Leck
Printed in Germany
ISBN 3-596-11415-2

Gedruckt auf chlor- und säurefreiem Papier

INHALT

ROBERT COOVER
Eine plötzliche Geschichte

Es war einmal, da begann plötzlich, solange sie noch konnte, die Geschichte. Für den Helden gab es, als er auszog, natürlich nichts Plötzliches daran, weder an dem Ausziehen, in dessen Erwartung er sein ganzes Leben verbracht hatte, noch an irgendwelchen vorstellbaren Enden, die stets, wie der Horizont, woanders zu sein schienen. Für den Drachen jedoch, der dumm war, war alles plötzlich. Er hatte plötzlich Hunger, und dann aß er plötzlich etwas. Stets war es wie das erste Mal. Und ganz plötzlich erinnerte er sich dann, daß er etwas Ähnliches schon einmal gegessen hatte: ein bestimmter vertrauter säuerlicher Geschmack ... Und ebenso plötzlich vergaß er es wieder. Als der Held dann plötzlich auf den Drachen stieß (jahrelang war er durch verzauberte Wälder, endlose Wüsteneien, vom Drachenatem verkohlte Städte gezogen, für ihn war plötzlich nicht ganz das richtige Wort), merkte er, als er das Schwert zog (ein mögliches Ende war gerade vor ihm heraufgezogen, als wäre der Horizont, in der verzweifelten Illusion der Plötzlichkeit, gekippt), daß er den Drachen um seine zeitlose Freiheit beneidete. Freiheit? hätte der Drache, wäre er nicht so dumm gewesen, fragen können, während er so an dem plötzlichen vertrauten säuerlichen Geschmack (eine Erinnerung ...?) auf der Zunge kaute. Wovon? (Vergessen.)

9

GRACE PALEY
Mutter

Eines Tages hörte ich Radio auf Mittelwelle. »Ach wie so
gerne würd ich meine Mutter in der Tür stehn sehn.« Gott!,
sagte ich, dies Lied verstehe ich. Ich habe mich oft danach
gesehnt, meine Mutter in der Tür stehen zu sehen. Übrigens
hat sie häufig in wechselnden Türen gestanden und hat mich
angesehen. Sie stand eines Tages einfach so an der Eingangs-
tür, hinter ihr die Dunkelheit der Eingangshalle. Es war an
Neujahr. Sie sagte traurig, Wenn du mit siebzehn um vier
Uhr früh nach Hause kommst, wann kommst du dann mit
zwanzig nach Hause? Sie stellte diese Frage ohne Humor
oder Hinterhältigkeit. Sie hatte mit den bekümmerten Vor-
bereitungen zu ihrem Tod begonnen. Sie werde, so dachte
sie, nicht dabei sein, wenn ich zwanzig würde. Deshalb
stellte sie diese Frage.

Ein anderes Mal stand sie in der Tür zu meinem Zimmer.
Ich hatte soeben ein politisches Manifest herausgegeben, das
die Haltung der Familie gegenüber der Sowjetunion attak-
kierte. Sie sagte, geh um Gotteswillen schlafen, du verdammte Närrin, du und deine kommunistischen Ideen. Die
haben wir, Papa und ich, schon 1905 gesehen. Wir haben gewußt, wie's kommen wird.

An der Küchentür sagte sie, Du ißt das Mittagessen nie
auf. Du rennst sinnlos herum. Was soll aus dir werden?

Dann starb sie.

Natürlich sehnte ich mich für den Rest meines Lebens danach, sie zu sehen, nicht nur in Türen, sondern an sehr vielen Orten — im Eßzimmer mit meinen Tanten, am Fenster, die Häuserzeile hinauf- und hinabsehend, im Garten auf dem Lande zwischen Zinnien und Ringelblumen, im Wohnzimmer mit meinem Vater.

Sie saßen in bequemen Ledersesseln. Sie hörten Mozart. Sie sahen einander erstaunt an. Es kam ihnen so vor, als seien sie soeben mit dem Schiff herübergekommen. Sie hatten soeben die ersten englischen Wörter gelernt. Es kam ihnen so vor, als habe er gerade dem amerikanischen Anatomieprofessor stolz eine hundertprozentig korrekte Examensarbeit eingereicht. Es schien, als habe sie gerade den Laden mit der Küche vertauscht.

Ich möchte sie so gern in der Tür zum Wohnzimmer stehen sehen.

Da stand sie eine Minute. Dann setzte sie sich neben ihn. Sie hatten einen teuren Plattenspieler. Sie hörten Bach. Sie sagte zu ihm, Red ein wenig mit mir. Wir reden nicht mehr viel.

Ich bin erschöpft, sagte er. Siehst du das nicht? Ich hatte heute vielleicht dreißig Menschen in Behandlung. Alle krank, alle reden reden reden reden. Hör dir die Musik an, sagte er. Ich glaube, du hattest mal das absolute Gehör. Ich bin erschöpft, sagte er.

Dann starb sie.

Cancan

Ich fahr mal eben 'ne Runde«, sagte er zu seiner Frau. »In ein, zwei Stunden bin ich wieder da.«

Selten verließ er das Haus für mehr als die paar Minuten, die er brauchte, um zur Post oder zu einem Laden zu gehen. Statt dessen verbrachte er seine Zeit damit, zu Hause herumzuhängen, kleine Reparaturen zu machen — seine Frau nannte ihn den Bastler — und, wofür er sich allerdings kaum genug Zeit nahm, zu malen: davon lebte er.

»Ist gut«, sagte seine Frau fröhlich, als täte er ihr damit einen Gefallen. Eigentlich mochte sie es nicht, wenn er wegging; sie fühlte sich sicherer, wenn er zu Hause war und sich mit um die Kinder kümmerte, besonders um das Baby.

»Du bist froh, daß du mich los wirst, was?« sagte er.

»Ge-nau«, sagte sie und lächelte, so daß sie plötzlich sehr hübsch aussah — wie jemand, der einem fehlen würde.

Sie fragte ihn nicht, wohin er fuhr. Sie war überhaupt nicht neugierig, obwohl sie auf eine stille, verborgene Weise eifersüchtig war.

Während er seinen Mantel anzog, sah er zu ihr hinüber. Sie war mit ihrer älteren Tochter im Wohnzimmer. »Tanz Cancan, Mutti«, sagte das Kind, worauf sie ihren Rock hob und Cancan tanzte und die Beine hoch in seine Richtung schwang.

Er wollte nicht einfach nur eine Runde drehen, wie er gesagt hatte, sondern zu einem Café fahren, um Sarah zu treffen, die seine Frau kannte, aber nicht verdächtigte, und mit ihr zu einem Haus an einem See zu fahren, von dem seine Frau keine Ahnung hatte — ein Sommerhaus, zu dem er die Schlüssel besaß.

»Also dann, Tschüß«, sagte er.

»Tschüß«, rief sie und tanzte weiter.

Das war nun ganz und gar nicht das, was ein Mann von seiner Frau erwartete, wenn er sie zu Hause zurückließ, um eine andere Frau zu treffen, dachte er. Er würde denken, daß sie nähte oder wusch, aber nicht Cancan tanzte, um Himmels willen. Ja, daß sie irgend etwas Uninteressantes und Unattraktives tat, wie die Sachen der Kinder zu flicken. Sie trug keine Strümpfe, keine Schuhe, und ihre Beine sahen sehr weiß und weich aus, geheimnisvoll, als ob er sie noch nie berührt hätte, ihnen noch nie nahegekommen wäre. Ihre Füße, die sie hoch und wieder runter schwang, schienen ihm zuzunicken. Sie hatte ihren Rock anmutig gerafft. Warum mußte sie das ausgerechnet *jetzt* machen? Er trödelte immer noch herum. In ihren Augen lag etwas Schelmisches, und sie lachte. Das Kind lachte mit ihr, während sie weitertanzte. Sie tanzte immer noch, als er aus dem Haus ging.

Er dachte an die Schwierigkeiten, die er gehabt hatte, um dieses Rendezvous zu arrangieren — er war zu einer Telefonzelle gegangen; hatte Sarah in ihrem Büro angerufen (sie war auch verheiratet); sie war nicht dagewesen; er hatte wieder angerufen; besetzt; die Münze war ihm runtergefallen, er hatte die Zellentür aufgestoßen, um sie wieder aufzusammeln; und Sarah endlich an die Strippe bekommen; sie hatte ihn gebeten, sie in der nächsten Woche noch einmal anzurufen, und schließlich hatten sie sich verabredet.

Als er im Café auf sie wartete, ertappte er sich dabei, daß er hoffte, sie würde nicht kommen. Sie waren für drei Uhr verabredet. Jetzt war es zehn nach. Gut, sie kam oft zu spät.

Er sah auf die Uhr und hielt durchs Panoramafenster Ausschau nach ihrem Wagen. Ein Wagen wie ihrer, und doch nicht ihrer — kein Gepäckträger drauf. Die sanft geschwungene Karosserie gefiel ihm aus irgendwelchen Gründen. Warum? Es war jetzt Viertel nach drei. Vielleicht kam sie gar nicht. Nein, wenn sie überhaupt kommen würde, dann war das jetzt genau ihre Zeit. Zwanzig nach. Ah, allmählich bestand Grund zur Hoffnung. Hoffnung? Komisch, daß er hoffen konnte, sie würde nicht kommen. Warum hatte er sich denn verabredet, wenn er hoffte, daß sie die Sache platzen ließe? Er wußte nicht warum, aber es war einfacher, einfacher, wenn sie nicht kommen würde. Denn er wollte jetzt nur noch seine Zigarette rauchen, seine Tasse Kaffee trinken auf ihrer beider Seelenfrieden und sich selbst aus der Sache raushalten. Und er wünschte, er könnte losfahren, einfach so, genau wie er es gesagt hatte. Aber er wartete, und um halb vier kam sie. »Ich hatte die Hoffnung schon fast aufgegeben«, sagte er.

Sie fuhren zu dem Haus am See. Als er sie in den Armen hielt, konnte er sich nicht auf sie konzentrieren; er konnte es beim besten Willen nicht.

»Woran denkst du?« fragte sie hinterher, denn sie spürte seine Distanz.

Für einen Augenblick antwortete er gar nicht, dann sagte er: »Willst du wirklich wissen, woran ich eben gedacht habe?«

»Ja«, sagte sie ein wenig ängstlich.

Er unterdrückte ein Lachen, als würde er ihr gleich etwas furchtbar Absurdes oder Albernes erzählen. »Ich dachte an eine, die Cancan tanzt.«

»Ach so«, sagte sie, schon wieder beruhigt. »Ich hatte schon Angst, du hättest an deine Frau gedacht.«

BARRY HANNAH
Sogar Grönland

Ich saß am Radar. Eigentlich machte ich gar nichts.

Wir waren bis auf 75 000 gewesen, um dem Nachmittag ordentlich einzuheizen. Ich glaube, wir waren noch immer in Mexiko und kamen so langsam mit der F-14 nach Miramar rein. Es ist ziemlich gleichgültig, nachdem man die Biegung der Erde gesehen hat. Für eine Weile ist so ziemlich alles gleichgültig. Wir hatten schon drei Sonnenuntergänge gehabt. Ich nehme an, das nennt man, den Tag intensiv erleben.

Aber dann.

»John«, sagte ich, »das Flugzeug brennt.«

»Das weiß ich«, sagte er.

John war irgendwie kurz angebunden und verärgert deswegen.

»Hast du dir schon irgendwas für die letzten Minuten überlegt?« sagte ich.

»Ja. Ein paar Sachen sind schon wieder weg. Aber sie waren irgendwie kalt. Sie haben den Moment nicht eingefangen. Schlechter Stil«, sagte John.

»Du warst im Vorteil. Du hast es schon gewußt«, sagte ich.

»Ja, ich wollte einen Vorsprung vor dir haben. Ich wollte dich ärgern. Was du auch immer gesagt hättest, es wäre nicht gut genug gewesen. Ich wollte etwas wirklich Großartiges parat haben, und was du auch immer gesagt hättest, es wäre nicht gut genug gewesen«, sagte er.

»Aber so ist es nicht«, sagte ich. »Oder?«

Er sagte: »Nee. Eigentlich hab ich gar nichts.«

Die Flügel wurden rot. Ich glaube, man würde es rot nennen. Es war ein Schatten vor einem dunklen Blau, der mystisch flamingofarben war, wie eine Art Drogenrausch, wie lebendiges Blut. Blutete das Flugzeug?

»War's schön in Peru?« sagte ich.

»Eigentlich nicht«, sagte John. »Ich muß dir was sagen. Ich hab's schon ganz schön lange nicht mehr ›schön‹ gehabt. Etwas steht zwischen mir und diesem Schönen, seit, ich weiß nicht, seit ich achtundzwanzig geworden bin oder so. Ich hab viel gesehen, aber, weißt du, ich hab's nicht wirklich *gesehen*. Als hätte es schon jemand vorher gesehen. Es war nicht frisch. Da waren Augen, die es irgendwie schon aufgebraucht hatten.«

»Sogar da oben in Merida?« sagte ich.

»Sogar da«, sagte John.

»Sogar Tibet, wo du deine Frau kennengelernt hast? Ganz zufällig, ein wunderhübsches amerikanisches Mädchen ganz weit da oben?« sagte ich.

»Sogar da«, sagte John.

»Sogar Grönland?« sagte ich.

John sagte: »Ja. Sogar Grönland. Es ist frisch, aber es ist nicht frisch. Es sind Fußspuren im Schnee.«

»Vielleicht«, sagte ich, »denkst du an Mississippi, wenn es schneit und du noch ein Kind bist. Und du bist der erste, der auf ist, und es war noch niemand im Schnee, keine Fußspuren.«

»Halt's Maul«, sagte John.

»Schau mal, wollen wir uns hier streiten, im Moment des Todes? Es mit dem brennenden Flugzeug verwechseln?«

»Halt's Maul! Halt's Maul!« sagte John. Brüllte John.

»Was ist los?« sagte ich.

Er rührte keinen Finger am Steuerknüppel oder den Kontrollinstrumenten. Wir würden vielleicht verbrennen, aber wir würden die Höhe halten. Wir waren auf fester Höhe von 50 000 Fuß. Wir sanken überhaupt nicht zur Erde nieder.

»Was ist denn, John?« fragte ich.

John sagte: »Du Hurensohn, das war *meiner* — der Schnee in Mississippi. Jetzt ist alles nur noch ein Haufen Scheiße.«

Das Papier von der Schreibunterlage auf seinen Knien flog durch das ganze Cockpit, und ich konnte seine Hand hoch und runter schlagen sehen, mit dem Stift darin, wütend.

»Es war *meiner, meiner*, du elender Schwanzlutscher!« Papierquadrate wurden in Richtung Radar gesaugt. »Siehst du, was ich meine?«

Die kleinen Seiten hingen obenauf, und genau daneben konnte man den großen Mond sehen.

»Lös aus! Bring deinen Arsch in Sicherheit!« sagte John.

Aber ich sagte: »Was ist mit dir, John?«

John sagte: »Ich bleibe. Laß mir wenigstens *das*, ja?«

»Aber das kannst du nicht«, sagte ich.

Aber er tat es.

Celeste und ich besichtigen den Brandfleck auf dem hellen Sand, unter einem dieser schwarzen, romantischen, wertlosen Berge, fünf Meilen von der Miramar-Basis entfernt.

Ich bin jetzt Korvettenkapitän der Reserve. Aber um ehrlich zu sein, mir schaudert ein bißchen davor, nur schon einen Skyhawk nach Malibu und zurück zu fliegen.

Celeste und ich hocken im Sand und sagen nichts, während wir den Brandfleck anschauen. Sie haben das ganze Metall weggeschafft.

Ich weiß nicht, was Celeste sagt oder denkt, so in mich selbst zurückgezogen und gelähmt bin ich.

Ich weiß, ich schaue auf Johns gottverdammten Triumph.

Sein Gedicht.

DONALD BARTHELME
Der King of Jazz

Also bin ich jetzt King of Jazz, dachte Hokie Mokie bei sich, während er den Zug seiner Posaune ölte. Hat seit Jahren keinen Posaunisten als King of Jazz gegeben. Aber jetzt, wo Spicy MacLammermoor, der alte King, tot ist, bin ich das wohl. Vielleicht spiel ich gleich mal ein paar Töne da zum Fenster raus, um mir das nochmal klarzumachen.

»Wow!« sagte einer, der auf dem Gehweg stand. »Hast du das gehört?«

»Hab ich«, sagte sein Begleiter.

»Kannst du unsere großen uramerikanischen Jazzer genau voneinander unterscheiden?«

»Konnt ich immer.«

»Wer hat dann da gespielt?«

»Würde meinen, das war Hokie Mokie. Die paar wenigen, aber perfekt gewählten Töne enthalten die wahre strahlende Offenbarung.«

»Die was?«

»Die wahre strahlende Offenbarung, wie sie nur von Künstlern vom Kaliber eines Hokie Mokie erreicht wird, der aus Pass Christian, Mississippi, kommt. Er ist der King of Jazz, jetzt wo Spicy MacLammermoor von uns gegangen ist.«

Hokie Mokie legte die Posaune in den Posaunenkasten und ging zu einem Gig. Bei dem Gig wichen alle vor ihm zurück und verneigten sich.

»Hi Bucky! Hi Zoot! Hi Freddie! Hi George! Hi Thad! Hi Roy! Hi Dexter! Hi Jo! Hi Willie! Hi Greens!«

»Was spielen wir, Hokie? Du bist jetzt King of Jazz, du mußt entscheiden.«

»Wie wär's mit ›Smoke‹?«

»Wow«, sagten alle. »Habt ihr das gehört? Hokie Mokie haut dich einfach um, allein mit der Art, wie er ein Wort ausspricht. Was hat der Junge nicht für eine Intonation! Allmächtiger!«

»Ich will ›Smoke‹ nicht spielen«, sagte jemand.

»Sag das noch mal, Fremder.«

»Ich will ›Smoke‹ nicht spielen. ›Smoke‹ ist öde. Ich mag die Wechsel nicht. Ich weigere mich, ›Smoke‹ zu spielen.«

»Er weigert sich, ›Smoke‹ zu spielen! Aber Hokie Mokie ist der King of Jazz, und er sagt ›Smoke‹!«

»Mensch, bist du vom Land oder was? Was soll das, du weigerst dich, ›Smoke‹ zu spielen? Wie bist du überhaupt in den Gig gekommen? Wer hat dich angeschleppt?«

»Ich bin Hideo Yamaguchi aus Tokio.«

»Ach, dann bist du also einer von den japanischen Typen, wie?«

»Ja, ich bin der Top-Posaunist von ganz Japan.«

»Na, sollst uns willkommen sein, bis wir dich spielen hören. Sag mal, ist der Top-Jazzschuppen in Tokio immer noch der Tennessee-Tea-Room?«

»Nein, der Top-Jazzschuppen in Tokio ist jetzt die Square Box.«

»Na prima. OK, wir spielen jetzt ›Smoke‹, so wie Hokie das gesagt hat. Fertig, Hokie? Also, ich geb dir vier vor. One! Two! Three! Four!«

Die beiden Männer, die unter Hokies Fenster gestanden hatten, waren ihm in den Club gefolgt. Jetzt sagten sie:

»Mein Gott!«

»Ja, das ist Hokies berühmte ›English sunrise‹-Spielweise. Eine Spielweise, die eine Menge Strahlen versprüht, einige rote Strahlen, einige blaue Strahlen, einige grüne Strahlen, einige grüne, die aus einem violetten Zentrum kommen, einige olivenfarbene, die aus einem braunen Zentrum kommen – «

»Der junge japanische Kerl da ist auch ziemlich gut.«

»Ja, der ist ziemlich gut. Und er hält sein Horn so eigenartig. Das ist häufig das Zeichen eines überragenden Spielers.«

»So nach vorn gebeugt, den Kopf zwischen den Knien – mein Gott, der ist sensationell!«

Er ist sensationell, dachte Hokie. Vielleicht sollte ich ihn umbringen.

Doch in dem Moment kam einer durch die Tür und schob eine Viereinhalb-Oktaven-Marimba vor sich her. Ja, es war Fat Man Jones, und er fing an zu spielen, bevor er noch ganz in der Tür war.

»Was spielen wir?«

»›Billie's Bounce‹.«

»Hab ich mir doch gedacht. Wo sind wir drin?«

»F.«

»Hab ich mir doch gedacht. Hast du nicht mal mit Maynard gespielt?«

»Ja, in der Band war ich 'ne Zeitlang, bis ich dann im Krankenhaus war.«

»Weswegen?«

»Ich war müde.«

»Was können wir zu Hokies phantastischem Spiel noch dazutun?«

»Wie wär's mit 'nem bißchen Regen oder Sternen?«

»Vielleicht wäre das vermessen?«

»Frag ihn, ob's ihn stört.«

»Frag du ihn, ich hab Angst. Einen King of Jazz macht

man nicht an. Der junge japanische Typ da ist auch ziemlich gut.«

»Er ist sensationell.«

»Glaubst du, er spielt auf japanisch?«

»Englisch ist das jedenfalls nicht.«

Seit fünfunddreißig Jahren placke ich mich mit dieser Posaune ab, dachte Hokie. Warum muß ich mich jetzt noch einer Herausforderung stellen, in meinem Alter?

»Also, Hideo —«

»Ja, Mr. Mokie?«

»Bei ›Smoke‹ und auch bei ›Billie's Bounce‹ warst du gut. Leider muß ich sagen, daß du eigentlich genauso gut bist wie ich. Ja, ich habe beschlossen, du bist *besser* als ich. Entsetzlich, wenn man es recht bedenkt, aber so ist das nun mal. Ich war nur vierundzwanzig Stunden King of Jazz, doch die unerbittliche Logik dieser Kunst verlangt, daß wir uns der Wahrheit beugen, wenn wir sie hören.«

»Und wenn Sie sich irren?«

»Nein, ich habe Ohren. Ich irre mich nicht. Hideo Yamaguchi ist der neue King of Jazz.«

»Wollen Sie emeritierter King sein?«

»Nein, ich pack nur mein Horn zusammen und mach mich davon. Das ist dein Gig, Hideo. Du kannst das nächste Stück aussuchen.«

»Wie wär's mit ›Cream‹?«

»OK, ihr habt gehört, was Hideo gesagt hat, ›Cream‹. Fertig, Hideo?«

»Hokie, Sie müssen nicht gehen. Sie können auch spielen. Wenn Sie nur ein wenig zur Seite rücken —«

»Danke, Hideo, das ist sehr gütig von dir. Dann spiel ich eben noch'n bißchen, wo ich noch hier bin. Sotto voce, natürlich.«

»Hideo ist toll bei ›Cream‹!«

»Ja, ich glaube, das ist sein bestes Stück.«

»Was ist das für ein Klang, der da von der Seite kommt?«

»Welche Seite?«

»Die linke.«

»Du meinst den Ton, der wie die schneidende Schärfe des Lebens klingt? Der wie Eisbären klingt, die arktische Eismulden durchqueren? Der wie eine Herde Moschusochsen auf der Flucht klingt? Der wie Walrösser klingt, die auf den Grund des Meeres tauchen? Der wie Fumarolen klingt, die an den Hängen des Mt. Katmai rauchen? Der wie der wilde Truthahn klingt, der den tiefen, weichen Wald durchwandert? Der wie Biber klingt, die in einer Appalachen-Marsch Bäume kauen? Der wie ein Austernpilz klingt, der auf einem Espenstamm wächst? Der wie ein Maultier klingt, das die Berge der Sierra Nevada durchstreift? Der wie küssende Präriehunde klingt? Der wie Seekühe klingt, die am Cape Sable Seetang mampfen? Der wie Nasenbären klingt, die in Rudeln über das Gebiet von Arkansas ziehen? Der wie —«

»Mein Gott, das ist Hokie! Sogar mit Dämpfer bläst er Hideo noch vom Podium!«

»Hideo spielt jetzt auf den Knien! Mein Gott, er greift in seinen Gürtel, nach einem großen Stahlschwert — Haltet ihn auf!«

»Wow! Das war das wahnsinnigste ›Cream‹, das je gespielt wurde! Ist Hideo in Ordnung?«

»Ja, jemand holt ihm ein Glas Wasser.«

»Du bist der Größte, Hokie! Das war das Verschärfteste, was ich je gesehen habe!«

»Du bist wieder King of Jazz!«

»Hokie Mokie ist das Angesagteste überhaupt!«

»Ja, Mr. Hokie, Sir, ich muß zugeben, Sie haben mich richtiggehend vom Podium geblasen. Ich sehe, ich muß noch ein paar Jährchen arbeiten und lernen.«

»Schon gut, mein Sohn. Mach dir nichts draus. Das passiert den besten von uns. Oder es passiert fast den besten von uns. Und jetzt sollt ihr alle gut drauf sein, denn jetzt spielen wir ›Flats‹. ›Flats‹ ist dran.«

»Mit Ihrer Erlaubnis, Sir, gehe ich zurück ins Hotel und packe. Ich bin äußerst dankbar für alles, was ich hier gelernt habe.«

»Schon gut, Hideo. Schönen Tag, auch. Hihi. Jetzt also ›Flats‹.«

Das Wiedersehen

Zum letzten Mal sah ich meinen Vater in der Grand Central Station. Ich war gerade von meiner Großmutter in den Adirondacks unterwegs zu einem Häuschen auf dem Cape, das meine Mutter gemietet hatte, und ich hatte meinem Vater geschrieben, daß ich in New York eineinhalb Stunden Aufenthalt hätte und ob wir nicht zusammen zu Mittag essen könnten. Seine Sekretärin schrieb mir, er würde mich um zwölf Uhr am Informationsschalter treffen, und punkt zwölf sah ich ihn durch die Menge kommen. Er war mir fremd — meine Mutter hatte sich vor drei Jahren von ihm scheiden lassen, und seitdem war ich ihm nicht mehr begegnet —, doch kaum hatte ich ihn gesehen, spürte ich, daß er mein Vater war, mein Fleisch und Blut, meine Zukunft und mein Verhängnis. Ich wußte, wenn ich groß sein würde, würde ich ihm ähnlich sein; ich würde meine Schritte innerhalb seiner Grenzen planen müssen. Er war ein großer, gutaussehender Mann, und ich freute mich schrecklich, ihn wiederzusehen. Er versetzte mir einen Schlag auf den Rücken und gab mir die Hand. »Hi, Charlie«, sagte er. »Hi, Junge. Ich würde dich gern zu meinem Club mitnehmen, aber der ist oben in den Sechzigern, und wenn du einen frühen Zug kriegen willst, ist es wohl besser, wenn wir uns hier etwas zu essen suchen.« Er legte den Arm um mich, und ich roch meinen

Vater, wie meine Mutter an einer Rose riecht. Es war eine satte Mischung aus Whisky, Aftershave, Schuhpolitur, Wollzeug und dem strengen Geruch des reifen Mannes. Ich hoffte, uns würde jemand zusammen sehen. Ich wünschte, wir könnten zusammen fotografiert werden. Ich wollte, unser Zusammensein würde irgendwie festgehalten.

Wir verließen den Bahnhof und gingen in eine Seitenstraße zu einem Restaurant. Es war noch früh, und das Lokal war leer. Der Barmann schimpfte mit einem Lieferantenjungen, und hinten an der Tür zur Küche stand ein sehr alter Kellner in einer roten Jacke. Wir setzten uns, und mein Vater rief den Kellner mit lauter Stimme her. »*Waiter*!« brüllte er. »*Garçon! Cameriere! Sie da*!« Sein Gepolter schien in dem leeren Restaurant fehl am Platz. »Könnten wir vielleicht ein wenig bedient werden!« brüllte er. »Zack-zack.« Dann klatschte er in die Hände. Das weckte die Aufmerksamkeit des Kellners, und er schlurfte her zu unserem Tisch.

»Haben Sie nach mir geklatscht?« fragte er.

»Ganz ruhig, ganz ruhig, *sommelier*«, sagte mein Vater. »Wenn es nicht zu viel verlangt ist — wenn es Ihre Ehre und Ihr Pflichtgefühl nicht überstrapaziert, dann hätten wir gern zwei Beefeater Gibsons.«

»Ich mag es nicht, wenn man nach mir klatscht«, sagte der Kellner.

»Ich hätte meine Pfeife mitbringen sollen«, sagte mein Vater. »Ich habe eine Pfeife, die nur für die Ohren alter Kellner zu hören ist. Und nun nehmen Sie Ihren kleinen Block und Ihren kleinen Stift hervor, dann wollen wir doch mal sehen, ob Sie das kapieren: zwei Beefeater Gibsons. Sprechen Sie mir nach: zwei Beefeater Gibsons.«

»Vielleicht gehen Sie besser woanders hin«, sagte der Kellner ruhig.

»Das«, sagte mein Vater, »ist einer der brillantesten Vorschläge, die ich je gehört habe. Komm, Charlie, nichts wie weg hier.«

Ich folgte meinem Vater aus dem Restaurant in ein anderes. Diesmal polterte er nicht so. Unsere Drinks kamen, und er nahm mich ins Kreuzverhör über die Baseball-Saison. Dann schlug er mit dem Messer an den Rand seines leeren Glases und fing wieder an zu brüllen. *»Garçon! Waiter! Sie da!* Dürften wir Sie noch um zweimal dasselbe bemühen.«

»Wie alt ist der Junge?« fragte der Kellner.

»Das«, sagte mein Vater, »geht Sie einen Scheißdreck an.«

»Tut mir leid, Sir«, sagte der Kellner. »Ich bringe dem Jungen keinen weiteren Drink.«

»Dann habe ich eine Neuigkeit für Sie«, sagte mein Vater. »Ich habe eine sehr interessante Neuigkeit für Sie. Zufällig ist das hier nicht das einzige Restaurant in New York. Gerade hat an der Ecke ein weiteres aufgemacht. Komm, Charlie.«

Er bezahlte, und ich folgte ihm aus dem Restaurant in ein anderes. Hier trugen die Kellner rosa Jacken wie Jagdröcke, und an den Wänden hing eine Menge Zaumzeug. Wir setzten uns, und mein Vater begann wieder zu schreien. »Master! Horrido und Halali! Wir hätten gern so einen kleinen Waidmannstrunk, und zwar zwei Bibson Geefeaters.«

»Zwei Bibson Geefeaters?« fragte der Kellner lächelnd.

»Sie wissen verdammt genau, was ich will«, sagte mein Vater ärgerlich. »Ich will zwei Beefeater Gibsons, aber ein bißchen plötzlich. Im guten alten England hat sich so einiges verändert. Das jedenfalls sagt mir mein Freund, der Herzog. Wollen mal sehen, was England cocktailmäßig zu bieten hat.«

»Wir sind hier nicht in England«, sagte der Kellner.

»Streiten Sie nicht mit mir herum«, sagte mein Vater. »Tun Sie nur, was man Ihnen sagt.«

»Ich dachte nur, Sie wüßten vielleicht gern, wo Sie sind«, sagte der Kellner.

»Wenn ich eins nicht ertragen kann«, sagte mein Vater, »dann ist das ein unverschämter Domestike. Komm, Charlie.«

Das vierte Lokal, in das wir kamen, war ein Italiener.

»*Buon giorno*«, sagte mein Vater. »*Per favore, possiamo avere due cocktail americani, forti, forti. Molto gin, poco vermut.*«

»Ich verstehe kein Italienisch«, sagte der Kellner.

»Hören Sie schon auf«, sagte mein Vater. »Sie verstehen Italienisch, und das wissen Sie verdammt genau. *Vogliamo due cocktail americani. Subito.*«

Der Kellner ging und redete mit dem Oberkellner, der darauf zu uns an den Tisch kam und sagte: »Tut mir leid, Sir, aber dieser Tisch ist reserviert.«

»Gut«, sagte mein Vater. »Dann geben Sie uns einen anderen Tisch.«

»Alle Tische sind reserviert«, sagte der Oberkellner.

»Verstehe«, sagte mein Vater. »Sie wünschen nicht, daß wir Gast bei Ihnen sind. Stimmt's? Dann zum Teufel mit Ihnen. *Vada all' inferno.* Gehen wir, Charlie.«

»Ich muß zu meinem Zug«, sagte ich.

»Tut mir leid, Sohnemann«, sagte mein Vater. »Tut mir schrecklich leid.« Er legte den Arm um mich und drückte mich an sich. »Ich bringe dich zum Bahnhof. Hätten wir nur Zeit für meinen Club gehabt.«

»Ist schon gut, Daddy«, sagte ich.

»Ich besorge dir eine Zeitung«, sagte er. »Ich besorge dir eine Zeitung, die kannst du dann im Zug lesen.«

Dann ging er zu einem Zeitungskiosk und sagte: »Werter Herr, wären Sie wohl so gut, mich mit einem Ihrer gottverdammten, nichtsnutzigen Zehn-Cent-Abendblätter zu beehren?« Der Mann wandte sich von ihm ab und starrte auf ein Zeitschriftencover. »Ist es zu viel verlangt, werter Herr«, sagte mein Vater, »ist es zu viel verlangt, daß Sie mir eines Ihrer ekelhaften Exemplare von Sensationsjournalismus verkaufen?«

»Ich muß gehen, Daddy«, sagte ich. »Es ist schon spät.«

»Halt, noch einen Moment, Sohnemann«, sagte er. »Einen Augenblick. Ich will, daß der Bursche mich zur Kenntnis nimmt.«

»Wiedersehn, Daddy«, sagte ich, und ich ging die Treppe hinab und stieg in meinen Zug, und das war das letzte Mal, daß ich meinen Vater sah.

JANE MARTIN
Stockwerfer

Eine junge Frau steht in der Mitte der Bühne. Sie trägt einen einteiligen Badeanzug aus Flitter, wie sie speziell für Stockwerfer angefertigt werden, und hält einen glänzenden Silberbaton in der Hand.

April:
Angefangen habe ich mit sechs. Momma sägte einen Besenstiel ab, und Onkel Carbo bestrich ihn mit einer Art Silberfarbe — na ja — genaugenommen war es grau —, und dann ging ich in den Keller hinunter und habe Stockwerfen geübt. Später, als Momma beim Pferderennen auf Spin Dry und Silver Revolver gewonnen hatte, sagte sie, das sei ein Zeichen, und ließ mich in der Tanzschule für die Jugend von Welt, in der die Leiterin, Miß Aurelia, nebenbei Stockwerfunterricht gab, Stunden nehmen.

Mit acht gewann ich den Junioren-Titel von Ohio und drei Jahre drauf den der Jugendmannschaft Mittelwest, und dann, in der Highschool, wurde ich vierte bei der National-Meisterschaft. Momma und ich trugen ganz gleich aussehende Freiheitsstatuen-Kostüme, die sie in Nebraska hatte bestellen müssen, und Daddy war in einem T-Shirt mit meinem Namen, April, dabei. Mein Vorname ist April, mein Nachname March. Es waren viertausend Zuschauer gekommen, und als alle meinen Namen riefen, da fielen goldene

Ballons von der Decke. Niemand, nicht einmal Charlene Ann Morrison, war in meinem Alter je vierte geworden.

Oh, ich habe Höhen und Tiefen kennengelernt. Daddy sagt immer, das habe meine Seele beflügelt und mein Herz gestählt. Bei einem Reitunfall wurde meine linke Hand von einem Pferd namens Big Blood Red zermalmt, und obwohl ich zum Stockwerfen zurückfand, blieb mir von nun an doch das allerhöchste Niveau versagt. Big Blood Red hatte mir für immer die Flügel gestutzt. Trotzdem, Sie brauchen mich nicht zu bedauern. Oh nein, nicht im geringsten! Daß mir etwas versagt worden ist, wies mir den Weg, wies mich auf jene Herrlichkeit im Leben, die man nicht sieht.

Die Leute halten Stockwerfer für blöde. Ein typisches Vorurteil, das durch Unkenntnis entsteht. Stockwerfer sind die Nigger der weißen Universitäten. Ja, tatsächlich. Einmal, ich arbeitete bei einem Nachspiel gerade mit Feuerbatons, sah ich plötzlich einen Burschen von der Tribüne herüberkommen. Ich war bei einem dreifachen Überschlag, als er, an den Hilfspolizisten vorbei, geradewegs zu mir heraufkam. Er hatte ein blaues Perlenband im Haar, ich sehe es noch genau vor mir. Er kam also rauf, und als ich mich nach einer Rückwärtsdrehung wieder nach vorne wandte, spuckte er mir mitten ins Gesicht. Das war das erste und einzige Mal, daß ich einen Baton fallen ließ. Ja, vor den sechzigtausend Zuschauern fielen mir sogar beide Stöcke hin, und er lächelte und sagte etwas zu mir, das ich nicht wiederholen möchte. Vor halb Ohio hat er mich einen — einen Körperteil genannt! Das war wie eine Vergewaltigung. Aber das beweist nur, daß Schönheit Haß erzeugt und daß der Haß auf Schönheit des Satans ist.

Sie unterbricht sich, erkennt jemanden im Publikum, fixiert die Person, Pause, fährt fort.

Sie haben noch nie Stöcke geworfen, nicht wahr? Das sehe ich an Ihren Händen. Möchten Sie meinen Silberbaton anfassen? Hier, halten Sie ihn.

Sie können sich nicht vorstellen, was es für ein Gefühl ist, wenn so ein Stock in die Luft steigt. Ich habe einmal mit einem Mädchen gearbeitet, die nannte es Proletarier-Zen. In den Batons spiegelt sich die Sonne, und man steigt mit ihnen, wenn sie in die Höhe steigen. Man kann nicht Stockwerfen, wenn man sich nicht in die Batons hineinversetzt. Schafft man es aber, sie über sechs Meter hoch zu werfen, dann ist es, als flöge, als schwebe man. Die Hände sind unten, aber das Innerste wird aufgewühlt, erhebt sich und verläßt den Boden. Nur Stockwerfer selber wissen, daß wir keine Nigger sind.

Das Geheimnis des Stockwerfens ist das Licht. Man lebt oder stirbt mit dem Licht. Es ist dein Schicksal. Am besten ist ein bedeckter Februarhimmel am Spätnachmittag. Er wird dann ganz zum Hintergrund, auf dem die Batons ihre Zeichen, ihre Spuren hinterlassen. Sie ritzen die Luft, und wenn du leidenschaftlich genug bist und es deinen Händen gegeben ist, dann kannst du in den Himmel schreiben. Charlene Ann Morrison, Gott, Charlene Ann! Sie war von etwas Außermenschlichem inspiriert. Neunmal hintereinander hat sie die National-Meisterschaft gewonnen! Beispiellos und unwiederholbar. Die letzten zwei Jahre hatte sie Leukämie, und ihre Hände, mit denen sie warf, waren durchsichtig geworden. Charlene Anns Momma schwört, daß ihr Baton zehn Meter hoch flog, als sie starb. Ich habe bei einem Regionalwettkampf in Fargo mit Charlene das Zimmer geteilt. Möglich, daß sie geschwindelt hat, aber sie erzählte mir, daß ihre Batons eines Tages beim Drehen den Himmel aufrissen, als wäre er ein Regenschleier und die Batons Scheibenwischer, und als sie ihn so aufgerissen hatten, da konnte sie das Gesicht unseres Herrn Jesus sehen, und seine Haare waren aus Bergkristall, und er sang so unbeschreiblich, wie der Ton einer Pikkoloflöte. Die Leute, die behaupten, Charlene wäre verrückt gewesen, haben wahrscheinlich nie in ihrem Leben auch nur einen Tag Stöcke geworfen.

Stockwerfen ist die physische Parallele zur Offenbarung. Sie können das nicht wissen. Stockwerfen heißt, sich zu Gott emporzuschwingen. Es ist eine reine Gabe, die dem Satan mitten im Football, mit dem sie sich tarnt und verhüllt, verborgen bleibt. Es ist die feurige Seele, die sich Gott entgegenwirft, und nur wenige erreichen das. Dir müssen im Herzen Augen wachsen, um seine Botschaft zu verstehen, und wenn sie sich dir erschlossen hat, dann gehört es zu deinem Weg, Lächerlichkeit zu erdulden, von Mißverständnissen gekreuzigt und angespuckt zu werden. Ich brauche jetzt meinen Baton zurück.

Ein Stockwerfen findet statt, bei dem uns niemand zusieht. Zur Wintersonnenwende gehen wir auf ein Feld, das uns Gott gleich außerhalb von Green Bay wies. Am einundzwanzigsten Dezember treffen sich dort die Gotteswerfer. Es liegt Schnee, manchmal sogar tiefer Schnee. Unsere Kleider fallen ab, und wir stehen ungeschützt da, während uns Gehilfen die Batons heranbringen. Ein-Meter-lange Stöcke aus Ebenholz, in deren Schäfte Rasierklingen eingelassen sind. Eine nach der anderen wirft, jede zwei Batons zehn Meter hoch, und wenn sie zurückfallen, schneiden sie uns in die Hände. Die Klingen wölben sich dem Himmel zu und finden Gott, dann fliegen sie herab, um, wie in einer Kreuzigung, dein Blut zu nehmen. Die roten Tropfen zeichnen Gott auf den Boden, und bist du mit den Batons emporgestiegen, dann kannst du hinuntersehen und erkennen, wie er sich offenbart. Rot auf weiß. Rot auf weiß. Sie können es sich nicht vorstellen. Sie können sich nicht vorstellen, wie wunderbar das ist.

Angefangen mit den Stöcken habe ich mit sechs. Aber wirklich geworfen habe ich erst, seit meine Hand von dem Pferd namens Big Blood Red zermalmt worden ist. Ich habe aus zehn Metern Höhe das Gesicht Gottes gesehen, und ich kenne ihn.

Hören Sie, ich lasse Ihnen meinen Silberbaton da. Er soll liegenbleiben, als ob ich ihn vergessen hätte. Und wenn die Leute hinausgehen, können Sie hinten warten und ihn aufheben, dann gehört er Ihnen. Dann gehört Ihnen die Last. Er ist das Nadelöhr. Ich lasse ihn Ihnen da.

[Blackout]

BEL KAUFMAN
Ein Sonntag im Park

Es war immer noch warm in der Nachmittagssonne, und der Stadtlärm drang gedämpft durch die Bäume im Park. Sie legte ihr Buch auf die Bank, nahm die Sonnenbrille ab und seufzte zufrieden. Morton las das *New York Times-Magazine* und hatte seinen Arm um ihre Schulter gelegt; ihr dreijähriger Sohn Larry spielte in der Sandkiste: Eine leichte Brise blies ihr das Haar sanft an die Wange. Es war halb sechs an einem Sonntagnachmittag, und der kleine Spielplatz, der versteckt in einer Ecke des Parks lag, war nahezu verwaist. Die Schaukeln und Wippen standen bewegungslos und verlassen da, die Rutschen waren leer, und nur in der Sandkiste kauerten zwei kleine Jungen eifrig nebeneinander. *Ach, ist das alles gut*, dachte sie und lächelte beinahe über ihr Behagen. Sie müßten viel öfter in die Sonne gehen; Morton war blaß wie ein typischer Städter, die ganze Woche eingesperrt in der grauen, fabrikähnlichen Universität. Sie drückte ihm liebevoll den Arm und warf einen kurzen Blick auf Larry, freute sich an dem spitzen kleinen Gesicht mit der gerunzelten Stirn, voller Konzentration auf den Tunnel, den er grub. Der andere Junge stand plötzlich auf und warf mit einem schnellen, gezielten Schwung seines pummeligen Armes eine Schaufel voll Sand nach Larry. Der Sand verfehlte nur knapp seinen Kopf. Larry grub weiter; der Junge blieb stehen, die

Schaufel erhoben, stur und unbeweglich.

»Nein, nein, mein Kleiner.« Sie drohte ihm mit dem Finger und blickte sich suchend nach der Mutter oder Tagesmutter des Kindes um. »Wir dürfen aber nicht mit Sand werfen. Der kann einem in die Augen kommen und weh tun. Wir müssen schön spielen in der schönen Sandkiste.« Der Junge sah sie erwartungsvoll an, ohne mit der Wimper zu zucken. Er war ungefähr so alt wie Larry, nur vielleicht fünf Kilo schwerer, ein stämmiger kleiner Junge, dessen Gesicht nichts von Larrys schneller Auffassungsgabe und Sensibilität besaß. Wo war seine Mutter? Die einzigen anderen Leute auf dem Spielplatz waren zwei Frauen und ein kleines Mädchen auf Rollschuhen, die gerade aus dem Tor hinausgingen, und ein Mann auf einer Bank ein paar Meter weiter. Es war ein großer Mann, und er schien die ganze Bank einzunehmen, während er sich die Sonntagszeitung mit der Comicseite dicht vors Gesicht hielt. Sie nahm an, daß er der Vater des Kindes war. Er schaute nicht von seinen Comics auf, spuckte aber einmal geschickt aus dem Mundwinkel auf den Boden. Sie schaute weg.

In diesem Augenblick, so flink wie schon zuvor, warf der dicke kleine Junge eine weitere Schaufelvoll Sand nach Larry. Diesmal landete etwas davon auf seinem Haar und seiner Stirn. Larry sah zu seiner Mutter auf, den Mund zögernd angespannt; ihr Gesichtsausdruck würde ihm sagen, ob er weinen sollte oder nicht.

Ihr erster Impuls war, zu ihrem Sohn zu eilen, den Sand aus seinem Haar zu bürsten und das andere Kind zu bestrafen, aber sie beherrschte sich. Sie sagte immer, sie wolle, daß Larry lerne, seine Kämpfe selber auszutragen.

»Hör *auf* damit, Kleiner«, sagte sie scharf, wobei sie sich auf der Bank vorbeugte. »Du darfst nicht mit Sand werfen!«

Der Mann auf der Bank bewegte seinen Mund, als wollte er wieder spucken, sprach aber statt dessen. Er schaute sie nicht an, sondern nur den Jungen.

»Mach ruhig weiter, Joe«, sagte er laut. »Wirf soviel du willst. Das hier ist eine *öffentliche* Sandkiste.«

Sie spürte eine plötzliche Schwäche in den Knien, als sie zu Morton hinschaute. Er hatte gemerkt, was da passierte. Er legte seine *Times* sorgfältig in den Schoß und wandte sein feines, schmales Gesicht dem Mann zu, lächelte das schüchterne, entschuldigende Lächeln, das er vielleicht einem Studenten zeigen würde, wenn er ihm einen Denkfehler nachwies. Als er den Mann ansprach, tat er es mit seiner gewohnten Vernünftigkeit.

»Da haben Sie ganz recht«, sagte er freundlich, »aber nur weil dies ein öffentlicher Ort ist ...«

Der Mann ließ seine Comics sinken und blickte Morton an. Er musterte ihn von Kopf bis Fuß, langsam und vorsätzlich. »Ach ja?« Seine unverschämte Stimme war drohend geschärft. »Mein Junge ist hier mit dem gleichen Recht wie Ihrer, und wenn er mit Sand werfen will, dann wird er das tun, und wenn Ihnen das nicht paßt, dann können Sie mit Ihrem Kind ja abziehen, Teufel noch mal.«

Die Kinder lauschten, mit weit geöffneten Augen und Mündern, die Spaten vergessen in den kleinen Fäusten. Sie bemerkte, wie sich die Muskeln an Mortons Kinnlade anspannten. Er wurde selten wütend; er verlor selten die Beherrschung. Sie war erfüllt von Zärtlichkeit für ihren Mann und einer hilflosen Wut auf den Mann, der ihn in diese Situation brachte, die ihm so fremd und unangenehm war.

»Also, jetzt hören Sie mal«, sagte Morton höflich, »Sie müssen doch wohl anerkennen ...«

»Ach, halt's Maul«, sagte der Mann.

Ihr Herz begann zu klopfen. Morton erhob sich halb; die *Times* glitt zu Boden. Langsam stand der andere Mann auf. Er machte ein paar Schritte auf Morton zu, blieb dann stehen. Er winkelte seine schweren Arme an und wartete. Sie preßte ihre zitternden Knie zusammen. Würde es zu Gewalt, zu einem Kampf kommen? Wie furchtbar, wie unglaublich ... Sie mußte etwas tun, sie zurückhalten, um Hilfe rufen. Sie wollte ihre Hand auf den Ärmel ihres Mannes legen, ihn auf die Bank ziehen, aber aus irgendeinem Grund tat sie es nicht.

Morton richtete seine Brille. Er war sehr blaß. »Das ist einfach lächerlich«, sagte er unsicher. »Ich muß Sie bitten . . .«

»Ach, ja?« sagte der Mann. Er stand da, breitbeinig, sich ein wenig wiegend, und sah Morton mit absoluter Verachtung an. »Sie und wer noch?«

Einen Augenblick lang musterten sich die beiden Männer unverblümt. Dann wandte Morton dem Mann den Rücken zu und sagte ruhig: »Komm, wir gehen.« Er ging ungeschickt, fast hinkend vor Verlegenheit, zur Sandkiste. Er bückte sich und hob Larry und seine Schaufel hinaus.

Sofort wurde Larry ganz wach; sein Gesicht verlor den gespannten Ausdruck, und er begann, um sich zu treten und zu weinen. »Ich *will* nicht nach Hause, ich will lieber spielen, ich *will* nicht essen, ich *mag* nicht essen . . .« Es wurde zum Gesang, während sie weitergingen und das Kind zwischen sich zogen, das die Füße auf dem Boden schleifen ließ. Um zum Ausgangstor zu gelangen, mußten sie an der Bank vorbei, auf der sich der Mann wieder breitgemacht hatte. Sie achtete sorgfältig darauf, ihn nicht anzusehen. Mit all der Würde, die sie aufbringen konnte, zog sie an Larrys sandiger, schweißnasser kleiner Hand, während Morton an der anderen zerrte. Langsam und mit erhobenem Kopf verließ sie mit ihrem Mann und ihrem Kind den Spielplatz.

Zunächst spürte sie nur Erleichterung darüber, daß ein Kampf vermieden und niemand verletzt worden war. Dennoch spürte sie darunter noch etwas anderes, etwas Schweres und Unausweichliches. Sie fühlte, daß es mehr war als bloß ein unangenehmes Erlebnis, mehr als der Sieg der Gewalt über die Vernunft. Sie hatte das vage Gefühl, daß es etwas mit ihr und Morton zu tun hatte, etwas zutiefst Persönliches, Vertrautes und Wichtiges.

Plötzlich sprach Morton. »Es hätte nichts bewiesen.«

»Was?« fragte sie.

»Ein Kampf. Es hätte nichts anderes bewiesen als die Tatsache, daß er eben größer ist als ich.«

»Natürlich«, sagte sie.

»Das einzig mögliche Ergebnis«, fuhr er vernünftig fort, »wäre, na was, gewesen? Meine Brille zerbrochen, vielleicht ein oder zwei Zähne verloren, ein paar Tage nicht zur Arbeit gehen können — und wofür? Für die Gerechtigkeit? Für die Wahrheit?«

»Natürlich«, wiederholte sie. Sie beschleunigte ihre Schritte. Sie wollte nur nach Hause kommen, um sich mit vertrauten Aufgaben beschäftigen zu können; vielleicht würde dann dieses Gefühl, das wie schwerer Gips auf ihrem Herzen klebte, verschwinden. *Was für ein blöder, ekelhafter Rüpel*, dachte sie und zerrte stärker an Larrys Hand. Das Kind weinte immer noch. Davor hatte sie stets zärtliches Mitleid verspürt für seinen schutzlosen kleinen Körper, die zarten Arme, die schmalen Schultern mit den spitzen, wie Flügel geformten Schulterblättern, die dünnen und unsicheren Beine, aber nun preßte sie den Mund zusammen vor Ärger.

»Hör auf zu weinen«, sagte sie scharf. »Ich schäme mich für dich!« Sie hatte das Gefühl, als ob sie alle drei eine Schlammspur auf der Straße hinter sich herzögen. Das Kind heulte lauter.

Wenn es um etwas gegangen wäre, dachte sie, *wenn es etwas gewesen wäre, für das man hätte kämpfen müssen ... Aber was hätte er denn sonst tun können? Sich zusammenschlagen lassen? Den Mann zu erziehen versuchen? Einen Polizisten rufen?* »*Herr Wachtmeister, da ist ein Mann im Park, der sein Kind nicht davon abhalten will, mit Sand nach meinem zu werfen ...*« Das Ganze war so albern wie diese Vorstellung und nicht wert, darauf noch einen Gedanken zu verschwenden.

»Kannst du ihn nicht zur Ruhe bringen, um Himmels willen?« fragte Morton gereizt.

»Was glaubst du, was ich die ganze Zeit versuche?« sagte sie.

Larry zerrte an ihren Händen, ließ die Füße schleifen.

»Wenn du mit diesem Kind nicht fertig werden kannst, dann werd ich es eben«, schnauzte Morton und langte nach dem Jungen.

Doch ihre Stimme hielt ihn zurück. Sie war schockiert, sie zu hören, dünn und kalt und durchdringend vor Verachtung. »Tatsächlich?« hörte sie sich sagen. »Du und wer noch?«

ROY BLOUNT, JR.
Fünfer-Ives

Jim! Ich bin's! Ich ruf direkt aus der *Ersten* Liga an! Weißt schon, die Liga, wo Ty Cobb und Warren Spahn drin waren! *Whooooo!*

Ich *weiß*, daß das klasse ist. Jim, also heute Abend, das glaubst du nicht. Ich hab' einen Spitznamen, ich . . .

Jaja, ich ruf Paps noch an. Aber ich kann ihm nicht alles erzählen. Ich will Paps nicht die Illusion über die ERSTE LIGA nehmen.

Nein, es ist nicht . . . Laß mich's halt erzählen. Es ist schon spät, oder? Weint da das Baby? Scheiße, tut mir . . . Du hättest hier dabei sein sollen, Jim. Mir ein bißchen Schützenhilfe geben. Wie in der Mini-Liga und auf der High School. Wenn bloß das mit deinem Knie nicht gewesen wär. Ja.

Ich *werd's* dir schon noch erzählen. Ja, *einigermaßen* besoffen. In New York. Jim, ich werd' schon nicht überfallen. Du bist ja schlimmer als Paps. Nein, ich mein' bloß — hör zu, ich komm also heute Nachmittag hier an. Alles klar? Gästekabinen vom verflixten YANKEE STADION, Jim. Von den Techs unter Vertrag genommen.

Ich weiß ja, daß wir früher nicht gerade danach gelechzt haben, zu den Techs zu gehen, die gab's damals ja auch noch nicht. Aber wenn die Dodgers mich behalten hätten, wär ich jetzt immer noch in Lodi. Also, die Techs nehmen mich, dieser Perridge bricht sich das Bein, und ich krieg diesen ANRUF, Jim.

Bloß, um hierherzukommen, muß ich zwei Busse nehmen und 'nen kräftigen Schluck. Ich komm also in den Umkleideraum mit null Schlaf. Und als erstes springt mir dieser Spanier in den Rücken. Er brüllt, Jibdyjibdyjibdy, in einem Affentempo. Dann brüllt dieser Schwarze mit der fetten Wampe, der gerade so gequält in seine Hose steigt: »Ju-lo, geh dem Mann vom Leib! Der kann doch nicht mal Spanisch!«

»*Jibdyjibdyjibdy chpreche Chpanisch*!?« brüllt der Knabe. Und läßt von mir ab, als wär er sauer, daß ich nicht sweisprachich bin, und dann geht er zu seinem Spind, und ich seh den Namen, Julio Uribe! Weißt du noch, hat ein paar Jahre an zweiter Stelle bei den Orioles als Schläger gespielt. Und, Jim, der fette Kerl ist Boom Holmes! »GottVERDAMMTnochmal, meine Füße!« brüllt er, und das ist meine erste Begegnung mit den Techs.

Erst dann treff ich meinen Obersten Anführer. Berkey. Brüllt aus seinem Büro, »Bist'n du!« Herrgott, was hat er denn geglaubt, wer ich war, bin schließlich der einzige, der hochgeschickt wurde. Ich geh also rein und salutier so ein bißchen, als würd ich mich zum Dienst melden, nur, er lacht nicht. Er sitzt da und ißt ein — sieht vielleicht wie ein franco-amerikanisches Spaghetti-Sandwich aus, ganz schön nasse Angelegenheit, und auf seinem Schreibtisch steht eine große Flasche Maalox, und er guckt mich an, als wär ich schon überbezahlt. »Kannmst du Schlagenm?« will er wissen. Ist alles, was er wissen will. Ich weiß nicht, ob er ein guter Trainer ist, aber er hat 'ne Menge Probleme mit seinen n's.

»Ja«, sag ich. Er ist groß, der Huansohn, sieht aber ziemlich angesäuert aus, Jim, sieht aus wie Mr. Wiedl, den wir in Geschichte hatten und der immer sauer war, weil wir uns nicht um das breite Ausmaß der großen menschlichen Saga geschert haben. Bloß ist Berkey, glaub ich, deshalb sauer, weil die Techs im Juni gerade noch mal knapp auf den letzten Platz gekommen sind. Ja.

Egal, was Berkey als nächstes macht, ist, mich am Arm packen und zurück in die Umkleidekabine schleifen, und er kreischt allen zu: »Der Kerl hier kannm Schlagenm! Wahrscheinmlich kannm er nmicht spielenm, aber er kannm schlagenm!« Und dann geht er wieder in sein Büro mit seinem nassen Sandwich.

Da steh' ich also. Der Kabinentyp zeigt mir meinen Spind — ich zieh mich neben Hub Kopf um. Ja, genau, war immer in diesem Werbespot für behinderte Kinder. Er unterhält sich mit Junior Wren. Ja. Und hier, das sagen sie:

»Deine *Nichte*! Wie konntest du . . .?«

»Eignlich war es mehr meine Halbnichte«, sagt Junior Wren.

»Wie zum Teufel . . .?«

»Also sie war adoptiert, glaub ich.«

»*Glaubst* du. Hast du's nicht *gewußt*?«

»Naja, sie hatte bloß so kleine Shorts und ein Oberteilchen an, und sie hatte diesen Himbeerwein dabei . . . und dann hab ich sie eben ein bißchen. Am nächsten Morgen ging's mir so dreckig, daß ich das Rauchen aufgegeben hab.«

Da bin ich also, hör diesen Scheiß von Jungs, die mal absolute Stars waren, und inzwischen bin ich absolut *fix und fertig*. »Ich bin Reed Ives«, sag ich. Weil ich neu in dem ganzen Laden bin, kennen sie mich nicht. »Ich bin fix und fertig«, sag ich.

»Willkommen in der A-Liga«, sagt Junior. »Nimm eine.« Und er gibt mir 'ne Pille.

Also — nein, ich würde mir das nie fest angewöhnen, nein, aber trotzdem, ich schluck das Ding und frag dann: »Was ist das?«

Du hast recht, aber — jedenfalls: »Fünf Milligramm«, sagt er.

Ich hatte vorher nie auch nur halb soviel! Und da sitz ich also und denk: »Oh, Gott. Fünf Milligramm.«

Und als nächstes bin ich auf dem Spielfeld und renn rum, als hätt ich zwanzig Stunden Schlaf gehabt. Spiele scharf, nehme flache Bälle — ja, ein paar hab ich ganz gut erwischt —, und dann aber fängt das Spiel an.

Ich sitze also. Und ich bin, du weißt schon, VAW-AW-AW-AWM. Da draußen sind Yankees im Wert von ein paar Milliarden Dollar, ein paar Meter vor meiner Nase, und ich spring auf, hol mir Wasser, setz mich wieder hin, gehe pinkeln, und dreißigtausend Leute kreischen über und hinter mir rum, und Junior Wren guckt rüber und stößt Hub Kopf an, und sie kichern, und Berkey stiert mich an. Weil ich das Spiel noch nicht mal *sehe*. Ich sitz da, bin am explodieren und denk: »Fünf Milligramm!«

Und Berkey grabscht mich, schleppt mich raus in den Tunnel. Ich kann's nicht glauben, ich zerplatz gleich in kleine Splitter, und Berkey brüllt: »Wennm du irgenmdwem erzählst, was ich dir jetzt erzähl, dannm versohl ich dir denm Arsch.«

Und ich: »Waaaaaas«, und er sagt: »Vor meinmer Geburt hat meinm Vater immer mit einmem Pfarrer zusammenm gejagt, der Harding Earth hieß. Der Pfarrer ist einmes Tages zu früh aufgesprungenm, und mein Vater hat ihnm in die Schläfe geschossenm und sofort getötet. Pfarrer war schuld, aber meinm Vater hat sich geschworenm, seinm Sohnm soll Harding Earth Berkey heißenm und Pfarrer werdenm. Der Sohnm, das war ich. Das hat er mir bloß nmie erzählt. Bis er gestorbenm ist. Dannm hat er's mir erzählt. Er hat mir erzählt, er hätte alles inm seiner Macht getanm, ohnme mir davonm zu erzählenm, daß ich aufwachse und Pfarrer werdenm will. Aber ich bin aufgewachsenm und wollte Baseballspieler werdenm. So sehr wollte ich Ballspielenm. Wennm du nicht Ballspielenm willst, will ich dich nmicht *hier*haben.«

Und dann läßt er mich allein, und ich schleich zur Bank zurück, mit voll angezogener Bremse, und sitz ziemlich schwindlig neben Roe Humble — ja, der ist in Ordnung —, Humble sagt: »Hat er dir die Geschichte vom erschossenen Pfarrer erzählt?«

Und ich nicke bloß, und ich hab keine Ahnung, was beim Spiel los ist, und als nächstes steht Berkey neben mir und zittert. Und er sagt: »Jetzt *zeig*, ob du schlagenm kannmst.«

Und er schickt mich raus! Ich weiß noch nicht mal, für wen ich schlage. Ich bin im Spiel! Gegen — weißt du, wer heut Abend für die Yankees geworfen hat?

Verdammtnochmal Tommy John. Mein erster Gegner in der ersten Liga. Bloß, ich denk nicht an Tommy John. Ich denk: »Fünf Milligramm!«

Und da kommt dieser Wurf — also, du weißt ja, Tommy John verliert keine Zeit, aber mir kommts so vor, als macht er *sehr* langsam. Ich hüpfe auf und ab und »fünf Milligramm« und da, schwuppdich, kommt der Sinkball, kommt auf mein Feld zugeschlichen, als wär er gar nicht bei der Sache, und ich mach einen Schritt zur Seite, um zu schlagen, was in meinem Zustand heißt, daß ich den Schläger halte, als wärs ein Alligator, und dum di dum — *sink*, der Ball fällt, und ich schlag fast einen halben Meter vorbei.

Ja. Ich weiß, Paps hats uns beigebracht. Aber — und dasselbe passiert beim zweiten Mal. »Fünf Milligramm!« wummerts mir im Kopf rum, und dann, 0 zu 2, fetzt er 'nen schnellen Ball los, und hoooch. Und du weißt ja, Jim, die Art Schlag mag ich. Ich konnte sogar deine Bälle schlagen, als ich neun war, wenn du mir so was Hohes zugeworfen hast. Bin *voll* reingegangen. Und, Jim, ich hab den ganzen Home-Run geschafft.

Jim, ich hab Tommy John aus dem Yankee-Stadion geholt, bei 385, Mitte rechts. Mit zwei Mann auf den Basispunkten, und wir aus irgendeinem Grund nur einen Lauf hintendran, und WUMMM, bring ich uns in Führung. Und, verdammt, ich renn um die dreimalverdammten Basispunkte im Yankee-Stadion, und, du weißt doch, in den Sportsendungen nach dem Spiel fragen sie sie doch immer: »Woran haben Sie gedacht, als Sie um die Basispunkte gelaufen sind?« Ich denke: »Fünf Milligramm!«

Und ich komm am Ziel an, und Boom Holmes gibt mir die fünf Fingerchen zum Abklatschen — Boom Holmes gibt mir auch einen, Jim — und das ist, Fünfe hoch, saumäßig passend. Und er sagt: »Ich wußt nich, daßde so staaak bist.«

Alles, was mir in den Sinn kommt, jetzt, wo jeder mir auf die Schulter klopft, ist, den Mund aufzureißen und loszukreischen: »Fünf! Fünf!«

Und Junior Wren und Hub Kopf kringeln sich im Bankgraben, und, natürlich, zum Teufel, wir halten die Führung nicht, Jim. Aber in der Umkleidekabine hinterher brüllt jeder, »Fünf!« »Der große Fünfer!« »Fünfer-Ives!«

»Warum nennt ihr ihn Fünfer?« fragt so'n Reporter Boom, und der sagt: »Ach, wissense, das is so Ghettosprache. Das is halt so'ne Art Gassensprache. Heißt... Heißt soviel wie, er hat halt volle fünf Finger dran, verstehnse«, und Junior Wren und Hub und Uribe und jeder sonst, außer vielleicht Berkey, weiß, was wirklich Sache ist — sie brüllen: »*Volle* Fünf.« »V. F. Ives.« Und...

Na gut, ja, ich glaub, es ist schade, irgendwie. Weiß halt nicht, ja, ob ichs auch einfach so geschafft hätte, gradheraus, beim ersten Mal. Ja. Aber, Jim, weißt du, wenn ich sauber gewesen wäre, hätt ich den Ball *geopfert*.

Du hast recht, das wär anständiges Baseball gewesen. Also, ja. Also, tut mir leid, daß ich das Baby aufgeweckt habe — sag das Sharon. Ich glaub, ich geh jetzt besser, ich bin in irgend so'nem Restaurant hier. Ich bin *immer noch* auf, Jim. Und Jim, da ist diese Zuckerpuppe an der Bar...

Ja, vielleicht nennen sie sie hier in New York nicht Zuckerpuppe. Ich werde sie irgendwie anders nennen.

Ich hab Tommy John aus dem Yankee Stadion geholt, Jim! Nein, nicht ganz und gar raus, noch niemand . . . ich weiß. Aber so sagt man's halt . . . mh-mh.

Also . . . Gut, danke. Mach ich. Ich paß auf. Ja. Hey, Jim, sag, du weißt schon, sag Paps nichts.

RICHARD BLESSING
Lied auf der Royal Street

»Ach, kauf dir doch 'nen Satz Beine«, knurrt er den dicklichen schwarzen Dackel an, der kläffend hinter ihnen her wackelt.

»Die Willow Street, weißt du noch?« sagt sie. »Ob es derselbe Hund ist?«

»Nach dreizehn Jahren? Und der da fast noch ein Welpe?«

»Also gut«, sagt sie. »Dann ist es der Welpe von dem.«

Sie gehen durch die Straßen von New Orleans, durchs Universitätsviertel, eine Nacht, schwer mit regendichtem Nebel. Der Hund bleibt stehen und schnüffelt an einer Mimose, und sie gehen unter den breitblättrigen Bäumen weiter. Überall der Duft von Geißblatt.

»Das Alter«, sagt er. »Ist es nicht großartig?«

»Na, komm«, sagt sie. »Vierzig ist doch kein Alter.«

Er weiß, daß er um die Mitte zugenommen hat, weiß um das Fleisch unter dem Kinn. Er denkt, wie gut sie gealtert ist. Die blonden Haare sind jetzt gelockt, kurz und vorteilhaft, der Körper ist voller, der Körper einer Frau und nicht eines Mädchens.

»Nichts ist so, wie wir es geplant hatten«, sagt er. »Wie ich es geplant hatte.«

»Das ist es nie. Bei niemandem. Aber war es denn *so* schlimm?«

Das Tulane-Stadion erhebt sich aus dem Nebel wie eine Kathedrale in einem Geschichtsbuch und drückt die Häuser in weitem Umkreis nieder.

»Für dich vielleicht nicht«, sagt er. »Du hast den Jungen.«

»Schau«, sagt sie. »Das Stadion. Erinnerst du dich noch, das Thanksgiving in dem Motel im French-Quarter, und wie wir dann hierher zum Spiel kamen?«

»Ich erinnere mich. Tulane verlor.«

»An das Spiel erinnere ich mich nicht mehr.«

»Ah«, sagt er, »vielen Dank.«

Einen Augenblick lang lassen sie sich gemeinsam treiben, die Schultern berühren sich. »Ich vermisse diese Stadt«, sagt er.

»Ist doch ganz gut«, sagt sie. »Wir haben ein glückliches Kind, ein gesundes.«

»*Du* hast es.«

»Sag das nicht«, sagt sie. »Er vermißt dich, wirklich, aber er versteht es auch.«

Grillen zirpen im dunklen Gras. Sie trägt jetzt flachere Absätze, denkt er. Vernünftige Schuhe lassen sie kleiner erscheinen, verkleinert. Sie reicht ihm kaum bis zur Schulter.

»Glaubst du an Zauberei?« fragt er. »Da war doch die alte Negerin in der Royal Street, ach, ewig her, als es mit uns gerade anfing. Sie wollte Geld. Erinnerst du dich?«

»Nein.«

»Sie wollte Geld, und ich ging weiter. Du mußt dich erinnern. Sie ging uns noch nach und nahm meine Hand, und sie sang etwas. Du erinnerst dich.«

»Nein.«

»Und hinterher mußte ich mich setzen, mir war so übel und schwindlig. Du sagtest, es seien die Nerven. Du sagtest, es sei nicht das Essen. Du sagtest, ich dächte es mir aus. Bildete mir Sachen ein.«

»Ich erinnere mich nicht.«

»Danach waren wir nie mehr glücklich.«

»Ich erinnere mich nicht.«

»Schon gut«, sagt er. »Schon gut. Jedenfalls haben wir ein gesundes Kind.«

»Das ist schon viel.«

»Das ist einiges.«

»Ja.«

Sie biegen in den McAlister Drive ein, gehen an den Back-steinwohnheimen vorbei, den breitschattigen Innenhöfen. Es ist Spätsommer. Die Studenten sind alle nach Hause gefahren. Er zieht den Kopf unter den Mimosen ein, den tief hängenden Zweigen.

»War da wirklich eine Schwarze?« fragt sie.

»Ich mußte mich setzen, mir war so übel und schwindlig. Und am nächsten Tag merkten wir, daß du schwanger warst. Erinnerst du dich jetzt? Und dann geschah alles einfach, wie es eben geschah. Sie sang ein Lied auf der Royal Street.«

»Ich erinnere mich, du hattest Angst. Wie ein kleiner Junge. Ich erinnere mich, du wolltest, daß das Baby tot wäre.«

»Nein.«

»›Es gibt Wege‹, sagtest du. ›Ich kenne Leute‹, sagtest du.«

»Nein. Die Negerin. Sie sang ein Lied, und mir wurde übel.«

»Du wolltest, daß er tot ist. Ich erinnere mich an keine Frau.«

Sie sind an eine Ecke gelangt, die Straßenlampen schimmern durch die schweren Blätter der Bäume. Ein Bus saust vorbei und verschwindet in Nebel und Dunkel.

»Da«, sagt er, »der Freret-Jet. Mit dem sind wir x-mal gefahren. Mann, der Freret-Jet. An den erinnere ich mich auch noch.«

»Ich glaube, das hast du dir ausgedacht«, sagt sie. »Das mit der Schwarzen.«

»Nachdem sie gesungen hatte, hast du es nicht mehr gebracht«, sagt er. »Kein einziges Mal.«

»Mir war morgens immer übel.«

»Kein einziges Mal.«

»*Meine* Hand hat sie nicht genommen. *Mir* hat sie nichts vorgesungen.«

»Du erinnerst dich also?«

»Nein.«

Er schlägt mit der Faust auf ein Stoppschild und sinkt vor Schmerz auf ein Knie. Er blickt zu ihr hoch. »Es gab eine Frau«, sagt er langsam. »Sie nahm meine Hand. In der Royal Street. Sie sang ein Lied.«

»Meine Hand hat sie nicht genommen.«

»Es war nie wieder gut. Nicht einmal.«

»Mir war übel wegen Chris. Und dann starb Daddy.«

»Viele Leute sterben.«

»Aber nicht so. Nicht so scheußlich.«

»Aber nie wieder.«

»Nicht nie«, sagt sie. »Nur für dich nie.«

»Du lügst«, sagt er. »Nie wieder in deinem Leben.«

Darauf wendet sie sich ihm zu, und ihre Augen brennen durch den Nebel. »Schon gut«, sagt sie, »schon gut. Ich erinnere mich an die Frau. Sie war gräßlich, voller Runzeln und mit Mundgeruch. Als sie deine Hand nahm, leuchteten ihre Augen im Dunkeln rot wie ein Sumpftier.«

»Nein«, sagt er. »Sie war nur eine alte Bettlerin.«

»Als sie summte, lag Tod in ihrer Stimme. Sie hat einen Toten aus dir gemacht, und du hast es nicht gewußt.«

»Ich erinnere mich nicht.«

»Du erinnerst dich sehr wohl. Danach war es ein Alptraum, dich zu berühren. Du stankst nach Grab, ein Toter, der herumläuft. Sieh dich doch an. Du bist toter als mein Vater.«

»Es gab nie eine Frau. Jedenfalls nicht so eine. Ich habe sie mir ausgedacht, als Entschuldigung.«

»Nein. Danach bin ich nie mehr bei dir gekommen. Erinnerst du dich?«

»Nein.«

»Sie war alt und gräßlich, und du wolltest ihr kein Geld geben. Sie berührte dich mit ihrer verwesenden Hand. Sie hat dich in der Royal Street verhext. Ich habe es nie wieder gebracht, nicht mit dir. Mit jedem andern. Nicht mit dir.«

»Ich habe sie erfunden.«

»Nein. Hör auf zu weinen.«

»Du kamst nie, nicht einmal.«

»Du hattest Angst.«

»Nicht einmal.«

»Wenn ich dich berührte«, sagt sie, »berührte ich den Tod.«

Er setzt sich auf den kalten Stein der Turnhallentreppe. Sie bewegt sich unscharf vor ihm, wie jemand, den man durch ein schlecht eingestelltes Fernglas sieht.

»Die Schwarze«, sagt er.

»Ja«, sagt sie, »die Schwarze.«

»Nein«, sagt er. »Es war deine Hand, dein Lied.«

»Also gut«, sagt sie, »also gut. Wir haben einen prächtigen Sohn.«

»Ja«, sagt er. »Das ist schon viel. Das ist alles.«

»Er ist nicht mal von dir«, sagt sie.

JOHN UPDIKE
Pygmalion

Was er an seiner ersten Frau mochte, war ihr Talent, Leute
nachzuahmen. Nach einer Party, ob nun einer eigenen oder
der eines anderen Paares, pflegte sie für ihn wiederaufleben
zu lassen, was sie erlebt hatte — die Gesichter, die Stimmen
—, und sie verzog ihren hübschen Mund zu kleinen Grimas-
sen, die für einen verwirrenden Moment eine abwesende Bekannte zu vergegenwärtigen vermochten. »Also, wenn ich
mir wirfflich — wie spricht Gwen? — wenn ich mir *wirfflich*
etwas aus Konserffation machen würde —« Und er, der Ehemann, lachte und lachte, obwohl Gwen insgeheim seine Ge-
liebte war und seine zweite Frau werden würde. Was er an *ihr*
mochte, war ihre Lebhaftigkeit im Bett, und was er an seiner
ersten Frau nicht mochte, war die Art, wie sie darum bat,
daß er ihr den Rücken rubbelte, und wie sie dann, unter seinen knetenden Händen, Nacht für Nacht in Schlaf sank.

In den ersten Jahren der neuen Ehe pflegte er nach seiner
und Gwens Heimkehr von einer Party unbewußt darauf zu
warten, daß die Imitationen, das Rekapitulieren begännen.
Er soufflierte sogar: »Was hältst du vom Bruder unseres
Gastgebers?«

»Oh«, sagte Gwen dann schlicht, »er scheint sehr nett zu
sein.« Und weil sie mit weiblicher Intuition spürte, daß er
mehr erwartete, fügte sie noch hinzu: »Harmlos. Vielleicht

ein bißchen steif.« Ihre Augen blitzten, da sie aus seinem erwartungsvollen Schweigen eine unausgesprochene Forderung heraushörte, und mit ihrem rührend-kindlichen Sprachfehler sprudelte sie hervor: »Was willst du denn nun wirfflich hören?«

»Oh, nichts. Nichts. Es ist nur — also, Marguerite ist ihm mal vor ein paar Jahren begegnet, und es hat sie umgehauen, was für ein pompöser Schwachkopf er war. Allein die Art, wie er an seinem Pfeifenstiel nuckelt und jede Bemerkung mit ›Können Sie mir folgen?‹ beendet.«

»Mir kam er ausgesprochen angenehm vor«, sagte Gwen frostig und kehrte ihm den Rücken, um ihr silbriges, hautenges Partykleid abzustreifen. Während sie es über die Hüften hinabschlängeln ließ, wandte sie den Kopf und fügte trotzig hinzu: »Er wußte zum Beispiel eine *Menge* über Steueroasen.«

»Darauf wette ich«, spottete Pygmalion schwächlich vom Ehebett her, betäubt vom Anblick seiner frontal und nackt auf ihn zukommenden Frau. »Es ist schrecklich spät«, warnte er sie.

»Ach, komm schon«, sagte sie, als das Licht aus war.

Die erste Person, die Gwen imitierte, war Marvin, Marguerites zweiter Ehemann; sie standen sich unerwartet auf einem »Rettet die Wale«-Wohltätigkeitsball gegenüber, zu dem völlig wahllos Einladungen verschickt worden waren. »Oh-ho-*ho*«, dröhnte sie nachher in der Privatheit ihres Schlafzimmers, »Sie also sind mein nobler Vorgänger!« In einem Beiseite fügte sie hinzu: »Nobel, dieser Arsch! Er haßt dich so sehr, daß du ihn angemacht hast.«

»Hab ich das?« fragte er. »Ich fand, er hat sich bei diesem Zusammentreffen, das ziemlich peinlich hätte werden können, sehr nett aus der Affäre gezogen.«

»Ja, in der *Taat*«, stimmte sie zu, den kernigen Marvin imitierend, und einen verwirrenden Moment lang erlaubte sie dem leicht glasigen und schlaffen Ausdruck betonter Benevolenz jenes Mannes ihre sonst so niedlichen runden Gesichtszüge einzunehmen. »Bei *uns* gibt es nichts Peinliches, ho, ho«, fuhr sie fort, angespornt durch das Gelächter ihres Ehemannes. »Aber sagen Sie mal, alter Junge, wie *kommt* es, daß Ihr Unterhaltsscheck für die Kinder *nie* pünktlich eintrifft?«

Er lachte und lachte, entzückt, seine Braut jenen Punkt erreichen zu sehen, der für ihn echte Weiblichkeit ausmachte — ein weiches, plastisches Gespür für die menschliche Umgebung, ein feinfühliges Reagieren, das durch die Strömungen der Natur selbst mal in diese, mal in jene Richtung gelenkt wird. Er vermochte die Welt nicht zu erkennen, war seine Furcht, wenn nicht eine Frau sie für ihn übersetzte. Von nun an, wenn sie von einem Zusammensein nach Hause kamen und er fragte, was sie von dem Soundso hielte, blieb Gwen in ihrer Unterwäsche stehen und dachte nach, als stände sie auf einer Bühne. »A-also, mein Lieber«, verkündete sie flötend in plötzlicher Parodie, »wäre da nicht Portugal, es gäbe *werk*lich kein er*träk*liches Land mehr in Europa.«

»Also hör mal!« protestierte er dann, entzückt über ihre Art und Weise, wie ihr hübsches Gesicht sich zu einer mutwilligen, snobistischen Jockeyfratze verzog.

»Wie macht sie es nur?« fragte Gwen, als hätte sie professionelle Absichten. »Irgend etwas mit dem Kinn. Als ob sie das Kinn von einer Seite auf die andere rollt, ohne die Zähne auseinanderzunehmen.«

»Genau, du hast es getroffen!« applaudierte er.

»Natürlich *wessen* Sie«, fuhr sie mit der angenommenen Stimme fort, »einst gab es da noch Griechenland, aber in*zwe*schen, mit all diesen furchtbaren Musel*maanen*...«

»O ja, ja!« rief er. Sein Gesicht schmerzte, weil er so heftig und so voller Stolz lachte. Sie war für ihn vollkommen geworden.

Im Bett meinte sie: »Es ist schrecklich spät.«

»Soll ich dir den Rücken rubbeln?«

»Mmm. Das wäre *wirfflich* nett.« Während seine linke Hand die glatte, warme, schmiegsame Oberfläche knetete, entglitt seine Frau — jenes kleine Etwas in ihr, das ganz ihr gehörte — seinem Zugriff; Nacht für Nacht sank sie in Schlaf.

ROBERT FOX
Eine Fabel

Der junge Mann war glatt rasiert und ordentlich gekleidet. Es war am frühen Montagmorgen, und er stieg in die U-Bahn. Es war der erste Tag seiner ersten Stellung, und er war ein bißchen nervös; er wußte nicht genau, wie seine Arbeit aussehen würde. Sonst ging es ihm gut. Er liebte alle, die er sah. Er liebte alle auf der Straße und alle, die in der U-Bahn verschwanden, und er liebte die Welt, weil es ein schöner, klarer Tag war und er seine erste Stellung antrat.

Ohne sich vordrängeln zu müssen, gelang es dem jungen Mann, im Zug nach Manhattan einen Sitzplatz zu finden. Der Wagen füllte sich schnell, und er sah zu den Leuten auf, die vor ihm standen und ihn um seinen Sitzplatz beneideten. Unter ihnen waren eine Mutter und ihre Tochter, die zum Einkaufen fuhren. Die Tochter war ein schönes Mädchen mit blonden Haaren und einer Haut, die weich aussah, und er fühlte sich sofort zu ihr hingezogen.

»Er starrt dich an«, flüsterte die Mutter der Tochter zu.

»Ja, Mutter, ich komme mir ganz komisch vor. Was soll ich nur *tun*?«

»Er ist in dich verliebt.«

»In mich verliebt? Woher weißt du das?«

»Weil ich deine Mutter bin.«

»Aber was soll ich bloß tun?«

»Nichts. Er wird versuchen, mit dir zu reden. Wenn er es tut, antworte ihm. Sei nett zu ihm. Er ist noch ein Junge.«

Der Zug erreichte das Geschäftsviertel, und viele Leute stiegen aus. Das Mädchen und seine Mutter fanden dem jungen Mann gegenüber einen Sitzplatz. Er sah das Mädchen, das gelegentlich zu ihm herübersah, um zu sehen, ob er es immer noch ansah, die ganze Zeit an.

Der junge Mann fand einen Vorwand aufzustehen, indem er einem älteren Mann seinen Platz anbot. Er stand vor dem Mädchen und seiner Mutter. Sie flüsterten miteinander und sahen zu ihm hoch. An einer anderen Haltestelle wurde der Platz neben dem Mädchen frei, und der junge Mann wurde rot, setzte sich aber schnell.

»Ich habe es gewußt«, sagte die Mutter durch die Zähne. »Ich habe es gewußt, ich habe es *gewußt*.«

Der junge Mann räusperte sich und tippte das Mädchen an. Es fuhr zusammen.

»Entschuldigung«, sagte er. »Du bist ein sehr hübsches Mädchen.«

»Danke«, sagte sie.

»Rede nicht mit ihm«, sagte die Mutter. »Antworte ihm nicht. Ich warne dich. Glaube mir.«

»Ich bin in dich verliebt«, sagte er zu dem Mädchen.

»Ich glaube dir nicht«, sagte das Mädchen.

»Antworte ihm nicht«, sagte die Mutter.

»Doch«, sagte er. »Um ehrlich zu sein, bin ich so in dich verliebt, daß ich dich heiraten will.«

»Hast du Arbeit?« fragte sie.

»Ja. Heute ist mein erster Tag. Ich fahre nach Manhattan, um meinen ersten Arbeitstag anzufangen.«

»Was für eine Art von Arbeit wirst du machen?« fragte sie.

»Ich weiß es nicht genau«, sagte er. »Ich habe ja noch nicht angefangen.«

»Klingt aufregend«, sagte sie.

»Es ist meine erste Stellung, aber ich werde einen eigenen

Schreibtisch haben und eine Menge Papiere bearbeiten und sie in einer Aktentasche herumtragen, und ich werde gut bezahlt, und ich werde mich nach oben arbeiten.«

»Ich liebe dich«, sagte sie.

»Wirst du mich heiraten?«

»Ich weiß nicht. Du mußt meine Mutter fragen.«

Der junge Mann stand von seinem Platz auf und stellte sich vor die Mutter des Mädchens. Er räusperte sich sehr sorgfältig und sehr lange. »Dürfte ich die Ehre haben, mit Ihrer Tochter den Bund der Ehe zu schließen?« sagte er, wurde jedoch vom Geräusch der U-Bahn übertönt.

Die Mutter sah zu ihm hoch und sagte: »Was?« Er konnte sie ebenfalls nicht hören, konnte aber an den Bewegungen ihrer Lippen und der Art, wie sie das Gesicht in Falten legte, erkennen, daß sie »Was?« sagte.

Der Zug hielt an.

»Dürfte ich die Ehre haben, mit Ihrer Tochter den Bund der Ehe zu schließen!« schrie er, ohne zu merken, daß es kein U-Bahn-Geräusch mehr gab. Alle im Zug sahen ihn an, lächelten, und dann applaudierten alle.

»Sind Sie verrückt?« fragte die Mutter.

Der Zug fuhr wieder an.

»Was?« sagte er.

»Wieso wollen Sie sie heiraten?« fragte sie.

»Nun ja, sie ist hübsch — ich meine, ich bin in sie verliebt.«

»Ist das alles?«

»Ich denke schon«, sagte er. »Oder sollte da mehr sein?«

»Nein. Normalerweise nicht«, sagte die Mutter. »Arbeiten Sie?«

»Ja. Das ist der Grund, weshalb ich so früh nach Manhattan fahre. Heute ist der erste Tag meiner ersten Stellung.«

»Meinen Glückwunsch«, sagte die Mutter.

»Danke«, sagte er. »Kann ich Ihre Tochter heiraten?«

»Haben Sie ein Auto?« fragte sie.

»Noch nicht«, sagte er. »Aber eigentlich müßte ich mir ziemlich bald eins leisten können. Und ein Haus.«

»Ein Haus?«

»Mit vielen Zimmern.«

»Ich habe erwartet, daß Sie genau das sagen würden«, sagte sie. Sie drehte sich zu ihrer Tochter um. »Liebst du ihn?«

»Ja, Mutter, das tue ich.«

»Wieso?«

»Weil er gut ist und sanft und freundlich.«

»Bist du sicher?«

»Ja.«

»Dann liebst du ihn wirklich.«

»Ja.«

»Bist du sicher, daß es niemanden sonst gibt, den du lieben könntest und gerne heiraten würdest?«

»Nein, Mutter«, sagte das Mädchen.

»Also dann«, sagte die Mutter zu dem jungen Mann. »Sieht so aus, als könnte ich nichts dagegen unternehmen. Fragen Sie sie noch einmal.«

Der Zug hielt an.

»Meine Liebste«, sagte er, »willst du mich heiraten?«

»Ja«, sagte sie.

Alle im Wagen lächelten und applaudierten.

»Ist das Leben nicht wunderbar?« fragte der Junge die Mutter.

»Wunderschön«, sagte die Mutter.

Der Schaffner kletterte zwischen den Wagen herunter, als der Zug wieder anfuhr, rückte seine dunkle Krawatte zurecht und kam mit einem feierlich schwarzen Buch in der Hand auf sie zu.

JAMES STILL
Der Auszug

Wir standen am beladenen Planwagen, während Vater die Fenster vernagelte und in die Schlüssellöcher spuckte, damit die Schlösser drehten. Wir warteten, genauso rastlos wie die in Harnisch gezäumte Stute, ungeduldig, endlich vor den starrenden Augen davonzueilen. Die Hardstay-Mine war für immer geschlossen, und die beschäftigungslosen Männer hatten sich versammelt, um uns weggehen zu sehen. Sie hingen über dem Zaun; sie drängten sich dort, wo die Hundsveilchenstengel vom letzten Jahr ihre braunen Blätterhände zu Fäusten ballten.

Ich sah die Jungen nach unseren Fensterscheiben blicken, ihre Taschen waren von Steinen ausgebeult. Ich schaute verstohlen nach ihren Gesichtern, und das Heimweh in mir wurde groß. Ich hungerte nach einem Wort, einem Zunicken zum Abschied. Doch bloß ein Dorftrottel war traurig, daß ich wegging, bloß ein Kind von einem Mann, der Schnüre und Tabakstreifen schätzte, ein Bub in den Kleidern eines Mannes, der für immer dazu bestimmt war, alles mißzuverstehen. Hig Sommers stand glotzäugig da, und die Kerle machten sich über ihn lustig. Einer kniete und band ihm seine Schnürsenkel los.

Obwohl die Frauen von ihren Veranden alles beobachteten, kam nur eine Witwe vorbei, um Mutter Lebewohl zu sagen. Sula Basham kam herübergelaufen, lang wie eine Bohnenstange, mit einer gelben Kette, die wie ein Uhrpendel an ihrem Hals hin- und herschwang.

Loss Tramble sagte grinsend: »Wenn ich eine so lange Frau hätte, würde ich Kürbisse an sie binden und sie als Maibaum verwenden. Würde ich wirklich.« Trockenes Gelächter rasselte durch die Menge. Loss trat zurück, denn er wußte, daß ihr Bizeps so groß war wie der eines jeden Mannes.

Sula ragte turmhoch über Mutter hinweg. Die Kette fiel wie ein Senkblei. Mutter war kaum 1,50 m groß, und sie mußte nach oben sehen, als würde sie in den Himmel schauen; und ihr Blick heftete sich auf die Kette, denn sie hatte niemals auch nur ein Körnchen Gold besessen, nie eine Kette oder einen Ring oder eine Haarnadel. Sula sprach laut mit Mutter, warf einen verächtlichen Blick auf die Männer: »Sie sollten stolz sein, daß es Ihrem Mann nicht genügt, hier im Hardstay-Camp auf dem Hosenboden zu sitzen und zu versauern. Früher oder später wird alles gehen müssen, alles wird sich regen müssen oder verhungern. Diese Mine macht nicht mehr wieder auf. Sie ist viel zu ausgeschöpft.«

Die Männer bewegten sich nervös hin und her. Sill Lovelock hob die Arme und breitete sie aus wie ein Prediger. »Diese Leute hier ziehen ins Nichts«, sagte er. »Es gibt entlang des Kentucky-Flusses keine Camps, die Arbeiter aufnehmen; es gibt nirgends Arbeit. Es ist Todsünde, eine Familie zu Zigeunern zu machen. Ich sage, solange jemand ein Dach über dem Kopf hat, soll er auch darunter wohnen.«

Männer grunzten, schüttelten ihre Köpfe, und die Jungen hoben ihre von Steinen beschwerten Hosentaschen an und rückten auf den Planwagen zu. Cece Goodloe schnappte sich Hig Sommers' Hut, als der vorbeiging, und setzte ihn sich selbst auf den Kopf. Der Hut hing auf seinen Ohren. Die Jungen legten die Hände auf die Wagenräder; sie befingerten den Harnisch der Stute; sie hoben den Deckel der Werkzeugkiste, um zu sehen, was darin war. Cece kroch unter den Wagen, vom vorderen Holm zum hinteren Holm, wackelte an der Deichsel. Ich schaute aus den Augenwinkeln zu und dachte, daß ein Streich gespielt werden könnte.

Vater kam mit dem Schlüssel auf den Hof, und nun war das Haus gegen unsere Rückkehr verschlossen. Ich betrachtete die leere Hülle unserer Behausung; ich betrachtete die verlorene Stadt, sehnte mich danach, an diesem Ort zu bleiben, wo ich geboren war, unter den Leuten, die ich kannte. Vater hielt den Schlüssel an einem Finger hoch. »Wenn jemand hier den Schlüssel bei der Verwaltung vorbeibringen und abgeben könnte«, sagte er, »wäre ich sehr dankbar.«

Hig Sommers ging schwerfällig auf Vater zu, ein Zipfel seines Hemdes flatterte. Jemand hatte ihm das Hemd herausgezogen. »Ich hol ihn«, rief Hig und streckte beide Hände nach dem Schlüssel aus, so wie ein Baby nach etwas greifen würde.

»Ich will nicht, daß er geholt wird«, sagte Vater. Er wollte den Schlüssel nicht jemandem anvertrauen, der nicht ganz helle war. »Du hast das mißverstanden, Hig. Ich will ihn weggebracht haben.«

Sill Lovelock trat vor, bot aber nicht an, den Schlüssel wegzubringen. »Die Schrift ist dagegen, daß jemand die Unschuldigen verschleppt«, prophezeite er düster. »Ich sage, bleibt, wo ihr Boden unter den Füßen und Gebälk über dem Kopf habt.«

Vater sagte gereizt: »Es sollte ein Gesetz geben, das vorschreibt, daß jeder vor seiner eigenen Tür kehren sollte. Lieber im Schweiß ertrinken, auf der Jagd nach Arbeit, als in Hardstay vertrocknen.«

Loss Tramble drängte sich neben Vater, seine Augen glühten, und die Mundwinkel waren gekräuselt. Er nickte mit dem Kopf in Richtung Sula Basham. »Ich liefere den Schlüssel gerne ab, wenn du diese Bohnenstange von einer Witwe irgendwohin mitnimmst und ihr einen Mann besorgst. Sie hat ihre schwarze Haube lange genug getragen.«

Gelächter brach aus, Glucksen in Hälsen, prustende Nasen. Sula wirbelte herum, ihr Gesicht zornentbrannt. »Wenn ich die Absicht hätte zu heiraten«, sagte sie, und ihre Worte klangen sehr verärgert, »dann müßte ich ganz sicher dahin gehen, wo es einen passenden Mann gibt. Es ginge gar nicht anders —«

Sill Lovelock unterbrach, denn er hielt Sulas Rede nicht für beachtenswert. Er fragte Vater: »Wovon wollt ihr unterwegs leben? Es fällt kein Manna vom Himmel, hier und heutzutage.«

Vater grinste Sula an. Er sah die Muskelknoten an ihren Armen sich spannen, und er sah Loss sich langsam zurückziehen. Er wandte sich Sill gutgelaunt zu. »Nun, es liegt Honigtau auf den Blättern des Morgens. Wir können ja früh aufstehen und ihn runteressen.«

»Der Teufel soll sie holen«, sagte Mutter und beruhigte Sula. »Mannsbilder sind Heiden. Laß sie in ihrem eigenen Dreck wühlen.« Sie betrachtete die Kette, betrachtete sie, um sie sich einzuprägen, sie in Gedanken mitzunehmen. Ich dachte an Mutters ungestochene Ohrläppchen, an denen niemals ein Ohrring gehangen hatte, an die abgearbeiteten Finger, niemals von Gold umfaßt, ihre schlichte Büste, die keine Schmucknadel jemals zusammengesteckt hatte. Sie schaute die Kette an, nicht gierig, sondern mit Erstaunen.

»Ich nehme den Schlüssel«, sagte Sula zu Vater. »Es scheint Ihnen sonst niemand Nachbarschaftshilfe leisten zu wollen.« Loss öffnete die Hände, sein Gesicht so schwer wie das von Sill Lovelock, doch im Spott. Er zeigte mit einem Arm auf Sula, mit dem anderen machte er eine bittende Geste zur Menge hin. »Ich hatte immer Mitleid mit einer Witwe«, sagte er. Er maß Sulas Länge mit seinen Augen. »In dieser Versammlung müßte doch wenigstens ein Mann sein, der gewillt ist, diese Frau Ganz Hoch Da Oben zu heiraten.«

Sulas Mund verhärtete sich. »Ich will nichts von deinem

Mitleid haben«, sprudelte sie hervor. Sie machte einen schnellen Schritt auf Loss zu, die Sehnen ihrer langen Arme zuckten. Als Loss sich zurückzog, wandte sie sich Mutter zu, die gerade auf den Wagen geklettert war. Sula und Mutter waren jetzt auf gleicher Augenhöhe. »Sie waren eine Hilfe, als meine Jungs starben«, sagte Sula. »Sie waren ein Trost, als mein Mann in seiner Kiste lag. Ich vergesse das nicht. Wünschte, ich hätte ein Erinnerungsstück, das ich Ihnen geben könnte, das Ihnen zeigt, daß ich immer daran denke.«

»Sie werden in Gedanken immer bei mir sein«, versicherte Mutter.

»Ich bin stolz, das zu wissen.«

Wir waren abfahrbereit. »Steig auf, mein Sohn«, rief Vater. Ich schwang mich vom hinteren Tor aus ganz nach oben auf die Ladung. Über die Köpfe der Männer hinweg konnte ich das ganze Camp sehen, die verstreuten Häuser in der Ebene, den Rauch, der über den qualmenden Misthaufen aufstieg. Der Abschiedsschmerz erhob sich in meiner Brust. Vater schnalzte mit der Zunge, und die Stute setzte sich in Bewegung. Sie lief direkt aus der Deichselführung heraus. Lose Halteketten schwangen herum, und die Deichselspitzen fielen zu Boden.

»Hooo, hoo!« rief Vater und sprang herunter. Ein Freudenschrei erklang hinter uns. Cece Goodloe hatte den Streich gespielt; er hatte alles losgeschnallt. Vater lächelte, während er den Harnisch wieder festmachte. Oh, ein klug gespielter Streich machte ihm nichts aus. Und er sprang wieder auf den Wagen.

Loss Tramble formte seine Hände zu einem Trichter und rief hindurch: »Wenn ihr diese Witwe nicht mitnehmen wollt, werden wir sie mit einem geborenen Trottel verheiraten müssen. Wir werden sie mit Hig Sommers zusammenbringen müssen.«

Wir fuhren fort, die Räder nahmen den tiefeingefurchten Wagenpfad, die Ladung schwankte. Wir fuhren fort, und Sill

Lovelocks letzte Warnung klang uns in den Ohren. »Ihr bettet euch in der Hölle!« hatte er gerufen. Es war erst dann, daß ich die goldene Kette um Mutters Hals sah, die gegen ihre Brust schlug wie ein Herz.

Ich blickte zurück, sah, wie der erste Stein geworfen wurde, hörte unsere Fenster zerschellen; ich blickte zurück auf das Camp wie auf das Gesicht der Toten. Ich sah, wie die Menge vor Sula Basham zurückwich, wie sie übereinanderstolperten. Sie hatte Loss Tramble mit der Faust geschlagen, und er kniete vor ihr und fürchtete sich aufzustehen. Und nur Hig Sommers beobachtete uns, wie wir fortzogen. Er stand da und hielt seine Hose fest, denn jemand hatte seine Hosenträger mit einem Messer zerschnitten. Er streckte einen Arm hoch in die Luft und rief: »Hallo, hallo!«

CHARLES BAXTER
Die Klippe

Auf dem Weg zur Klippe hinaus behielt der Alte eine Hand auf dem Lenkrad. In der anderen hatte er die Zigarette. Das Wageninnere roch nach Wein und Zigarettenasche. Er hustete unablässig. Seine Stimme klang wie eine Abwandlung dieses Hustens.

»Früher hab ich Camel ohne Filter geraucht«, sagte er zu dem Jungen. Der ausgefahrene Feldweg fiel plötzlich ab, und der Wagen federte hoch. »Aber dann hab ich die Marke gewechselt. Camels paßten mir nicht zum Essen. Ich konnte gar nicht mehr schmecken, was die Madame so kochte: Fleisch, Salat, Wackelpudding: schmeckte alles gleich. Seither nehm ich die leichten. Du rauchst wohl nicht, mein Junge?«

Der Junge starrte auf die Straße und schüttelte den Kopf. »Nach dem, was ich dir beigebracht hab, ja hoffentlich nicht. Für unser Vorhaben mußt du den Körper rein halten.«

»Du hältst ihn aber nicht rein«, sagte der Junge.

»Ich muß ja nicht. Er *war* rein. Außerdem, wie gesagt, keiner ist jemals zweimal rein.«

Die kalifornischen Kiefern sahen morsch aus und bewegten sich nicht, als sie vorbeifuhren. Dem Jungen war, als könnte er die Brandung vor ihnen schon hören. »Sind wir bald da?«

»Bist ganz schön ungeduldig, was?« sagte der Alte und unterdrückte den Husten. »Schau mal, mein Junge, ich hab dirs schon hundertmal gesagt: für das hier braucht man Willenskraft. Wenn man ungeduldig wird, dann —«

»— Ich weiß, ich weiß. ›Dann stirbt man.‹« Der Junge trug eine Jacke und eine Baseballmütze. »Weiß ich alles. Hast du mir doch beigebracht. Ich frag ja nur, ob wir schon da sind.«

»Hast du ein Mädchen, mein Junge?« Der Alte schaute mißtrauisch. »Hast du ein Mädchen?«

»Ich bin erst fünfzehn«, sagte der Junge nervös.

»Das ist nicht zu alt, besonders in der Gegend hier.«

»Einen Kuß hab ich schon mal gekriegt«, sagte der Junge. »Ist das das Meer?«

»Da ist es«, sagte der Alte. »Manchmal denke ich, ich weiß alles über dich, und dann denke ich wieder, ich weiß gar nichts. Ich lasse mich nicht gern auf so was ein. Du verheimlichst mir vielleicht was. Der Zauber ist einen Dreck wert, wenn du mir was verheimlichst.«

»Es klappt bestimmt«, sagte der Junge und sah den langen blauen Wasserstreifen durch die Bäume hindurch. Er zog die Schirmmütze tiefer ins Gesicht, um nicht zu blinzeln. »Es klappt bestimmt ganz toll.«

»Glaube, Liebe, Hoffnung und Barmherzigkeit«, deklamierte der Alte. »Und der Zauberspruch. Nun, ich gebe zu, ich bin auch schon mal vom rechten Pfad abgekommen. Aber den Zauberspruch habe ich nie vergessen. Wenn man ihn vergißt, stirbt man.«

»Ich vergesse ihn bestimmt nicht«, sagte der Junge.

»Lüg mich bloß nicht an. Hast du gestohlen, gehurt und hast du es schlimm getrieben, na ja, dann kommt das bald genug heraus.« Er hielt den Wagen auf einer Lichtung an. Er drehte den Schlüssel im Zündschloß und holte eine Weinflasche unter dem Sitz hervor. Seine Hände zitterten. Der Alte schraubte den Deckel ab und nahm einen kräftigen Schluck.

Dann schraubte er wieder zu und blies den süßlichen Geruch zu dem Jungen hinüber.

»Ist gut für die Nerven«, sagte er. »Ich mach das nicht jeden Tag.«

»Du glaubst nicht mehr an den Zauber«, sagte der Junge.

»Ich *bin* der Zauber«, rief der Alte. »Ich habe ihn erfunden. Es wäre mir einfach schrecklich, wenn ein junges Bürschchen wie du an den Felsen zerschellen würde, bloß weil *du* nicht daran glaubst.«

»Keine Sorge«, sagte der Junge. »Mach dir um mich keine Sorgen.«

Sie stiegen aus, und der Alte griff nach dem aufgerollten Seil auf dem Rücksitz.

»Das brauche ich nicht«, sagte der Junge. »Ich brauche das Seil nicht.«

»Wir machen das, wie ich sage, Bürschchen, oder wir machen es gar nicht.«

Der Junge zog die Schuhe aus. Barfüßig stieg er über Kiefernnadeln und Steine. Er trug ausgeblichene Jeans und einen Baumwollpulli mit einem Fleck aus der Weinflasche des Alten darauf. Seine Jacke hatte er im Wagen ausgezogen, aber die Mütze trug er noch. Sie gingen über einen versengten Grasstreifen und gelangten an den Rand der Klippe.

»Schau mal, die Möwen da unten«, deutete der Alte. »Sind bestimmt hundert Stück.« Seine Stimme zitterte vor Erregung.

»Kenne ich doch, die Möwen.« Der Junge mußte schreien, um die Brandung zu übertönen. »Hab ich schon gesehen.«

»Du bist ja so gescheit, was?« hustete der Alte. Er zog eine Zigarette aus der Brusttasche und zündete sie mit seinem nachfüllbaren Feuerzeug an. »Also, ich hab keine Lust mehr, dir zu sagen, was du tun sollst, du Klugscheißer. Zieh den Pulli aus.« Der Junge zog ihn aus. »Und jetzt mach einen Kreis im Sand.«

»Womit?«

»Mit dem Fuß.«

»Da ist gar kein Sand.«

»Tu, was ich dir sage.«

Der Junge streckte den Fuß aus und zog einen Zauberkreis um sich herum. Man sah nichts, aber er wußte, daß er da war.

»Und jetzt schau zum Horizont und sag ihm, was du sagen sollst.«

Der Junge tat, was ihm gesagt wurde.

»Und jetzt nimm das Seil, das Ende hier.« Der Alte reichte es ihm. »Mein Gott, stellst du dich aber an.« Der Alte bückte sich und nahm noch einen Schluck. »Hast du einen klaren Kopf?«

»Ja doch«, sagte der Junge.

»Hast du Angst?«

»Nö.«

»Siehst du jemanden?«

»Nö «

»Gibt's noch Fragen?«

»Muß ich die Arme ausbreiten?«

»In der Sowjetunion machen die das«, sagte der Alte, »aber die reiten dabei auch auf Schweinen. Solche Typen sind das. Du mußt die Arme nicht ausbreiten. Fertig? Spring!«

Der Junge spürte den Rand der Klippe unter den Füßen, sprang und fühlte, wie der Zauber und der Horizont ihn emporhoben und mit dem Körper parallel zur Oberfläche hinaus übers Wasser trugen. Er nahm sich vor, in Richtung auf die Klippen hinunter zu sausen und dann plötzlich abzudrehen, und was er sich vornahm, geschah auch. Erst hielt er sich noch am Seil fest, aber selbst der Alte konnte sehen, daß das unnötig war, und holte es ein. Nur mit Jeans und Mütze bekleidet, schwang sich der Junge hoch, tauchte dann hinab zu den Möwen, schwang sich ebenso leicht wieder hinauf und rauschte dem Alten über den Kopf, bevor er aufs Meer hinausflog.

Er schrie vor Vergnügen.

Der Alte griff wieder nach seiner Flasche.

»Die Sonne!« rief der Alte. »Das Meer! Das Land! So ist es richtig!« Und plötzlich lachte er; sein Husten war verschwunden. »Der Himmel!« sagte er schließlich.

Der Junge flog hohe, weite Kreise. Er drehte sich in der Luft, tauchte hinunter, überschlug sich und segelte dahin. Auch seine Augen waren von der Bläue geblendet, und wie der Alte roch er das salzige Meer.

Aber er war natürlich ein Teenager. Er war dem Alten dankbar, daß er ihm den Zauberspruch beigebracht hatte. Aber das hier — die Klippen, das Meer, der blaue Himmel und der süße Wein —, das paßte zu dem Alten, nicht zu ihm. Er mochte den Alten, weil er ihm den Zauber verraten hatte. Das würde er ihm nie vergessen.

Aber während er noch flog, wurde er übermütig. Es paßt nicht zu einem Teenager, nicht einmal in Kalifornien, am hellichten Tag in der Sonne herumzufliegen. Der Junge wollte etwas ganz anderes: dicht am Boden entlangfliegen, in den Städten, in sanften Bögen, spätabends zwischen den Häusern hindurchflitzen. Ganz spät: in den Stunden, wo die Mädchen ihre Kleider aufhängen und seufzen, aus ihren Fenstern in die drückende Luft hinaus seufzen, wenn die Uhren Mitternacht schlagen. Die Sache mit dem Schwein interessierte den Jungen. Er grinste dem winkenden Alten tief unter ihm zu, der die niedrigen Beweggründe fürs Fliegen längst vergessen hatte.

ELIZABETH TALLENT
No one's a mystery

Zu meinem achtzehnten Geburtstag schenkte mir Jack ein Fünfjahrestagebuch mit einem Vorhängeschlößchen und einem kleinen Schlüssel, leicht wie ein Zehncentstück. Ich saß neben ihm und kratzte an dem Schloß, das nicht funktionieren wollte, als er in der Ferne den Cadillac seiner Frau zu sehen glaubte, wie er uns entgegenkam. Er drückte mich auf den dreckigen Boden des Pickups und hielt eine Hand auf meinem Kopf, während ich den Moschusgeruch seiner Zigaretten in dem Ascher am Armaturenbrett einsog und mit Rosanne Cash im Kassettenrecorder mitsang. Wir hatten Tequila getrunken, und die Flasche steckte zwischen seinen Beinen, gegen seinen Schwanz gelehnt, wo die Naht seiner Levi's leinenweiß gebleicht war, obwohl die Levi's noch fast neu war. Ich weiß nicht, warum seine Levi's immer so ausbleichten, die Nähte entlang und an den Knien. In einer Stoffwölbung blinkte golden sein Reißverschluß.

»Das ist sie«, sagte er. »Sie hat auch am Tag Licht an. Ich kann mir keine Angewohnheit einer Frau vorstellen, die mich mehr nervt als das.« Als er sah, daß ich ruhig unten bleiben würde, nahm er die Hand von meinem Kopf und fuhr sich selber damit durch die dunklen Haare.

»Warum tut sie das?«

»Sie glaubt, es sei sicherer. Wozu muß sie sicherer sein? Sie fährt genau fünfundfünfzig Meilen die Stunde. Sie glaubt den Schildern: ›Geschwindigkeit vom Flugzeug kontrolliert.‹ Dabei ist es ihr egal, daß man hochschauen kann und sieht, daß der Himmel leer ist.«

»Sie wird sehen, daß du die Lippen bewegst, Jack. Dann weiß sie, daß du mit jemandem redest.«

»Sie wird denken, daß ich mit dem Radio mitsinge.«

Er hob nicht die Hand, streckte nur die Finger zum Gruß, während er mit dem Druck der Handfläche das Lenkrad hielt, und ich hörte, wie der Cadillac zweimal hupte, musikalisch; er fuhr gut und gern achtzig Meilen die Stunde. Ich betrachtete seine Stiefel. Die in das Leder gestickten Elchköpfe hatten Bärte aus ausgefransten Fäden, die Spitzen waren abgestoßen, und zwischen Absatz und Sohle saß ein kompakter Keil aus verklebtem Mist — die Stiefel hatte er die ganzen zwei Jahre getragen, seit ich ihn kannte. Auf der Kassette sang Rosanne Cash: »Nobody's into me, no one's a mystery.«

»Glaubst du, sie wird berühmt wegen ihres Vaters oder wegen ihr selbst?« sagte Jack.

»Auf dem Boden sind gut hundert Kronkorken, hast du das gewußt? Da könnte sich ein kleines Kind in den nackten Fuß schneiden, Jack.«

»In die Karre kommt kein kleines Kind, außer dir.«

»Und warum läßt du sie so einsauen?«

»»Warum««, machte er mich nach. »Du hörst dich sogar an wie ein Kind. Du kannst wieder hochkommen, wenn du willst. Sie guckt nicht über die Schulter, sie sieht dich nicht.«

»Woher willst du das wissen?«

»Weiß ich eben«, sagte er. »So wie ich weiß, daß ich zum Abendessen Fleischkäse kriege. Es liegt in der Luft. So wie ich weiß, was du in das Tagebuch da schreibst.«

»Und was schreibe ich rein?« Ich kniete auf meiner Seite der Sitzbank und reckte den Kopf, um den Staubschmetterling zu betrachten, der sich auf meinen Jeans abgedruckt hatte. Vor dem Fenster flimmerte Wyoming in der Hitze. Der Weizen war beige und gelb und von der schmalen staubigen Straße glatt geteilt. Ich konnte das Wasser in den Bewässerungsgräben riechen, die im Weizen verborgen waren.

»Heute abend schreibst du: ›Ich liebe Jack. Dies ist sein Geburtstagsgeschenk. Ich kann mir niemanden vorstellen, der jemanden mehr liebt, als ich Jack liebe.‹«

»Kann ich auch nicht.«

»In einem Jahr schreibst du: ›Was ich wohl an Jack gefunden habe. Warum ich wohl so viele Tage damit verbracht habe, immer in seinem Pickup mit rumzufahren. Ja, er hat mir was über Sex beigebracht. Ja, in Cheyenne gab es nicht viel anderes zu tun.‹«

»Das werde ich nicht schreiben.«

»In zwei Jahren schreibst du: ›Wie hieß noch dieser alte Typ da, der mit den Locken und dem eingesauten Pickup, der immer so viel Zeit hatte.‹«

»Das werde ich nicht schreiben.«

»Nein?«

»Heute abend schreibe ich: ›Ich liebe Jack. Dies ist sein Geburtstagsgeschenk. Ich kann mir niemanden vorstellen, der jemanden mehr liebt, als ich Jack liebe.‹«

»Nein, kannst du nicht«, sagte er. »Das kannst du dir nicht vorstellen.«

»In einem Jahr schreibe ich: ›Jack muß jetzt jeden Moment nach Hause kommen. Der Tisch ist gedeckt — das Leinen meiner Großmutter und ihr altes Silber und die gelben Kerzen, die von der Hochzeit übrig sind —, aber ich weiß nicht, ob ich bis nach der Forelle à la Navarra warten kann, mit ihm zu schlafen.‹«

»Das war aber eine schnelle Scheidung.«

»In zwei Jahren schreibe ich: ›Jack müßte jetzt schon zu Hause sein. Klein Jack will schon sein Abendessen. Heute hat er sein erstes Wort außer ›Mama‹ und ›Papa‹ gesagt. Er sagte: ›kaka‹.«

Jack lachte. »Wahrscheinlich hat er gerade mit dem Finger kaka an die Badezimmerwand gemalt, als du ihn das hast sagen hören.«

»In drei Jahren schreibe ich: ›Meine Brustwarzen sind von Eliza Rosamund ein wenig gereizt.‹«

»Rosamund. Jedes Mädchen sollte einen Mittelnamen haben, den es haßt.«

»›Ihr Atem riecht wie Vanille, und ihre Augen sind genauso blau wie die von Jack.‹«

»Das ist schön«, sagte Jack.

»Und? Was gefällt dir besser?«

»Deins gefällt mir«, sagte er. »Aber ich glaube meins.«

»Macht nichts. Ich glaube meins.«

»Aber nicht tief in deinem innersten Herzen.«

»Du hast unrecht.«

»Ich habe recht«, sagte er. »Und ihr Atem würde nach deiner Milch riechen, und es ist so ein bittersüßer Geruch, wenn du es genau wissen willst.«

GORDON LISH
Tanz nach der Pfeife

Sag nichts. Tu mir einen Gefallen und laß mich raten. Sei ehrlich mit mir, sag die Wahrheit, paß auf, daß ich nicht lache. Sag mirs, zwing mich nicht dazu, es dir zu sagen, muß ich dir denn sagen, daß dir heiß ist, wenn dir heiß ist, daß du tot bist, wenn du tot bist? Weil du weißt, was ich weiß? Ich kenne dich wie mich selbst, ich kenne dich wie meine Westentasche, ich lese in dir wie in einem Buch, ich kenne dich in- und auswendig. Ich kenne dich besser, als du dir je träumen lassen würdest.

Du glaubst, ich weiß nicht, wovon ich rede? Ich weiß, ich weiß. Ich weiß, der Tag wird kommen, der Tag wird anbrechen.

Hab ich dir nicht gesagt, daß man nie wissen kann? Weil ich dafür sorge. Ich sage dir, keiner wird sich ein Bein ausreißen. Keiner wird nach der Pfeife tanzen. Keiner wird so schnell für dich da sein oder dich vorn und hinten bedienen. Glaubst du, die kümmert es, ob du lebst oder stirbst?

Aber ich konnte ja nie genug davon kriegen — ich konnte nie genug kriegen. Schau mich an, ich kann es ja vertragen. Ich kann ja alles schlucken. Aber du willst mich zum Affen machen, oder. Du willst, daß ich mir deinetwegen den Mund fusselig rede, daß ich deinetwegen die Wand mit dem Kopf einrenne, daß ich angerannt komme, wenn dir irgend etwas nicht paßt. Was bin ich denn, dein Leibsklave? Bist du erst glücklich, wenn ich im Grab liege? Du glaubst, ich weiß nicht, wovon ich rede? Ich verspreche dir, eines Tages wirst du ein anderes Lied singen.

Wenn ich schon dabei bin, eins nach dem anderen, ohne das wirst du schon nicht sterben, morgen ist auch noch ein Tag, laß es mich ansehen, zeig es mir mal, was du heute kannst besorgen . . ., ein Küßchen drauf und schon wirds gut.

Laß mich dir mal was sagen. Jeder auf der ganzen weiten Welt müßte es nur mal halb so gut haben wie du.

Weißt du, was das ist? Willst du wissen, was das ist? Das ist nämlich ein Ding, das ist ein dicker Hund, soll das vielleicht ein Witz sein? — wenn das ein Witz ist, wird mir aber übel. Ich will, daß du das zu hören bekommst, ich will, daß du dir die ungeschminkte Wahrheit anhörst. Ich will, daß du es von mir hörst, aus berufenem Mund, von dem Menschen, dem du wirklich etwas bedeutest.

Weißt du, was du bist? Genau das bist du!

Du bleibst sitzen, ich gehe — ich habe schon wieder die Nase voll.

Los, rede mir ein Ohr ab. Rede, bis ich taub, stumm und blind bin. Keiner hat danach gefragt, keiner sagt etwas, keiner will das wissen. Also wirklich, ganz ehrlich, in aller Bescheidenheit, ganz wahrhaftig, du nimmst dir vielleicht was raus, du hast Nerven, und ich meine das ganz im Ernst.

Ich sage dir, ich flehe dich an, ich bekniee dich — nun komm mir bloß nicht komisch, keine faulen Ausreden —, denn beim hellen Tageslicht, mitten in der Nacht, in der Morgendämmerung.

Du glaubst wohl, alle Welt wird nach deiner Pfeife tanzen? Keiner wird nach deiner Pfeife tanzen. Es weiß überhaupt keiner, daß du existierst, dich kennt niemand auch nur sooo viel.

Aber wenn es das Eine nicht ist, ist es etwas Anderes.

Was glaubst du eigentlich, wer du bist, hier hereinzukommen und dich aufzuführen wie ein Pascha? Glaubst du, du kannst alles bestimmen? Ich gebe dir einen guten Rat. Hör auf, dir selbst zu schmeicheln — du bist nicht die Maikönigin, längst nicht. Benimm dich einmal deinem Alter entsprechend — teile brüderlich.

Vor Ewigkeiten, vor Jahren, so lange her, daß ich mich beim besten Willen nicht mehr erinnern kann, tiefste Vergangenheit, graue Vorgeschichte — du willst das nicht wissen, andere Zeiten, anderes Leben, völlig andere Vorstellungen.

Frag nicht. Denke noch nicht einmal dran, zu fragen. Mach mir keine Versprechungen. Erzähle mir nicht irgend etwas und tue dann etwas anderes. Sieh mich nicht so scheel an. Sieh mich nicht so an. Erzähle mir nicht so einen Scheiß. Schau dich doch mal um, um Himmels willen. Weißt du nicht, daß eine Hand die andere wäscht? Rede vernünftig. Sorge vor.

Erkenne doch mal meine Intelligenz an. Zeige mir, daß ich nicht meinen Atem verschwende. Mache mich nicht krank. Du machst mich krank. Warum tust du mir das an? Macht es dir Spaß, mir das anzutun? Glaube bloß nicht, daß ich nicht weiß, was du mit mir machen willst.

Laß mich nicht immer für dich das Denken erledigen.

Schäm dich, du solltest dich was schämen, hast du denn überhaupt kein Schamgefühl?

Warum muß ich dir immer alles sagen?

Warum muß ich immer gleich alles fallenlassen und angerannt kommen?

Kommst du nie auf einen Gedanken?

Kannst du nichts mit deinen eigenen Augen erkennen?

Du bist selbst dein ärgster Feind.

Was nützt es denn eigentlich, mit dir zu reden? Ich könnte genau so gut Selbstgespräche führen. Sag etwas. Führ dich doch einmal auf, als hättest du ein bißchen Verstand.

Du glaubst wohl, das ist ein Vergnügungsausflug? Das ist kein Vergnügungsausflug. Mach mir keine Umstände. Nicht alle Welt wird nach deiner Pfeife tanzen. Ich warne dich – wach auf, bevor es zu spät ist.

Weißt du, was los ist? Ein Vögelchen hat mir's gerade gezwitschert. Weißt du, was los ist? Du mußt noch eine Menge lernen – das ist los.

Ich kann mein eigenes Wort nicht hören. Ich kann meine eigenen Gedanken nicht hören. Von einer Minute auf die andere kann ich mich nicht mehr erinnern.

Warum muß ich es dir immer und immer wieder sagen?

Laß mich doch mal eine Minute nachdenken. Laß mich doch mal zu Atem kommen.

Fragst du denn niemals erst einmal?

Ich werde dir mal etwas sagen. Ich werde dir sagen, was sonst niemand übers Herz brächte, dir zu sagen. Ich gebe dir meinen guten Rat. Willst du einen guten Rat haben?

Du glaubst, daß sich alles nur um dich dreht, nicht wahr? Du solltest deinem Herrgott auf Knien danken. Du solltest dankbar sein für das, was du hast. Warum schaust du dich nicht ein einziges Mal im Leben wirklich um und siehst selbst? Du weißt es einfach gar nicht, wenn es dir gutgeht. Du weißt nicht, wie der Rest der Welt lebt. Du bist noch so unschuldig wie am Tag deiner Geburt. Du solltest deinem Glücksstern danken. Du solltest die Dinge wieder einrenken. Du solltest dein Bestes tun, das alles zu vergessen. Sich Sorgen zu machen, hat noch niemanden weitergebracht.

Doch aus ebendiesem Grund.

Was immer du auch tust, versprich mir das Eine – versprich mir nur, daß du dein Bestes tun wirst, aufgeschlossen zu sein.

Was soll ich dir nur sagen, wo fange ich bei dir an, wie verschaffe ich mir Gehör? Ich weiß nicht, wo ich bei dir anfangen soll, ich weiß nicht, wo ich bei dir beginnen soll, ich weiß nicht, wie ich dir die Bedeutung eines jeden einzelnen Wortes einhämmern soll. Danke Gott, daß ich lebe, um dir Bescheid zu sagen, danke Gott, daß ich da bin, um dir Bescheid zu sagen, danke Gott, daß du jemanden hast, um dir Bescheid zu sagen, ich wollte nur, ich könnte anfangen, dir Bescheid zu sagen, wenn es nur einen Weg für irgend jemanden gäbe, dir Bescheid zu sagen, aber du willst ja nichts hören, du willst ja nichts lernen, du willst ja nichts wissen, du willst dir ja nicht selber helfen, du willst immer nur, daß alles nach deinem Kopf geht. Wer kann denn nur mit dir reden? Kann den irgendwer mit dir reden? Du willst gar nicht, daß irgendwer mit dir redet. Wenn es nach dir ginge, könnte die ganze Welt tot umfallen.

Du glaubst wohl, der Tod ist ein Vergnügungsausflug? Der Tod ist kein Vergnügungsausflug. Sieh den Tatsachen ins Auge, mach dir nichts vor, man versucht nur, dir ein bißchen Vernunft einzureden, nicht alles ist spaßig und sorgenfrei, nicht alles ist eitel Sonnenschein, nicht alles ist auf Rosen gebettet und kommt auf dem silbernen Tablett daher.

Du schießt den Vogel ab, mir bleibt die Luft weg – du bist wirklich ein Knüller – weißt du, weißt du, weißt du?

Sei gescheit und zeige Bescheidenheit. Sei gescheit und halte dich im Hintergrund. Sei gescheit und laß jemand anderen mal die Fackel tragen.

Weißt du, was ich machen muß? Ich muß mit dir reden wie mit einem Baby. Ich muß mal ernsthaft mit dir reden. Ich muß dich mit Glacéhandschuhen anfassen, falls du das noch nicht wußtest.

Laß mich dir etwas sagen, was keiner sonst übers Herz brächte, dir zu sagen. Gehe los, suche! Suche weit und breit – es gibt nur wenige, und die sind dünngesät!

Los, gehe, gehe bis ans Ende der Welt, gehe zum Äußersten, stell wer weiß was an, denn die rühren keinen Finger für dich – oder wußtest du nicht, daß es Dinge gibt, die besser niemand wissen sollte, daß manche Dinge besser ungesagt bleiben sollten, daß man manche Dinge keinem Hund wünschen sollte, nicht für Geld und gute Worte, im Leben nicht, nicht wenn Ostern und Weihnachten auf einen Tag fallen?

Was willst du denn? Willst du, daß die ganze Welt sich nur um dich dreht, willst du, daß alle Welt tanzt, wenn du pfeifst? Das ist es, was du willst, oder? Sei ehrlich mit mir, und laß es uns hinter uns bringen, es beenden, es ein für allemal zum Ende bringen, genug, Herrgottnochmal, genug.

Beantworte mir diese eine Frage — wie kannst du mich nur so ansehen?

Wage dich nicht, so zu tun, als würdest du mich nicht hören. Willst du wissen, was dir fehlt? Das fehlt dir. Du gehst vor die Hunde, du legst dich mit den Wölfen zur Ruhe, du weckst schlafende Hunde — weißt du denn immer noch nicht, wo der Hund begraben liegt?

Wann wirst du endlich lernen, Ruhe zu geben?

Weißt du, was du bist? Ich sage dir, was du bist. Du bist weder das eine noch das andere.

Ich bin bei dir im Bilde, ich weiß, wo der Hase bei dir läuft, ich durchschaue dich ganz und gar — ich warne dich, versuche bloß nicht, mir irgend etwas unterzuschieben oder dich bei mir einzuschmeicheln oder mich zum Narren zu halten.

Und wer macht deine Dreckarbeit? Du?

Oh, sicher, du denkst, du kannst einfach über allem stehen, aber niemand kann ewig in Wolkenkuckucksheim leben, von der Hand in den Mund, den Kopf im Sand, ohne Sinn und Verstand, ohne Hoffnung, ohne Makel, ohne Haken, ohne mit der Wimper zu zucken, ohne Boden unter den Füßen, ohne Fehl, ohne Ziel, ohne die Butter auf dem Brot.

Entschuldige meine Ausdrucksweise — aber halt dich an die Regeln oder halt die Klappe!

Oh, wir könnten dir einfach ins Gesicht lachen.

Oh, du — du Satansbraten, du! Kannst du uns nicht einfach in Frieden lassen?

MARY ROBISON
Deine

Allison schleppte sich von ihrem weißen Renault fort, gebeugt unter der Last der letzten Kürbisse. Sie fand Clark in
der Dämmerung auf der mit Zweigen und Blättern übersäten
Veranda hinter dem Haus.

Er trug einen Wollschal. Er schwang in einer gepolsterten
Schaukel hin und her, indem er sich mit der Sohle seines
Pantoffels abstieß.

Allison setzte einen großen Kürbis ab, ließ ihn auf den
breiten Brettern liegen.

Clark war viel älter — achtundsiebzig Jahre gegenüber Allisons fünfunddreißig. Sie waren verheiratet. Sie waren beide
recht groß und ähnelten sich ein bißchen in den Gesichts-
zügen. Allison trug eine Naturhaarperücke. Sie umgab ihr
Gesicht wie eine dicke blonde Kapuze. Sie hatte heute bunt-
gefärbte Jeans an. Sie trug meistens unverwüstliche Kleidung, denn die Nachmittage arbeitete sie ehrenamtlich in
einer Kindertagesstätte.

Sie legte einen von den kleineren Kürbissen in Clarks
schmalen Schoß. »Also bitte nichts Surreales«, sagte sie zu
ihm. »Schnitz einfach ein *normales* Gesicht. Die hier sind für
Kinder.«

Auf dem Hepplewhite-Tisch im Flur fand Allison die Liste
für das Mädchen mit den abgehakten Hausarbeiten, darun-

ter Clarks Abendessen. Allison ging schnell die Tagespost durch: ein bunter Couponstapel, eine Rechnung von Jamestown Liquors, das Programmheft vom Privatfernsehen für November und das Schlimmste, das Witzigste, ein bereits geöffneter, äußerst unfreundlicher Brief von Clarks Verwandten oben im Norden. »Ein alter Narr bist Du«, las Allison und: »Du wirst grausam betrogen.« Ein Geschenkgutschein für Clark war beigelegt, der jedoch nicht eingelöst werden konnte, denn er war mit »Jesus H. Christus« unterschrieben.

Bis tief in die Nacht höhlten Allison und Clark die Kürbisse aus und schnitzten sie gemeinsam an einem alten Tisch auf der hinteren Veranda, über einer aufgeweichten Zeitung nach der anderen, mit Schälmessern und Löffeln und mit einem Schweizer Armeemesser, das Clark für das genaue Formen der Zähne, Augen und Nasenlöcher benutzte. Clark war Arzt gewesen, Internist, aber auch ein Sonntagsmaler. Seine vier Kürbisse waren ausdrucksvoll und künstlerisch. Ihre geschnitzten Gesichtszüge paßten zu der Größe und der Form der Kürbisse. Zwei sahen grimmig und mürrisch aus. Einer zeigte Erstaunen. Der letzte war heiter und strahlend.

Allisons vier Gesichter waren weniger gekonnt gestaltet, mit Schlitzen und Schnitzern. Sie hatte Dreiecke als Nasen und Augen geschnitten. Die Münder, die sie gemacht hatte, waren nur Keile — zwei nach oben gewandt und zwei nach unten.

Gegen ein Uhr morgens waren sie fertig. Clark, der seinen langen Oberkörper über die Arbeit gebeugt hatte, ging wieder hinüber zur Schaukel und blickte schläfrig hinaus auf nichts. Auf der anderen Seite der Schlucht waren alle Lichter erloschen.

Clark blieb noch ein wenig sitzen. Für die Jahreszeit und die späte Stunde war die Virginianacht warm. Die meisten Blätter waren bereits verweht, und die Bäume standen ungerührt. Der Mond über ihnen war rund.

Allison räumte die Abfälle fort.

»Deine Kürbislaternen sind viel, viel besser als meine«, sagte Clark zu ihr.

»Einen Dreck besser«, sagte Allison.

»Sieh mich an«, sagte Clark, und Allison sah ihn an.

Sie hielt ein matschiges Bündel Zeitungen. Die Zeitungen verströmten den süßlichen Geruch von Kürbisinnereien.

»Deine sind *viel* besser«, sagte er.

»Gar nicht. Du wirst's sehen, wenn sie angezündet sind«, sagte Allison.

Sie ging hinein und kam mit gelben Totenlichtern zurück. Es dauerte eine Weile, bis sie alle Lichter in die Kürbisse gesteckt und diese dann auf der Verandabrüstung aufgereiht hatte. Sie schritt die Reihe ab, zündete jedes Licht an und plazierte die Kürbisdeckel über den kleinen Flammen.

»Siehst du?« sagte Allison.

Sie saßen einen Augenblick beisammen und betrachteten die orangefarbenen Gesichter.

»Wir sind erschöpft. Es ist Zeit, Gute Nacht zu sagen«, sagte Allison. »Blase die Kerzen nicht aus. Ich stelle morgen neue rein.«

In dieser Nacht, im gemeinsamen Schlafzimmer, einige Wochen früher in ihrem Leben, als ihr vorausgesagt worden war, begann Allison zu sterben. »Sieh mich nicht an, falls ich meine Perücke verliere«, sagte sie zu Clark. »Bitte.«

Ihr Puls flatterte unter seinen Fingern. Sie zog die Knie an und strampelte die Decke von sich. Sie sagte irgend etwas zu Clark, daß die Garage abgeschlossen sei.

Beim Telefonieren hatte Clark eine freie Sicht nach hinten heraus und über die Veranda. Er wollte sich noch einmal mit seiner Frau betrinken. Er wollte ihr, mit dem größeren Überblick, den er hatte, sagen, daß nur ein klein wenig begabt zu sein, wie er, eine schreckliche, quälende Sache sei; daß nur ein wenig besonders zu sein, bedeutete, daß man meistens zuviel erwartete und daß man sich zu wenig leiden mochte.

Er wollte ihr versichern, daß sie nichts versäumt hatte.

Jetzt sprach er ins Telefon. Er beobachtete die Kürbislaternen. Die Kürbislaternen beobachteten ihn.

PETER TAYLOR
Ein ummauerter Garten

Nein, in Memphis gibt es im Herbst keine moosbewachsenen
Eichen wie in Natchez. Und wir haben, mein lieber junger
Mann, auch kein so exotisches, wirklich exotisches, orange-
farbenes, gelbes und rostbraunes Laub wie die Ahornbäume
in Rye oder Saratoga. Wenn unser fünf Monate langer Sommer sich ausbrennt, bleibt dem Laub ein trostloses Braun.
Sehen Sie den Catawba dort hinter der Mauer; und die Blätter unter Ihren Füßen hier auf der Terrasse sind senf-
und khakifarben. Und die Luft, die Atmosphäre (wer würde
es wagen, tief Atem zu holen!), ist praktisch ein Meer aus
Staub. Aber wir tun, was wir können. Wir haben uns hier
eingemauert mit diesem Immergrün und Buchs und Jasmin.
Sie müssen selbst wissen, junger Mann, daß die einzige
Schönheit bei uns das frische Grün des Frühsommers ist.
Und es ist, als hätte ich meinen Finger nehmen müssen, gerade so, und Frances hinweisen müssen auf den Mangel an
Harmonie, der in dem Klima und in der erodierten Land-
schaft dieser Region herrscht. Ich mußte diesen Garten anlegen und sagen: »Sieh nur, mein Kind, wie hübsch und har-
monisch alles sein kann.« Aber jetzt sieht sie es so wie ich,
Sie verstehen. Sehn Sie, meine Tochter lebt endlich mit mir
in diesem kleinen Stück Garten, und im Lauf der Jahre ist ihr

klargeworden, wie wenig sonst in dieser Gegend damit zu vergleichen ist.

Und Sie, Sie verstehen nichts von Blumen? Ein junger Mann, der eine Zinnie nicht von einer Aster unterscheiden kann? Wie merkwürdig, daß Sie und meine Tochter sich angefreundet haben. Ich weiß nicht, unter welchen Umständen ihr euch kennengelernt haben mögt. Bei ihrer Liga-Arbeit, zweifellos. Sie *stürzt* sich so in jede Aufgabe, die sie übernimmt. Ach ja? Natürlich, das hätte ich mir denken können. Sie hat sich einfach *verausgabt* bei dem Wohltätigkeitsbasar in diesem Jahr... Aber die meisten dauerhaften Freundschaften hat meine Tochter unter den Blumenliebhabern. Sie freundet sich heute mit so wenigen Leuten außerhalb unseres kleinen Kreises an, sieht wirklich so wenig Menschen außerhalb unseres eigenen Gartens hier; es kommt mir ganz ungewöhnlich vor, daß da jemand ist, der sich mit Blumen nicht auskennt.

Nein, nichts, zu der Überzeugung sind wir gekommen, nichts ist wirklich so schön, so wunderschön, ich meine in diesem Teil des Landes, wie dieser Garten, und Sie können sich sicher vorstellen, wie selbst diese kleine Hutschachtel von einem Garten einmal aussah. Ich habe ihn praktisch aus einem Chaos von Hinterhof geschaffen — Frannys Spielplatz, könnte ich sagen. Drei Jahre lang habe ich die kleine Magnolie dort gehegt, einen ganzen Sommer lang tat ich nichts anderes als den Efeu an der Ostwand des Hauses begießen; wenn Sie nur die kümmerliche Hecke und die unansehnlichen Dienstbotenunterkünfte unserer Nachbarn jenseits meiner geschwungenen Mauer hätten sehen können (ich nehme jedenfalls an, daß sie noch dort sind). In jenen Tagen war alles ganz anders, verstehen Sie, Frances' Vater war noch im Haus, und Frances war ein Kind. Aber jetzt haben wir hier im Frühling einen wahrhaft lieblichen Garten, nach dem Vorbild des Gartens meiner Mutter in Rye; im März sind unsere Hyazinthen drei Wochen lang eine Inspiration für Frances und mich und für alle, die uns regelmäßig besuchen; der Rittersporn und die Ringelblumen dort drüben neben den Rosen sind im Mai himmlisch.

Aber Sie können eine Zinnie nicht von einer Aster unterscheiden, junger Mann? Wie merkwürdig, daß ihr beide euch angefreundet habt. Und jetzt warten Sie ungeduldig auf sie, und das sollten Sie nicht. Ich möchte nicht zu nachsichtig sein, aber sie wird bald kommen. Erst seit kurzem gibt sie sich wieder unglaubliche Mühe mit ihrer Kleidung. Während der letzten Jahre dagegen hat sie sich nicht ein bißchen um die Modetorheiten gekümmert. Gärten und Blumenmuster haben sie interessiert – unter der Anleitung, die ich ihr geben konnte –, sind eigentlich so ziemlich ihr Leben gewesen. In früheren Zeiten, gebe ich zu, bevor uns ihr Vater genommen wurde – ich habe Mr. Harris in dem schrecklich heißen Sommer von '48 verloren (den Leuten ist im allgemeinen nicht klar, was für ein schreckliches Jahr das war, das schlimmste Jahr seit dem furchtbaren dreißiger, für winterfeste und einjährige Pflanzen gleichermaßen. In jenem Jahr starben Gewächse, von denen ich dachte, sie würden *nie* sterben. Ein schrecklicher Sommer) –, also damals lief sie mit allen möglichen Leuten durch die Gegend, so schien es. Ich erlegte ihr keinerlei Beschränkungen auf, müssen Sie wissen. Wie oft habe ich zu meiner Fanny gesagt: »Du mußt dir dein Leben so einrichten, mein Kind, wie du möchtest.« Ja, in jenen Tagen lief sie mit allen möglichen, den unterschiedlichsten Leuten durch die Gegend, so schien es mir. Wo, sagten Sie, haben Sie sich kennengelernt? Denn sie geht so selten noch zu Orten, die wirklich *außerhalb* sind. Aber Mr. Harris duldete es nicht, daß ich ihr irgendwelche Beschränkungen auferlegte. Ich erinnere mich noch an ihre Dickköpfigkeit in ihren Teenagerjahren, die bezwungen werden mußte, und an ihr gereiztes Wesen, als sie näher an zwanzig als an dreißig war. Und Sie hätten sie als einen Knirps von zwölf sehen sollen, als sie genau an dieser Stelle Purzelbäume schlug und sich auf dem Boden wälzte. Ehrlich, ich sehe das Kind noch vor mir, den Schmutz auf ihrer Matrosenbluse und das glatte blonde Haar in den Augen.

Wenn ich nach einem Besuch bei meiner Familie in Rye zurückkam, knirschte sie mit den Zähnen, wenn sie mich sah, und hielt sich an die schwarze Köchin. Ich mußte feststellen, daß mein eigenes Kind ein wildes kleines Tier geworden war. Durch diese Tür hier zur Glasveranda kam ich, an einem Septembernachmittag — gerade so ein Nachmittag wie dieser, junger Mann — und trug noch meine Reisekleidung und rief meinem Kind über den Hof zu, es solle herkommen und mich begrüßen. Ich war die beiden elenden Sommermonate weggewesen, um mich um meine kranke Mutter zu kümmern, aber bei meinem Anblick machte die kleine Indianerin kehrt und rannte mit lautem Gebrüll fort und versteckte sich in der dürren Ligusterhecke am anderen Ende des Gartens. Ich forderte sie zweimal auf, aus diesem scheußlichsten aller Büsche hervorzukommen. »Frances Ann!« Wir nannten sie immer bei ihrem vollen Namen, als ihr Vater noch lebte. Aber sie rührte sich nicht. Sie kauerte bei den Wurzeln der Hecke und beobachtete durch die Blätter hindurch ihre von der Reise erschöpfte Mutter.

Zuerst bat ich sie sehr nachsichtig und freundlich und beschrieb ihr das neue Rüschenkleid und die Ausschneidefiguren, die ich von ihrer Großmutter aus Rye mitgebracht hatte. (Mutter hatte nicht mehr lange zu leben, und ich wußte es, und es war bitter, zu Hause in eine solche Szene zu geraten.) Schließlich drohte ich, meine Geschenke bis Thanksgiving oder Weihnachten zurückzuhalten. Die Köchin mochte in der Küche eine Veränderung in meiner Stimme gehört haben, denn sie kam an die Küchentür, drüben hinter dem Gitterwerk, das wir dort inzwischen errichtet haben, und schaute heraus, erst auf mich und dann auf das Kind. Während ich drohte, kauerte meine Tochter im Schmutz und begann, Dinge vor sich hin zu murmeln, die ich nicht verstehen konnte, und die Laute, die sie von sich gab, waren wie die einer bösen kleinen Katze. Es muß wohl ein wärmerer Nachmittag gewesen sein als dieser — aber mein Garten täuscht —, und ich lief immer noch in meiner schweren Reisekleidung umher. Verärgert wie ich war, trat ich hinaus in den glühenden Sonnenschein und auf den Hof, den ich so verabscheute, und schrie das Kind mit vollem Namen an: »Frances Ann Harris!« Gerade da trat die schwarze Köchin auf die hintere Veranda, aber ich befahl ihr, in die Küche zurückzugehen. Ich begann, mich über den Hof Frances Ann zu nähern — diesem finsteren kleinen Wesen, das *unglaublicherweise* dieselbe Frances war, die Sie kennengelernt haben —, und im gleichen Augenblick begann sie, an der Hecke entlang auf den Drahtzaun zuzukriechen, der mein Grundstück von dem des Nachbarn trennte.

Ich glaube, es war die ungewöhnliche Hitze, die mich veranlaßte, so außerordentlich schroff und so schnell zu sprechen, daß meine Worte unverständlich wurden. Als ich sah, daß das Kind den Zaun erreicht hatte und hinüberklettern wollte, zerrte ich mir den Hut vom Kopf, wobei der Schleier zerriß, während ich meine Schritte beschleunigte. Ich weiß nicht mehr genau, was ich sagte — wahrscheinlich hätte ich es Ihnen nicht einmal einen Augenblick später sagen können —, und ich spürte nicht einmal einen Schmerz, als ich mir in dem Gully in der Mitte des Hofes den Fuß verstauchte. Aber das Kind richtete die ängstlichen kleinen Augen weiter auf mich, und seine Lippen bewegten sich von Zeit zu Zeit. Jedesmal wenn die Lippen sich bewegten, muß ich, glaube ich, meine Stimme in noch heftigerer Wut und noch größerem Entsetzen über ihre Schändlichkeit erhoben haben. Und so, junger Mann, indem ich geradewegs durch die Hecke lief, war ich bei ihr, bevor sie das obere Ende des Drahtzauns erreicht hatte. Ich glaube, ich packte sie am Arm, über dem Ellbogen, etwa hier, und ich sagte etwas wie: »Ich werde dich bestrafen müssen, Frances Ann.« Ich zerrte sie nicht herunter. Ich zerrte kein bißchen, wie sie es gern wahrgehabt hätte, sondern es war eher so, daß sie in dem Augenblick, als ich sie berührte, den Draht losließ und auf den Boden fiel. Aber sie lag dort — in ihrer Schlauheit — nur den Bruchteil einer Sekunde und sah zu mir auf und an mir vorbei, durch ihr glattes Haar hindurch, das ihr ins Gesicht hing wie eine ungetrimmte Mähne. Ich hatte ihr kaum befohlen aufzustehen, als sie aufsprang und sich mit solcher Schnelligkeit bewegte, daß sie gleich wieder außerhalb meiner Reichweite war. Ich lief hinterher — auf meinen hohen Absätzen —, und diesmal verstauchte ich mir den anderen Fuß im Gully und fiel auf den Boden, in dem Hof dort, diesem Garten. Sie werden es nicht glauben — Verzeihung, ich muß mich setzen ... Ich hoffe, Sie finden es nicht zu sonderbar, daß ich Ihnen dies alles erzähle ... Sie werden es nicht glauben: Ich lag dort im Graben, und sie kam mir nicht zur Hilfe mit kindlichen Entschuldigungen und ähnlichem, sondern kletterte statt dessen gemächlich auf ihre Schaukel an der schmutzigen alten Pappel, die früher hier stand (ich habe sie fällen und die Wurzeln ausgraben lassen), und begann zu schaukeln, nicht hoch und tief, sondern nur sanft, und starrte hinunter auf ihre Mutter, durch ihr langes Haar hindurch, das ich, darauf können Sie sich verlassen, junger Mann, noch am nächsten Tag bei meiner eigenen Friseuse schneiden und in hundert Löckchen kräuseln ließ.

MAX APPLE
Herzattacke

Meine Krankheit macht mir Sorgen, obwohl ich darauf beharre, sie abzuleugnen. Es sind Verdauungsstörungen, denke ich und esse keine Zwiebeln; Gicht, und bestelle weder Leber noch Gans. Die Möglichkeit nervöser Erschöpfung fesselt mich drei Tage lang ans Bett, schwer atmend. Aus Angst treibe ich Yoga. Doch letzten Endes finde ich mich hier wieder, zwischen Zeitschriften und in Erwartung, nackt bis zur Hüfte, den Husten bis an die Eier, die Nadel in der Vene. Aus der Zeit meiner virenbedingten Lungenentzündung kann ich mich an sein Schreibtischset von Sheaffers erinnern und an den 14karätigen Goldkugelschreiber. Er schreibt Rezepte ohne einen Kratzer. Während meines schlimmen Sonnenbrandes suchten meine beschädigten Augen die Wände ab, lasen die Titelurkunden und waren eifersüchtig auf die gutaussehende Frau, die drei Jungen, die Trauerweide im Garten.

Ich habe die Auswahl zwischen *Sports Illustrated, Time, Boy's World*, anderen. Als sei es geplant, entscheide ich mich für die kostenlose Broschüre an der Wand. Fleischmanns Margarine öffnet mir die Augen über Cholesterin. Ich erinnere mich an die zehntausend Eier meiner Jugend, diese Wunder aus Protein, die mein Inneres wahrscheinlich in einen Radiergummi verwandelt haben. Morgens zwei Spiegeleier, jeden Abend ein hartgekochtes, verlorene, manchmal durch Mayonnaise entwertet. Ich war in vielerlei Hinsicht ein Eierfanatiker. Die Broschüre zeigt mein Herz, eine kleine Pumpe von der Größe meiner Faust. Ich mache eine Faust und starre die Knöchel an, weiß wie die Eierschalen, die ich wünschte statt dessen gegessen zu haben. Woher weiß ich, daß der Penis die Größe des Mittelfingers hat, plus der Strecke, die dieser Finger zum Arm hinunterreichen kann. Meiner kommt noch nicht einmal bis zum Handgelenk. Auch mein Herz wird nur eine Erbse sein, in dieser schwächlichen, unbehaarten Brust.

Durch eine Tür mit der Aufschrift PRIVAT kommt eine Krankenschwester, ganz in weiß, zu mir. Sie sitzt ganz nah bei mir auf der Couch und schaut auf meine Broschüre. Sie nimmt meine feuchte Hand in die ihre und kitzelt meine Handfläche. Ihre weichen Lippen an meinem Ohr flüstern melodisch: »Hinter jedem Wölkchen ist ein Silberstreifen . . .«

»Aber Arterien«, entgegne ich, »Meine Arterien sind gezeichnet von den Fehlern meiner Jugend.«

Sie zeigt auf die Broschüre. »Arterien sollten nur von ihrer eigenen süßen Feuchtigkeit gezeichnet sein. Sei gut zu deinen Arterien, sei nett zu deinem Herzen. Es gibt nur dieses eine für dich.« Sie steckt ihre Zunge in mein Ohr, und ein Arm faßt unter mein Hemd. Sie singt: »Jeder Kerl braucht ein Mädel . . .«

»Ich brauche einen Arzt . . . meine Arterien.«

Sie zeigt erneut auf die Broschüre und liest: »Arterien, obwohl ihnen ähnlich, sind auf verschiedene Arten wichtiger als Mädchen. Schau dir diese an, rosa und elastisch wie ein Speidelband. Dort hinten droht Cholesterin, dunkel wie Motoröl, dick wie Geburtstagskuchen. Cholesterin ist der Haustyrann des Körpers. Es hackt auf Blut herum, gutem, ehrlichem Blut, das niemandem etwas zuleide tut und sich fröhlich unter allen Rassen, Glaubensrichtungen und Hautfarben bewegt.«

»Ich habe Schmerzen«, erzähle ich ihr. »Schmerzen in meiner Brust, und meine Zunge fühlt sich fett an, und in meinen Gelenken wächst Moos.«

Sie knöpft langsam mein Hemd auf. Ihre langen kühlen Finger wölben sich um mich, als bestünde ich nur aus Brüsten. Ihre kunstfertige rechte Hand ist an meinem Rücken, zählt die Wirbel. Sie nimmt das steife Schwesternhäubchen ab und liebkost meinen Solarplexus. In meine Mitte hinein summt sie: »Ich bin so heiß wie Texas im August...« Die Vibrationen reichen tief. Sie geht auf mich ein. »Da«, stöhne ich, »genau da.« Ich bin überwältigt wie von Valium. Während ich seufze, manövriert sie mich auf die knisternde Vinylcouch. Ihre Lippen, Zähne und Zunge feuern zwischen meine Rippen. Sie summt synthetische Musik, und das Zimmer dreht sich, bis ich die Broschüre sehe, die an einer Haarnadel klemmt. In meiner Ekstase sehe ich das Diagramm des Cholesterins, mit Gipfeln und Tälern, das an Blut nagt, welches sich wie ein Held seinen Weg durch die Engstellen bahnt.

Als sie mich hochläßt, bin ich lädiert, fühle mich aber wunderbar. Ihre Lippen sind farblos von dem Druck, den sie auf mich ausgeübt hat. Ich fange an, meine Hose auszuziehen. Sie gebietet meiner Hand an der Gürtelschnalle Einhalt, küßt mich lange. »Der Eid«, flüstert sie.

»Ich bin geheilt«, sage ich. »Vergiß ihn. Vergiß den Urin und das Blut. Schau.« Ich schlage mir auf die Brust wie Tarzan, ich spucke quer durch den Raum in einen winzigen bronzenen Aschenbecher.

»Ich werde packen«, sagt sie. Sie geht durch PRIVAT, während ich einige *Reader's Digest* für unterwegs aussuche, *Gesundheit Heute* für die Toilette. Sie kommt zurück und trägt dabei eine Zentrifuge und einen Ständer mit Reagenzgläsern. Wir umarmen einander, dann bücke ich mich, um ihr mit ihren Sachen behilflich zu sein.

»Sei nicht grausam«, flüstert sie, »zu einem treuen Herzen...« Auf dem Weg nach draußen werfen wir dem Apotheker einen Kuß zu, und mein Blut schlüpft durch.

LANGSTON HUGHES
Vielen Dank, M'am

Sie war eine große Frau mit einer großen Handtasche, in der bis auf einen Hammer und Nägel alles enthalten war. Die Handtasche hatte einen langen Riemen, und sie trug sie quer über der Schulter. Es war gegen elf Uhr abends, es war dunkel, und sie war allein, als ein Junge von hinten auf sie zurannte und versuchte, ihr die Handtasche zu entreißen. Der Riemen riß, als der Junge so heftig daran zerrte. Und das Gewicht des Jungen und der Handtasche zusammengenommen ließen ihn das Gleichgewicht verlieren. Statt sich mit vollem Tempo aus dem Staub zu machen, wie er es gehofft hatte, fiel der Junge hinterrücks auf den Bürgersteig, und seine Beine flogen in die Luft. Die große Frau drehte sich einfach um und versetzte ihm einen gutgezielten Tritt in seinen bluejeansbekleideten Hosenboden. Dann bückte sie sich, zog den Jungen am Hemdkragen hoch und schüttelte ihn, bis seine Zähne klapperten.

Danach sagte die Frau: »Heb' meine Handtasche auf, Junge, und gib sie hierher.«

Sie hielt ihn immer noch fest gepackt. Aber sie bückte sich so weit, daß der Junge sich vorbeugen und ihre Handtasche aufheben konnte. Dann sagte sie: »Sag mal, schämst du dich eigentlich nicht?«

Am Hemdkragen gepackt sagte der Junge: »Doch, M'am.«

Die Frau sagte: »Warum hast du das gemacht?«

Der Junge sagte: »Ich habe es nicht gewollt.«

Sie sagte: »Du lügst.«

Inzwischen kamen zwei oder drei Leute vorbei, blieben stehen, drehten sich noch einmal um, und ein paar standen da und beobachteten die Szene.

»Läufst du weg, wenn ich dich loslasse?« fragte die Frau.

»Ja, M'am«, sagte der Junge.

»Dann lasse ich dich nicht los«, sagte die Frau. Und sie ließ ihn nicht los.

»Lady, es tut mir leid«, flüsterte der Junge.

»Hm, hm! Dein Gesicht ist dreckig. Ich hätte gute Lust, dir das Gesicht zu waschen. Hast du daheim niemanden, der dir sagt, daß du dir das Gesicht waschen sollst?«

»Nein, M'am«, sagte der Junge.

»Dann wird es heute Abend gewaschen«, sagte die große Frau und fing an, die Straße entlangzugehen, wobei sie den verängstigten Jungen hinter sich herzerrte.

Er sah aus, als wäre er vierzehn oder fünfzehn, schmal und sehnig, in Turnschuhen und Jeans.

Die Frau sagte: »Du müßtest mein Sohn sein. Ich würde dir den Unterschied zwischen gut und böse schon beibringen. So werde ich dir wenigstens das Gesicht waschen. Es ist das mindeste, was ich tun kann. Hast du Hunger?«

»Nein, M'am«, sagte der mitgezerrte Junge. »Ich will nur, daß Sie mich loslassen.«

»Habe ich *dich* belästigt, als ich da hinten um die Ecke kam?« fragte die Frau.

»Nein, M'am.«

»Aber du hast dich mit *mir* in Kontakt gebracht«, sagte die Frau. »Wenn du jetzt denkst, daß dieser Kontakt nicht noch eine Weile dauern wird, dann kannst du gleich nochmal denken. Wenn ich mit dir fertig bin, junger Mann, wirst du dich an Mrs. Luella Bates Washington Jones erinnern.«

Auf dem Gesicht des Jungen brach der Schweiß aus, und er fing an, sich zu wehren. Mrs. Jones blieb stehen, zerrte ihn mit einem Ruck um sich herum nach vorn, legte einen halben Nackenhebel um seinen Hals und schleppte ihn weiter die Straße entlang. Als sie ihre Tür erreicht hatte, zerrte sie den Jungen ins Haus, einen Flur entlang, und in ein großes Zimmer mit Kochnische im hinteren Teil des Hauses. Sie schaltete das Licht ein und ließ die Tür offenstehen. Der Junge konnte andere Mieter in dem großen Haus lachen und reden hören. Ein paar ihrer Türen standen auch offen, also wußte er, daß er und die Frau nicht allein waren. Die Frau hatte ihn in der Mitte ihres Zimmers immer noch am Hals gepackt.

Sie sagte: »Wie heißt du?«

»Roger«, antwortete der Junge.

»Dann gehst du jetzt an dieses Waschbecken, Roger, und wäschst dir das Gesicht«, sagte die Frau, woraufhin sie ihn losließ — endlich. Roger sah auf die Tür — sah auf die Frau — sah auf die Tür — *und ging ans Waschbecken.*

»Laß das Wasser laufen, bis es warm ist«, sagte sie. »Hier ist ein sauberes Handtuch.«

»Werden Sie mich ins Gefängnis bringen?« fragte der Junge und beugte sich über das Waschbecken.

»Nicht mit *dem* Gesicht, damit würde ich dich nirgends hinbringen«, sagte die Frau. »Da will ich nichts weiter als nach Hause gehen, um mir einen Happen zu kochen, und dann kommst du und klaust mir die Handtasche! Vielleicht hast du auch noch kein Abendessen gehabt, spät wie es ist. Hast du?«

»Bei mir ist niemand zu Hause«, sagte der Junge.

»Dann essen wir«, sagte die Frau. »Ich glaube, daß du Hunger hast — oder gehabt hast —, daß du versucht hast, mir die Handtasche zu klauen!«

»Ich will ein Paar blaue Wildlederschuhe haben«, sagte der Junge.

»Du hättest doch nicht *meine* Handtasche klauen müssen, um deine Wildlederschuhe zu kriegen«, sagte Mrs. Luella Bates Washington Jones. »Du hättest mich fragen können.«

»M'am?«

Während das Wasser von seinem Gesicht tropfte, sah der Junge sie an. Es entstand eine lange Pause. Eine sehr lange Pause. Nachdem er sich das Gesicht abgetrocknet hatte und es dann, da er nicht wußte, was er sonst tun sollte, ein zweites Mal abtrocknete, drehte der Junge sich um und fragte sich, was als Nächstes kommen würde. Die Tür stand offen. Er konnte versuchen, durch den Flur zu rennen und abzuhauen. Er konnte wegrennen, wegrennen, wegrennen, *wegrennen*!

Die Frau saß auf der Klappcouch. Nach einer Weile sagte sie: »Ich war auch mal jung und wollte Sachen haben, die ich nicht kriegen konnte.«

Eine weitere lange Pause. Der Junge machte den Mund auf. Dann runzelte er die Stirn, ohne zu wissen, daß er sie runzelte.

Die Frau sagte: »Hm, hm! Du hast gedacht, ich würde *aber* sagen, nicht wahr? Du hast gedacht, ich würde sagen, *aber ich habe anderen Leuten nicht die Handtaschen geklaut.* Also, ich hatte nicht die Absicht, das zu sagen.« Pause. Schweigen. »Ich habe auch Sachen gemacht, die ich dir nicht sagen würde, Sohn — die ich nicht einmal Gott sagen würde, wenn Er sie nicht sowieso wüßte. Alle Leute haben was gemeinsam. Also setz dich, während ich uns was zu essen mache. Und vielleicht könntest du dir noch mit dem Kamm durch die Haare fahren, damit du etwas anständiger aussiehst.«

In einer anderen Ecke des Zimmers, hinter einem Wandschirm, befanden sich ein Gaskocher und ein Kühlschrank. Mrs. Jones stand auf und ging hinter den Wandschirm. Die Frau behielt den Jungen *nicht* im Auge um zu sehen, ob er jetzt weglaufen würde, noch behielt sie ihre Handtasche im Auge, die sie auf der Couch liegengelassen hatte. Aber der

Junge achtete sorgfältig darauf, sich auf die andere Seite des Zimmers zu setzen, weit weg von der Handtasche, wo sie ihn, wie er dachte, leicht aus den Augenwinkeln sehen konnte, wenn sie wollte. Er traute der Frau nicht zu, ihm *nicht* zu mißtrauen. Und er wollte jetzt nicht, daß ihm mißtraut wurde.

»Brauchen Sie noch etwas aus dem Laden?« fragte der Junge. »Vielleicht Milch, oder sonst was?«

»Ich denke nicht«, sagte die Frau. »Außer, du selbst hättest lieber frische Milch. Ich wollte Kakao aus der Dosenmilch machen, die ich hier habe.«

»Das wäre prima«, sagte der Junge.

Sie wärmte Bohnen und Schinken auf, die sie im Kühlschrank hatte, machte den Kakao und deckte den Tisch. Die Frau stellte dem Jungen keine Fragen darüber, wo er wohnte oder wer seine Leute waren oder sonst etwas, was ihn in Verlegenheit bringen könnte. Statt dessen erzählte sie ihm beim Essen von ihrer Arbeit im Schönheitssalon eines Hotels, der bis spät geöffnet hatte, wie die Arbeit war und daß alle Arten von Frauen kamen und gingen, Blondinen und Rothaarige und Dunkelhaarige. Dann schnitt sie ihm die Hälfte ihres Zehn-Cent-Kuchens ab.

»Iß noch was, Sohn«, sagte sie.

Als sie fertig waren, stand sie auf und sagte: »Und jetzt nimmst du die zehn Dollar hier und kaufst dir deine blauen Wildlederschuhe. Und das nächste Mal machst du nicht den Fehler, dich an *meiner* Handtasche zu vergreifen, *und auch nicht an der von irgend jemandem sonst* — weil einem nämlich Schuhe, die man auf teuflische Art bekommen hat, die Füße verbrennen. Ich muß jetzt meine Ruhe haben. Aber ich hoffe, Sohn, daß du dich von jetzt an anständig benimmst.«

Sie führte ihn durch den Flur zur Haustür und öffnete sie. »Gute Nacht! Benimm dich, Junge!« sagte sie, den Blick auf die Straße gerichtet, während er die Treppe hinunterging.

Der Junge hätte gerne etwas anderes als »Vielen Dank,

M'am« zu Mrs. Luella Bates Washington Jones gesagt, aber obwohl seine Lippen sich bewegten, konnte er nicht einmal das sagen, als er sich am Fuß der armseligen Treppe umdrehte und zu der großen Frau hinaufsah, die in der Tür stand. Dann machte sie die Tür zu.

RAYMOND CARVER
Kleine Mechaniklehre

Früh an jenem Tag schlug das Wetter um, und der Schnee schmolz zu schmutzigem Wasser. Rinnsale liefen an dem kleinen Fenster hinab, das in Schulterhöhe auf den Garten hinausführte. Autos schlitterten draußen auf der Straße vorüber, wo es allmählich dunkel wurde. Aber drinnen wurde es auch langsam dunkel.

Er war gerade im Schlafzimmer und stopfte Kleider in einen Koffer, als sie in der Tür auftauchte.

Ich bin so froh, daß du gehst! Ich bin so froh, daß du gehst! sagte sie. Hast du gehört?

Er stopfte weiter seine Sachen in den Koffer.

Du Scheißkerl! Ich bin ja so froh, daß du gehst! Sie fing an zu weinen. Du kannst mir nicht mal ins Gesicht sehen, was?

Dann bemerkte sie das Foto vom Baby auf dem Bett und nahm es in die Hand.

Er sah sie an, und sie wischte sich die Augen und starrte ihn an, bevor sie sich umdrehte und zurück ins Wohnzimmer ging.

Bring das zurück, sagte er.

Pack bloß deine Sachen und verschwinde, sagte sie.

Er antwortete nicht. Er machte den Koffer zu, zog seinen

Mantel an, sah sich noch einmal im Schlafzimmer um, bevor er das Licht löschte. Dann ging er hinaus und ins Wohnzimmer.

Sie stand im Eingang der kleinen Küche und hielt das Baby im Arm.

Ich will das Baby, sagte er.

Spinnst du?

Nein, aber ich will das Baby. Ich werde jemanden wegen seiner Sachen vorbeischicken.

Du faßt dieses Baby nicht an, sagte sie.

Das Baby hatte angefangen zu weinen, und sie zog die Decke weg, die um seinen Kopf gewickelt war.

Oh, oh, sagte sie und schaute das Baby an.

Er ging auf sie zu.

Um Gottes willen! sagte sie. Sie machte einen Schritt zurück in die Küche.

Ich will das Baby.

Hau ab!

Sie drehte sich um und versuchte, sich mit dem Baby in einer Ecke hinter dem Herd zu verschanzen.

Aber er kam näher. Er langte über den Herd und schloß die Hände um das Baby.

Laß ihn los, sagte er.

Hau ab, hau ab! heulte sie.

Das Baby war rot im Gesicht und schrie. In dem Gerangel rissen sie einen Blumentopf herunter, der hinter dem Herd hing.

Er drängte sie nun an die Wand, während er versuchte, ihren Griff zu lösen. Er hielt weiterhin das Baby fest und warf sich mit seinem ganzen Gewicht gegen sie.

Laß ihn los, sagte er.

Hör auf, sagte sie. Du tust dem Baby weh, sagte sie.

Ich tu dem Baby nicht weh, sagte er.

Durch das Küchenfenster fiel kein Licht. Im Dämmerlicht zerrte er mit einer Hand an ihren zur Faust geballten Fingern und packte mit der anderen das schreiende Baby in Schulternähe unterm Arm.

Sie spürte, wie ihr Griff gewaltsam gelöst wurde. Sie spürte, wie ihr das Baby weggenommen wurde.

Nein! schrie sie in dem Augenblick, als ihre Hände losließen. Sie würde es nie hergeben, dieses Baby. Sie griff nach dem anderen Arm des Babys. Sie faßte das Baby ums Handgelenk und lehnte sich zurück.

Aber er ließ nicht los. Er fühlte, wie das Baby aus seinen Händen glitt und zog es mit aller Macht wieder an sich.

Auf diese Art und Weise wurde der Fall entschieden.

LYNDA SEXSON
Wendung

Drei alte Damen, elegant ausstaffiert, mit Schmuck an den länglichen Hälsen, halfen sich gegenseitig dabei, vom Taxi zum Gehweg zu humpeln. Sie kamen mit nickenden, weißgelockten Köpfen auf das Haus zu, erwartet von dem kleinen Jungen, der hinter dem Vorhang stand und sie beobachtete. Sie sahen aus wie ein Film von drei Schwänen, die über einen hellen Teich gleiten und sich wiegen, der jedoch in einem fehlerhaften, klemmenden Projektor festhakt, der die Bilder ihres Finales auffrißt. Es war, als könnten diese prachtvollen Kreaturen nicht wirklich deformiert werden; es war nur die Illusion einer fehlerhaften Wiedergabe.

Im Haus ließen sie sich auf Queen-Anne-Stühlen nieder; förmlich und geziert bis auf ihre Knie, die nicht mehr eng beisammenbleiben wollten, sahen sie aus wie große Wasservögel, die man nicht nur auf trockenes Land gezwungen hat, sondern zudem in menschliche Gestalten, die ihnen nicht paßten. Der kleine Junge schob seine Lastwagen ganz in ihrer Nähe über den Teppich und gab zu ihrer Unterhaltung Autobahngeräuscheffekte von sich. Er spähte in die Dunkelheit unter ihren Röcken, was genauso war, wie ohne die Dias in sein Guckgerät sehen. Sie drehten die Köpfe von der einen auf die andere Seite und begutachteten den Jungen, genau wie Vögel, die für jede Hemisphäre ein Auge haben.

Die Mutter des Jungen brachte einen verzierten Kuchen mit vier Kerzen, Porzellantassen für den Tee und ein Glas Milch mit einer Erdbeere drin.

»Sieh doch, auf diesem Kuchen steht ›Robert‹; der Kuchen hat denselben Namen wie du«, sagte die erste alte Dame zu dem Jungen.

Er gickerte und kippte hintenüber auf den Teppich. »Nein«, quietschte er, »ich habe Geburtstag, Louise, meine Liebe.« Er hielt sich getreulich an die Kosenamen, die sie füreinander hatten, sprach sie voller Förmlichkeit und Ehrerbietung aus. Sie waren Louise, meine Liebe, Olivia, meine Süße, und Ruth, mein Schatz. Jedes Mal, wenn er diese Namen aussprach, liefen seltene kleine Schauder des Entzückens durch ihr altes Fleisch, wie die sich ausbreitenden Kräusel auf einer Wasseroberfläche.

»Also dann«, sagte Ruth, »muß diese hübsche Schachtel für dich sein. Es steht ›Herzlichen Glückwunsch zum Geburtstag‹ drauf.« Robert zerfetzte das Geschenkpapier und fand ein Hemd, das vorne ein appliziertes Löwengesicht mit einer Mähne aus Wollfäden hatte und hinten einen Schwanz aus Stoff. Robert zog es über sein anderes Hemd. Er vertat sich mit den Knöpfen und sah zu, wie Ruths Finger sich daran machten, seine Achtlosigkeit zu korrigieren. Ihre knorrigen Finger sahen aus wie gebleichte, spröde Zweige. Robert überlegte, ob es ihr gelingen würde, die Knöpfe durch die Knopflöcher zu drücken, ohne sich darüber klar zu sein, daß der Löwe von eben diesen Fingern gewerkelt worden war.

Seine Mutter zündete die Kerzen an, die Damen sangen, »Happy Birthday, lieber Robert«, wie die Luft, die aus defekten Orgeln rauscht. Olivia gab ihm eine Schachtel mit Buntstiften, die aus eigenen Stücken die Farbe wechselten, wenn man sie benutzte. Robert malte ein Bild von ihnen auf dem großen Malblock, der zu den Buntstiften gehörte. Die Damen lächelten, als sie sich als armlose, fließende Formen entstehen sahen, mit Strichfingern, die rechts und links aus zerzausten Köpfen ragten, und die zum Schluß mit je einem deutlichen und sorgfältigen Nabel vollendet wurden. Er gab Olivia die Zeichnung.

»Wir hätten nie erwartet, an *deinem* Geburtstag ein so schönes Geschenk zu *bekommen*«, dankte sie ihm. Sie ließen die Zeichnung herumgehen und gaben bewundernde Geräusche von sich.

Louise gab ihm ein Päckchen mit so vielen Schleifen, daß es wie ein kleines Tier aussah. Robert entschied sich dafür, es zu lassen, wie es war, und noch nicht hineinzusehen. Die Damen lachten und blinzelten sich zu.

Er gab ihnen den Kuchen, den sie begutachteten, so wie Vögel Samen und Krümel begutachten würden, die mit klebrigem Zuckerguß überzogen sind. Robert wartete, bis sie weiteren Kuchen höflich ablehnten; dann beugte er sich über den Schoß von Olivia, meine Süße, und knüllte ihr seidiges Kleid in seinen feuchten Fäusten zusammen: »Und jetzt eine Geschichte.« Seine Mutter räumte das Geschirr zusammen und überließ sie ihren Zeremonien.

»Dies ist die Geschichte«, sagte sie vage, »vom Kaiser, der keine Haut hatte.«

»Keine Kleider«, korrigierte Louise.

»Kein Fleisch«, stimmte Ruth zu.

Olivias Art mit Geschichten umzugehen, bestand darin, eine große, solide Mauer von Geschichte zu nehmen und mit einem Wort eine Scharte hineinzuhauen, wodurch es möglich und notwendig wurde, durch die Scharte hindurch auf die andere Seite zu sehen. Ihre Geschichte war demzufolge schon erzählt; die Scharte in der alten Geschichte war selbst die neue Geschichte. Sie mußten sie jetzt nur noch herausfinden, indem sie sie durchspielten.

»Es war einmal ein Kaiser«, sagte sie, »der keine Haut hatte. Er sah aus wie Schnitzereien aus Elfenbein und wie cremefarbene Satinkissen, die von feinen roten und blauen

Fäden zusammengeklöppelt waren. Der Kaiser hätte glücklich sein können, wären da nicht zwei Dinge gewesen: er fragte sich, wieso er allein keine Haut hatte, und er sehnte sich nach einer Frau. Da er sehr reich, sehr klug, und ungemein schön war (die anderen Damen zogen die Augenbrauen hoch), kam er zu der Erkenntnis, daß er selbst ein Rätsel war. Also sagte er, welche Prinzessin auch immer die Antwort auf sein Rätsel wisse, solle seine Frau werden. Schließlich kam eine wunderschöne Prinzessin mit goldenen Haaren und einem Kleid aus blauem Brokat in seinen Palast...«

»Und«, griff Louise den Faden auf, »sagte zum König: ›Ich habe aus meinen eigenen goldenen Haaren eine Haut für dich gewebt; wenn du in ihr drin bist, mußt du sie nur oben fest zuziehen, mit dieser grünen Schnur, die ich aus Ranken geflochten habe, die sich an Kirchenmauern klammern. Denn das Rätsel deiner Haut ist, daß sie dich umarmen muß wie eine liebende Frau und dich finden muß, wie eine Ranke den Weg auf den Turm findet...«

Olivia, die wußte, daß Geschichten, wenn sie nicht umhegt und gepflegt werden, leicht ins Nichts versickern können, mischte sich rauh ein: »Aber der Kaiser probierte die Haut an und knotete die Schnur und sah in den Spiegel. Er sagte: ›In dieser Haut sehe ich aus wie ein Tragenetz mit Nüssen und Apfelsinen, das mit einem Schnürsenkel zugebunden ist.‹ Er riß sie sich vom Leib, und die Prinzessin ging weinend von dannen.«

Louise blinzelte mehrmals in der Stille, bis Ruth, während sie diskret einen Speicheltropfen betupfte, der sich im Winkel ihres geschminkten Mundes gesammelt hatte, aufgeregt rief: »Aber eine andere schöne Prinzessin kam zum Kaiser und sagte, sie hätte sein Rätsel verstanden. Ohne seine Haut zu sein, erklärte sie, bedeute, der Welt näher zu sein, aber ohne die Haut ihre kleinen, unbedeutenden Stiche und Schmerzen nie zu fühlen. Und diese Prinzessin«, sagte Ruth triumphierend, »rollte ihre eigene Haut von sich, wie man einen Seidenstrumpf auszieht, so daß sie wie der Kaiser sein und seine Braut werden konnte...«

»Ja«, warf Olivia ein, »und verschüttete sich selbst über den königlichen Teppich des Kaisers. Zwanzig königliche Mägde brauchten zwanzig Tage, sie aufzusammeln und fingerhutweise wegzuschaffen.«

Louise und Ruth sahen Olivia an. Robert, der nur die erzählte Geschichte hörte, die Geschichte, die sich zwischen den Erzählerinnen abspielte, jedoch nicht bemerkte, sagte: »Eine andere Prinzessin kam.«

»Ja«, sagte Olivia. »Erzähl' uns von dieser Prinzessin, Robert.«

»Diese Prinzessin«, sagte Robert, »war rot und blau und grün und schön, und sie sagte zum König: ›Ich gebe dir eine gute Haut zum Anziehen.‹ Und sie nahm die Haut von ihrem besten und liebsten und großen Hund und gab sie dem König. Der Hund starb, aber der König sagte: ›Diese Haut gefällt mir, weil sie kuschelig ist und weil sie mir einen Schwanz gibt, mit dem ich wedeln kann.‹ Und das tat er.«

»Aber Robert«, sagte Louise, »damit ist das Rätsel nicht beantwortet.«

»Doch, das ist es«, sagte Olivia zu Roberts Erleichterung. Alle warteten darauf, daß sie fortfuhr. Schließlich sagte sie: »Erzähl' du es uns, Robert.« Da wußten die anderen Damen, daß die Geschichte sich zu einer Geschichte gewendet hatte, der Olivia nicht gewachsen war.

»Weißt du, Olivia, meine Süße«, sagte Robert, »das Rätsel ist, daß Tiere gute Häute haben und Leute gerne Schwänze hätten.«

»Da habt ihr es«, sagte Olivia.

»Aber«, beschwerte sich Ruth, »*wieso* hatte der Kaiser keine Haut? Das ist doch ein Teil des Rätsels.«

»Damit wir eine für ihn finden konnten«, sagte Robert selbstsicher.

»Das genügt nicht, Robert«, sagte Olivia, und er spürte, daß sie wollte, daß er mehr sagte.

»Damit er sein Inneres ansehen konnte, bevor er eine Prinzessin heiratete?« fragte er.

»Ausgezeichnet!« rief Olivia, und sie sah aus, als wolle sie sich jeden Augenblick hoch in die Lüfte schwingen. »Ich habe die Antwort auf dieses Rätsel selbst nicht gewußt«, gestand sie ihnen, und die beiden anderen applaudierten dem Jungen.

»Vergiß niemals«, sagte Louise, »dein Inneres anzusehen, bevor du eine Prinzessin heiratest.«

»Und«, sagte Robert, unfähig, den Schwung seines Erfolges zu bremsen, »wenn man lange genug auf eine Haut wartet, bekommt man eine mit einem Schwanz.« Sie lachten und tätschelten ihn, aber er erkannte, daß seine letzte Antwort nicht so gut war wie die erste. Er wunderte sich darüber, da er selbst ein Dutzend Prinzessinnen gegen einen einzigen Schwanz eingetauscht hätte.

Die Damen erhoben sich, um zu gehen. Er küßte sie auf ihre dünnen, gepuderten Wangen, fühlte, daß ihre eigenen Häute ihnen nicht so ganz paßten, und wunderte sich. Als Olivia ihn küßte, sagte sie: »Suche niemals nach der Moral, Robert, wenn du das Rätsel gelöst hast.«

Zusammengepfercht in ihrem Taxi, sahen sie aus wie große Vögel, die man für den Markt in eine Kiste gestopft hat. Sie winkten mit ihren weißen Handschuhen zum Haus und zu dem offenen Spalt zwischen den Vorhängen.

TOBIAS WOLFF
Sag Ja

Sie waren dabei, Geschirr abzuwaschen, seine Frau spülte, und er trocknete ab. Er hatte am Abend vorher gespült. Im Gegensatz zu den meisten Männern, die er kannte, packte er bei der Hausarbeit kräftig mit an. Ein paar Monate zuvor hatte er mitbekommen, wie eine Freundin seiner Frau dazu gratuliert hatte, einen so rücksichtsvollen Mann zu haben, und er hatte gedacht, *ich tue mein Bestes*. Beim Abwasch zu helfen war seine Art zu zeigen, wie rücksichtsvoll er war.

Sie sprachen über dieses und jenes, und irgendwie landeten sie bei der Frage, ob Weiße und Schwarze heiraten sollten. Er sagte, alles in allem betrachtet, finde er, es sei keine gute Sache.

»Warum?« fragte sie.

Manchmal bekam seine Frau diesen Blick, bei dem sie die Brauen zusammenzog und sich auf die Unterlippe biß und nach unten starrte. Wenn er sie so sah, wußte er, daß er lieber den Mund halten sollte, aber er tat es dann doch nie. Es verführte ihn sogar dazu, noch mehr als sonst zu reden. Jetzt hatte sie diesen Blick.

»Warum?« fragte sie noch einmal und stand da, die Hand in einer Schüssel, die sie nicht abwusch, sondern über dem Spülwasser in der Luft hielt.

»Hör zu«, sagte er, »ich bin mit Schwarzen zur Schule gegangen, und ich habe mit Schwarzen zusammen gearbeitet, und ich habe auch mit Schwarzen gemeinsam in der Straße gewohnt, und wir sind immer prima miteinander klargekommen. Das hätte gerade noch gefehlt, daß du jetzt daherkommst und mir unterstellst, ich sei ein Rassist.«

»Ich habe dir überhaupt nichts unterstellt«, sagte sie und begann, die Schüssel weiter abzuwaschen, wobei sie sie in der Hand drehte, als gebe sie ihr die rechte Form. »Ich verstehe nur nicht, was verkehrt sein soll, wenn ein weißer Mensch einen Schwarzen heiratet, das ist alles.«

»Sie kommen eben aus einer anderen Kultur als wir. Hör sie dir doch nur mal an — sie haben sogar ihre eigene Sprache. Für mich ist das in Ordnung, ich höre sie sogar gern reden« — das stimmte; aus irgendeinem Grund machte ihn das immer glücklich, »aber es ist etwas anderes. Ein Mensch ihrer Kultur und einer von uns können sich niemals richtig kennenlernen.«

»So wie du mich kennst?« fragte seine Frau.

»Ja. So wie ich dich kenne.«

»Aber wenn sie sich lieben«, sagte sie. Sie wusch jetzt rascher ab und sah ihn dabei nicht mehr an.

Ach du liebes bißchen, dachte er. Er sagte: »Mir brauchst du ja gar nicht zu glauben. Aber sieh dir die Statistiken an. Die meisten dieser Ehen gehen kaputt.«

»Statistiken!« Sie stellte jetzt mit einer wahnsinnigen Geschwindigkeit Teller, die sie nur flüchtig mit dem Lappen abgewischt hatte, auf die Abtropfplatte. Viele waren noch fettig, und zwischen den Gabelzinken hingen Speisereste. »Na schön«, sagte sie, »und wie sieht es mit Ausländern aus? Wahrscheinlich denkst du genauso über Ehen zwischen Leuten aus verschiedenen Ländern.«

»Ja«, sagte er, »das tue ich. Wie kann man denn jemanden verstehen, der einen völlig anderen Hintergrund hat?«

»Einen anderen«, sagte seine Frau. »Nicht denselben wie wir.«

»Ja, einen anderen«, schnauzte er, ärgerlich, weil sie sich des Tricks bediente, seine Worte so zu wiederholen, daß sie undifferenziert oder falsch klangen. »Die sind noch schmutzig«, sagte er und warf das gesamte Besteck wieder in das Spülbecken zurück.

Das Wasser war nun flach und grau. Sie starrte mit fest zusammengepreßten Lippen darauf hinunter, dann tauchte sie die Hände hinein. »Oh!« schrie sie und sprang zurück. Sie faßte ihre rechte Hand am Gelenk und hielt sie hoch. Ihr Daumen blutete.

»Nicht bewegen, Ann!« sagte er. »Bleib da stehen!« Er lief ins Badezimmer nach oben und durchwühlte das Apothekenschränkchen nach Alkohol, Watte und einem Pflaster. Als er wieder herunterkam, stand sie gegen den Kühlschrank gelehnt, mit geschlossenen Augen, und hielt noch immer ihre Hand fest. Er nahm die Hand und betupfte den Daumen, der zu bluten aufgehört hatte, mit Watte. Er drückte den Daumen, um zu sehen, wie tief die Wunde war, und ein einziger Tropfen Blut quoll hervor, zitternd und leuchtend, und fiel zu Boden. Sie sah ihn über den Daumen hinweg anklagend an. »Die Wunde ist nicht tief«, sagte er. »Morgen hast du schon vergessen, daß sie da war.« Er hoffte, daß sie zu schätzen wußte, wie schnell er ihr beigesprungen war. Er hatte aus Fürsorge gehandelt, ohne einen Gedanken daran, etwas dafür zu bekommen, aber jetzt ging ihm durch den Sinn, daß es eigentlich eine nette Geste ihrerseits wäre, diese Unterhaltung nicht wieder aufzunehmen, die er leid war. »Ich mache hier fertig«, sagte er. »Geh du und ruh dich aus.«

»Es geht schon«, sagte sie. »Ich trockne ab.«

Er fing noch einmal an, das Besteck abzuwaschen, wobei er den Gabeln viel Aufmerksamkeit schenkte.

»Also«, fuhr sie fort, »dann hättest du mich nicht geheiratet, wenn ich schwarz gewesen wäre.«

»Herrgott noch mal, Ann!«

»Aber das hast du doch gesagt, oder?«

»Nein, habe ich nicht. Die ganze Frage ist lächerlich. Wenn du schwarz gewesen wärst, wären wir uns höchstwahrscheinlich nie begegnet. Du hättest deine Freunde gehabt, und ich meine. Das einzige schwarze Mädchen, mit dem ich jemals näher bekannt war, war meine Partnerin im Debattierclub, und damals bin ich ja schon mit dir gegangen.«

»Aber wenn wir uns begegnet wären und ich schwarz gewesen wäre?«

»Dann wärst du wahrscheinlich mit einem schwarzen Typen gegangen.« Er nahm die Spülbrause in die Hand und überspülte das Besteck. Das Wasser war so heiß, daß sich das Metall erst blaßblau verfärbte und dann wieder silbrig schimmerte.

»Nehmen wir einmal an, ich wäre nicht mit einem Schwarzen gegangen. Sagen wir mal, ich bin schwarz und nicht gebunden, und wir lernen uns kennen und verlieben uns.«

Er warf ihr einen flüchtigen Blick zu. Sie beobachtete ihn, und ihre Augen glänzten. »Schau mal«, sagte er und schlug einen vernünftigen Ton an, »das ist doch blöd. Wenn du schwarz wärst, wärst du nicht du.« Während er das sagte, wurde ihm klar, wie vollkommen richtig es war. Es gab einfach nichts an der Tatsache zu rütteln, daß sie nicht dieselbe wäre, wenn sie schwarz wäre. Deshalb wiederholte er es noch einmal: »Wenn du schwarz wärst, dann wärst du nicht du.«

»Ich weiß«, sagte sie, »aber nehmen wir es doch einmal an.«

Er holte tief Luft. Sein Argument hatte gesiegt, aber trotzdem fühlte er sich in die Enge getrieben. »Nehmen wir einmal was an?« fragte er.

»Daß ich schwarz bin, aber trotzdem ich, und daß wir uns verlieben. Wirst du mich heiraten?«

Er dachte darüber nach.

»Nun?« sagte sie und stellte sich dicht vor ihn. Ihre Augen glänzten noch mehr. »Wirst du mich heiraten?«

»Ich überlege gerade«, sagte er.

»Du wirst es nicht tun, das weiß ich. Du wirst nein sagen.«

»Laß uns das nicht übereilen«, sagte er. »Da gibt es vieles zu bedenken. Wir wollen schließlich nichts tun, was wir den Rest unseres Lebens bedauern würden.«

»Kein langes Überlegen. Ja oder nein?«

»Wenn du es so drehst — «

»Ja oder nein?«

»Herrje, Ann. Na gut. Nein.«

Sie sagte: »Vielen Dank«, und lief aus der Küche ins Wohnzimmer. Einen Augenblick später hörte er, wie sie die Seiten einer Zeitschrift durchblätterte. Er wußte, daß sie zu ärgerlich war, um wirklich zu lesen, aber sie schnalzte die Seiten nicht durch, wie er es getan hätte. Sie blätterte sie langsam um, so, als studiere sie jedes Wort. Sie demonstrierte ihre Gleichgültigkeit ihm gegenüber, und das hatte die Wirkung, die sie beabsichtigte, wie er sehr wohl wußte. Es verletzte ihn.

Er hatte keine andere Wahl als die, auch seine Gleichgültigkeit ihr gegenüber zu demonstrieren. Ruhig und gründlich spülte er das restliche Geschirr. Dann trocknete er es ab und räumte es weg. Er wischte die Tischflächen ab und dann den Herd und schrubbte schließlich das Linoleum an der Stelle, auf die der Blutstropfen gefallen war. Wenn er schon einmal dabei war, beschloß er, konnte er genausogut den ganzen Fußboden wischen. Als er fertig war, sah die Küche wie neu aus, so wie sie ausgesehen hatte, als sie zum erstenmal das Haus besichtigt hatten, bevor sie hier eingezogen waren.

Er nahm den Abfalleimer und ging nach draußen. Die Nacht war klar, und er konnte ein paar Sterne sehen, im Westen, wo die Lichter der Stadt sie nicht überstrahlten. Auf El Camino lief der Verkehr gleichmäßig und leicht, friedlich wie ein Fluß. Er schämte sich, daß er sich von seiner Frau zu einem Streit hatte hinreißen lassen. Vielleicht noch dreißig Jahre, und sie wären beide schon tot. Was würde all dieser

Unsinn dann noch für eine Rolle spielen? Er dachte an die Jahre, die sie miteinander verbracht hatten, und wie vertraut sie waren, wie gut sie einander kannten, und es schnürte ihm den Hals zu, so daß er kaum mehr durchatmen konnte. Sein Gesicht und Hals begannen zu prickeln. Wärme durchflutete seine Brust. Er stand eine Weile da und genoß diese Empfindungen, dann nahm er den Eimer und ging zum hinteren Gartentor hinaus.

Die beiden Köter vom unteren Ende der Straße hatten wieder den Mülleimer umgerissen. Der eine rollte sich auf dem Rücken hin und her, und der andere, eine Hündin, hatte etwas im Maul. Knurrend warf sie es in die Luft, sprang hoch und fing es wieder auf, knurrte wieder und schlug mit dem Kopf von einer Seite zur anderen. Als sie ihn kommen sahen, trotteten die beiden mit kurzen, abgehackten Schritten weg. Normalerweise hätte er Steinbrocken nach ihnen geworfen, aber dieses Mal ließ er sie in Ruhe.

Das Haus war dunkel, als er wieder hereinkam. Sie war im Badezimmer. Er stand vor der Tür und rief ihren Namen. Er hörte Fläschchen klirren, aber sie gab ihm keine Antwort. »Ann, es tut mir leid, wirklich«, sagte er. »Ich mache alles wieder gut, das verspreche ich dir.«

»Wie denn?« fragte sie.

Das hatte er nicht erwartet. Aber an einem bestimmten Ton in ihrer Stimme, einer ruhigen und bestimmten Note, die ihm fremd war, erkannte er, daß ihm die richtige Antwort einfallen mußte. Er lehnte sich gegen die Tür. »Ich werde dich heiraten«, flüsterte er.

»Wir werden ja sehen«, sagte sie. »Geh nur schon ins Bett. Ich bin in einer Minute draußen.«

Er zog sich aus und legte sich unter die Decken. Schließlich hörte er die Badezimmertür auf- und wieder zuklappen.

»Mach das Licht aus«, rief sie aus dem Flur.

»Was?«

»Mach das Licht aus.«

Er streckte die Hand hinüber und zog am Kettchen der Nachttischlampe. Das Zimmer wurde dunkel. »Na schön«, sagte er. Er lag da, aber nichts geschah. »Na schön«, sagte er noch einmal. Dann nahm er auf der anderen Zimmerseite eine Bewegung wahr. Er setzte sich auf, konnte aber überhaupt nichts erkennen. Im Zimmer war es still. Sein Herz klopfte, wie es in ihrer ersten gemeinsamen Nacht geklopft hatte, so, wie es immer noch klopfte, wenn er in der Dunkelheit von einem Geräusch erwachte und darauf wartete, es noch einmal zu hören — das Geräusch von jemandem, der durchs Haus schlich, einem Fremden.

T. CORAGHESSAN BOYLE
Der Killer

Die frühen Jahre

Die frühen Jahre des Killers werden durch den schwarzen
Sack, den er überm Kopf trägt, etwas erschwert. Lehrer ver-
bessern seine Aussprache, der Trainer kritisiert seine Einstellung, der Direktor hält ihm eine Standpauke, weil er Vor-
schulkinder mit einer brennenden Zigarette versengt hat. Er
ist ein miserabler Schüler. Beim Mittagessen sitzt er allein
und stopft Pfefferschoten und Salami in den dunklen Schlitz
seines Mundes. In den Korridoren schnappen drahtige junge
Sportler nach der schwarzen Haube und schlagen ihm auf
den Hinterkopf. Als er dreizehn ist, nähert sich ihm der Ka-
pitän des Football-Teams, legt ihn aufs Kreuz und versucht,
ihm die Haube wegzuziehen. Der Killer macht ihn kalt. Fünf
Jahre, sagt der Richter.

Wieder auf der Straße

Nach zwei Monaten ist der Killer wieder auf der Straße.

Das erste Rendezvous

Das Mädchen heißt Cynthia. Der Killer fährt vor ihrer Wohnung im Leichenwagen seines Vaters vor. (Der Vater des
Killers, den er haßt und verabscheut, ist Bestattungsunter-
nehmer. Beim Frühstück hat der Vater des Killers ihm die

Cornflakes von der Schüssel weggeschnappt. Der Sohn hat gedroht, den Vater umzulegen. Er hat es dann doch nicht getan; ohne Zweifel haben ihn kindliche Loyalität und die tiefverwurzelten Tabus gegen den Vatermord, die das kollektive Unbewußte durchziehen, daran gehindert.)

Cynthias Vater hat silberne Koteletten und spielt Tennis. Er reagiert auf das Klopfen des Killers, zeigt sich überrascht, als der Killer erscheint. Der Killer faßt Cynthia am Ellbogen, drückt ihrem Vater einen Zwanziger in die Hand und verschwindet in der Nacht.

Der Tod des Vaters
Beim Frühstück schnappt der Killer dem Vater die Cornflakes von der Schüssel weg. Dann legt er ihn um.

Der Tod der Mutter
Der Killer ist Anfang zwanzig. Er spielt Pool, macht Bodybuilding und trinkt Milch aus der Tüte. Seine Mutter liegt im Krankenhaus und stirbt an Krebs oder an einer Herzkrankheit. Der Priester trägt Schwarz. Wie der Killer.

Der erste Job
Porfirio Buñoz, ein kubanischer Financier, lädt den Killer zum Mittagessen ein. Ich habe gehört, daß Sie Arbeit suchen, sagt Buñoz. Das stimmt, sagt der Killer.

Erbsen
Der Killer mag keine Erbsen. Man kann sie gar nicht gut auf der Gabel balancieren.

Talkshow
Der Killer wartet in den Kulissen, der weiße Schlitz einer Zigarette zerfurcht das mitternächtliche Schwarz seines Kopfes und des Oberkörpers. Die Visagistin hat seinen Mund und seine Augen geschminkt, seine Haube gebürstet. Er ist instru-

iert worden. Der Gast, der vor ihm dran ist, ist ein Kinderarzt. Die Bühne, wo der Gastgeber und der Kinderarzt, durch eine Topfpalme getrennt, die Beine übereinandergeschlagen, die kleinen Störungen von Kindern und Säuglingen besprechen, ist in ein milchstraßenhelles Gleißen getaucht.

Nach der Pause sitzt der Killer plötzlich eingequetscht in einem Chefsessel, weißes Licht in den Augen. Der Talkshow-Gastgeber ist ein Mann in den frühen Vierzigern mit einem Babyface. Er lächelt wie der liebe Herrgott mit all seinen Engelein auf einmal. Tja, sagt er. Sie sind also der Killer. Sagen Sie mal — das wollte ich schon immer wissen —, wie fühlt sich das an, wenn man jemanden killt?

Der Tod des Mateo Maria Buñoz

Die Leiche von Mateo Maria Buñoz, dem Cousin und Teilhaber eines prominenten Financiers, wird an einem heißen Sommermorgen unten bei den Docks entdeckt. Dunst steigt vom Wasser auf wie Dampf, es riecht fischig. Ein großer schwarzer Vogel hockt auf der Stirn des toten Mannes.

Heirat

Cynthia und der Killer stehen Seite an Seite vorm Altar. Sie trägt ein weißes Satinkleid und einen Spitzenschleier. Der Killer hat sich einen Tuxedo geliehen, Übergröße, und eine seidenbordierte Haube aus schwarzem Samt.

... Bis daß der Tod euch scheide, sagt der Priester.

Launen

Der Killer ist launisch, unberechenbar. Einmal, in einem Lunchimbiß, hat die Kellnerin ihm den Braten-Sandwich des Hauses gebracht, aber vergessen, die Erbsen rauszunehmen. Ein Soßenfleck war auf der Haube des Killers, ungefähr dort, wo sein Kinn sein müßte. Er schaute auf und blickte die Kellnerin an, seine Augen wie Nadeln hinter den dreieckigen Schlitzen, und legte sie um.

118

Ein anderes Mal ging er mit 25 Dollar zur Rennbahn und kam mit 1800 Dollar zurück. Er hielt an einem Zigarrengeschäft. Als er aus dem Laden trat, packte ihn ein Säufer am Ärmel und bat um einen Vierteldollar. Der Killer griff in seine Tasche, holte die 1800 Dollar heraus und gab sie dem Säufer. Dann legte er ihn um.

Das erste Kind

Ein Junge. Der Killer ist entzückt. Er lehnt sich über die Kante des Laufgitters und legt die winzigen Finger um den Griff einer nickelverzierten Derringer. Die Waffe ist mit Platzpatronen geladen — der Killer möchte, daß sich der Junge an das Geräusch gewöhnt. Als er vier ist, beherrscht der Junge die Grundzüge des Tae Kwon Do, kann aus drei Metern ein Messer in die Wand werfen und mit beiden Händen sicher auf ein bewegliches Ziel schießen. Der Killer legt seine breite Hand auf den Kopf des Jungen. Du wirst mal 'ne ganz große Nummer, Tiger, sagt er.

Arbeit

Er fliegt nach Cincinnati. Nach L.A. Nach Boston. Nach London. Die Stewardessen lernen ihn kennen.

Ein halber Morgen und eine Garage

Der Killer harkt Laub und häuft es zu riesigen, losen Haufen an. Er trägt ein schwarzes T-Shirt, das an den Schultern abgeschnitten ist, und eine baumwollene Arbeitshaube, ebenfalls schwarz. Cynthia begradigt das Blumenbeet, sein Sohn spielt im Gras. Der Killer winkt den Nachbarn zu, wenn sie vorbeifahren. Die Nachbarn winken zurück.

Nachdem er den Rasen so lange abgesucht hat, bis er zufrieden ist, fegt der Killer all die kleineren Laubhügel zu einem einzigen Berg zusammen, der so groß wie ein Pickup ist. Dann bückt er sich, um ihn mit seinem Feuerzeug anzuzünden. Sofort züngeln Flammen am Laub hoch, bahnen sich Tunnel durch den Haufen, verschlingen ihn in einem Feuerball. Der Killer macht einen Schritt zurück, die Hände unter seinen großen fleischigen Oberarmen. An seiner Seite steht der dreiköpfige Hund. Er bückt sich, um jeden der Köpfe zu tätscheln, während Rauch und Funken wild zum Himmel emporsteigen.

Durch die Straßen der Stadt stapfend
Er stapft durch die Straßen der Stadt, Kragen hoch, Hutrand runter. Es ist spät abends. Er stapft an Kaufhäusern, kleinen Geschäften, Parks und Tankstellen vorbei. An Wohnungen, Palisadenzäunen, Aussichtsfenstern. Hunde knurren im Dunkel, schleichen sich dann davon. Er könnte jeden von uns erledigen.

Rentner
Eine Gruppe von Geschäftsleuten — sechzig, siebzig, korpulent, Diamantenringe, Zigarren, Leberflecken — gibt ihm eine Party. Porfirio Muñoz, jetzt in den Achtzigern, hält eine Rede und schenkt dem Killer eine vergoldete Sense. Der Killer dankt ihm, zieht sich dann an den See zurück, wo man ihn in seinem Schnellboot sehen kann, wie er über das Blau saust und die Haube sich im Wind kräuselt.

Tod
Er ist leidend, geschrumpft, nur noch ein Schatten seiner selbst. Er liegt im Mercy-Hospital, auf die Kissen gestützt, eine Veilchenreihe welkt rund um das Bett. Schläuche führen an den Nasenöffnungen unter die Haube, seine Augen sind verschattet und rot, tief hinter den dreieckigen Schlitzen eingesunken. Der Priester trägt schwarz. Wie der Killer.

Auf der anderen Seite der Stadt steht der Sohn des Killers vorm Spiegel in einem Geschäft, das auf Killer-Kleidung spezialisiert ist. Probiert seine erste Haube an.

JACK MATTHEWS
Fragebogen für Rudolph Gordon

1) Wie oft wurde Ihnen dieser Fragebogen durch die Post nachgeschickt, bevor er Sie erreichte?

2) Zählen Sie die Dinge auf, die Ihnen an dem Morgen, bevor er ankam, durch den Kopf gegangen waren.

3) Wieviele Gemälde Ihres Vaters haben Sie bisher verkauft?

4) Haben Sie das Gefühl, daß Sie bald am Ende Ihrer »Mittel« sind?

5) Träumen Sie immer noch von dem kleinen Boot, das ans Dock stößt, als wäre es lebendig und wartete auf Sie?

6) Haben Sie das Bild verkauft, auf dem Ihr Vater das Boot gemalt hatte?

7) Dieses Bild zeigte auch eine Frau, die sich bückte und Sand schaufelte; wer war der kleine Junge, den sie ansah?

8) Erinnern Sie sich an die dicke Stoffbadehose mit den Trägern und an die dicke, kratzige Wolle auf der Haut?

9) Was sagte Ihre Mutter, während Ihr Vater das Bild malte?

10) Warum hatten Sie damals geweint?

11) Wußten Sie, daß er dort weiter oben am Ufer saß und malte, während Ihre Mutter mit Ihnen sprach?

12) Die Frau hatte Ihnen ein Lied vorgesungen, um Sie zu beruhigen; wie hieß das Lied?

13) War die Frau wirklich Ihre Mutter?

14) Und wenn sie Sie anlog; und wenn sie Ihr Leben lang nur *so tat*, als sei sie Ihre Mutter?

15) Und wenn der Mann, der das Bild von Ihnen beiden malte (von dem kleinen Ruderboot einmal abgesehen), auch nur so tat?

16) Warum wäre ihnen daran gelegen, Sie derartig zu täuschen?

17) Warum hatten Sie geweint, bevor Ihre »Mutter« das Liedchen sang, um Sie zu beruhigen und aufzuheitern?

18) Können Sie sich an Zeiten erinnern, als sie liebevoll mit Ihnen sprachen und Sie sich bei ihnen vollkommen sicher fühlten ... nur um dann zu merken, wie sie nervös zur Seite schaute, zu *ihm* hin ... und wie er dann beunruhigt und besorgt aussah, als ob es ihnen beiden über den Kopf gewachsen wäre?

19) Können Sie sich erinnern, wie die Frau sagte: »Nein, wir hätten es nicht tun sollen«, und wie der Mann antwortete: »Nun ist es sowieso zu spät, etwas zu ändern«?

20) Das Häuschen am Strand, in dem Sie wohnten, war blutrot angestrichen; die Veranda und die Fensterläden waren weiß; was war hinter dem Häuschen?

21) Erinnern Sie sich, wie Sie einmal den steilen Berg hinaufgeklettert sind und wie die Frau dann schrie, aus Angst, Sie könnten fallen und sich wehtun?

22) Können Sie sich an den Geruch der Tannennadeln erinnern und an die rauhe Wärme der Steine, als Sie bedächtig hinaufkletterten und sich dann über der Bucht umdrehten und in den Wind guckten?

23) Sie war da unten kleiner als Sie; und der Mann war auch kleiner, weil die beiden sich weit unter Ihren Füßen befanden; was sagten Sie, als sie Sie anflehten, herunterzukommen?

24) Warum sagten Sie »nie« anstatt »nein«?

25) Warum hatten Sie keine Angst?

26) Was sahen Sie in der Bucht?

27) Wie hieß das große Schiff, das wie ein Schatten im Wasserdunst dalag?

28) Sind Sie sicher, daß Sie sich nicht an die Form der Buchstaben des Namens erinnern, so daß Sie *jetzt* lesen können, was damals nur geheimnisvolle Schriftzeichen waren?

29) Warum ist der Name dieses Schiffes unwichtig?

30) Waren Sie überrascht, als Sie hinunterschauten und sahen, daß er so dicht herangeklettert war, ohne daß Sie es bemerkten?

31) Können Sie sich an seinen düsteren, wütenden Gesichtsausdruck erinnern, als er nach Ihrem Knöchel griff?

32) Tat er Ihnen weh, als er Sie so grob zwischen den Felsen und Fichten hindurch bergab zum Häuschen trug?

33) Wie hieß das Lied, das so leise von der Nachbarhütte herübertönte?

34) War es in Ihrer Erinnerung der erste Plattenspieler, den Sie je hörten?

35) War dies das Lied, das die Frau Ihnen später vorsang, nachdem Sie ans Ufer hinuntergetragen worden waren?

36) Weinten Sie wegen des Tadels, den Sie bekommen hatten, weil Sie auf den steilen Berg hinter dem Haus geklettert waren?

37) Erinnern Sie sich an den schalen Geruch von Salz und toten Fischen, der in der Luft lag?

38) Wo waren Ihre richtigen Eltern?

39) Waren Sie entführt worden?

40) Ist Ihnen dieser Gedanke schon früher einmal gekommen?

41) Erinnern Sie sich an die Spielzeugpistole, die Sie im Halfter trugen?

42) Erinnern Sie sich an das Köfferchen, das Sie tragen durften?

43) Erinnern Sie sich an die Fotografie eines Mannes und einer Frau, die Ihnen im Kinderzimmer zulächelten?

44) Was stand auf der Fotografie?

45) Haben der Mann und die Frau es Ihnen vorgelesen, so daß Sie sicher waren, daß darauf stand: »Von Mutti und Vati in Liebe«?

46) Warum können Sie sich an die Gesichter auf dem Foto nicht erinnern?

47) War Ihr *richtiger* Vater Maler?

48) War dieser Mann... *hätte* dieser Mann Ihr richtiger Vater sein können?

49) Hätte die Frau Ihre richtige Mutter sein können?

50) Aber wie können Sie sicher sein, daß sie Sie in anderen Dingen belogen?

51) Belügen wir einander nicht alle?

52) Ist es nicht nur ein Ausdruck von Liebe, wenn wir unsere Kinder belügen?

53) Ist es nicht auch ein Ausdruck unserer Angst?

54) Kann es Liebe geben ohne Angst?

55) Ist es möglich, daß dieser Mann und diese Frau, obwohl sie sich an den genauen Moment erinnern, in dem Sie aus *ihrem* Leib kamen, immer noch nicht sicher sind, daß Sie tatsächlich *ihr Sohn* sind?

56) Was ist ein Vater?

57) Was ist eine Mutter?

58) Was ist ein Sohn?

59) Warum haben Sie sich geweigert, diese Fragen zu beantworten?

60) Warum haben Sie so viele Bilder Ihres Vaters verkauft?

61) Warum brauchen Sie so viel Geld zum Leben?

62) Warum können Sie keine Arbeit finden?

63) Wann ist die Frau gestorben?

64) Waren Sie dabei, als ihre Augen sich trübten?

65) Waren Sie anwesend, als Ihr Vater in der Stadt von der Straßenbahn angefahren wurde?

66) Wußten Sie, daß seine Beine und sein Rücken bei dem

Unfall schrecklich verstümmelt wurden und daß er bereits tot war, als der Krankenwagen ankam und sich sein Blut in glänzenden roten Strömen gegen den schwarzen Asphalt der Straße abhob?

67) Dachte er Ihrer Meinung nach beim Sterben an Sie?

68) Dachte Ihre Mutter beim Sterben an Sie?

69) Weshalb glauben Sie, solche Fragen nicht beantworten zu können?

70) Sehen Sie sich selbst auf dem Bild mit dem kleinen Jungen und der Mutter, die mit der Hand Sand schaufelt, und dem Ruderboot, das leise ans Dock stößt wie ein hungriges Tierchen, das saugen will?

71) Welche Farbe hat der Himmel auf dem Bild?

72) Warum ist er dunkler als das Land?

73) Warum ist er dunkler als das Wasser?

74) Haben Sie dieses Bild bereits verkauft?

75) Ist es das letzte Bild Ihres Vaters in Ihrem Besitz?

76) Wenn Sie es einmal verkaufen, wird dann etwas abbrechen und forttreiben?

77) Wird die Hand dann von einem Krampf befallen und Sand aus ihr rieseln?

78) Wird das Kind wieder weinen und ins Leere starren, während das Schiff in blassem Grau verschwimmt und Farbe aus den Buchstaben seines Namens tropft?

79) Wer ist jetzt in dem roten Häuschen?

80) Warum meinen Sie, es sei leer oder abgerissen?

81) Wenn Ihr Vater am Leben wäre, könnte er jetzt zu Ihnen gelangen und Sie in Sicherheit bringen?

82) Könnte man das Blut auf dem Asphalt als letzte und originellste Komposition Ihres Vaters betrachten?

83) Waren Ihr Vater und Ihre Mutter so einsam wie Kinder in diesen letzten Augenblicken?

84) Hätten Sie ihnen irgendwie geholfen, *wenn Sie hätten sicher sein können*?

85) Warum tun Sie so, als wüßten Sie nicht, *wessen sicher*?

86) Haben Sie nie vorher an ihrer Echtheit gezweifelt?

87) Gibt es außer Entführung nicht noch andere Beweggründe, ein Kind zu stehlen?

88) Vielleicht wußten sie nicht, woher Sie stammten, und fühlten sich schuldig?

89) Wer kann sagen, wo das alles anfängt?

90) Begreifen Sie nicht, daß »das alles« die Hütte ist, der steile Berg, das Boot, der Sand, der Mann, die Frau, das Kind?

91) Haben Sie bemerkt, daß unter 90 das Bild fehlt?

92) Wenn Sie es schließlich einmal verkaufen, haben Sie dann genug Geld?

93) Haben Sie nicht den Ehrgeiz und die Fähigkeiten, Ihr Leben selbst zu meistern?

94) Weshalb erinnert Sie dieser Ausdruck an ihn?

95) Wenn Sie es schließlich einmal verkaufen, werden Sie je wieder schlafen können?

96) Warum, glauben Sie, gibt es jetzt niemanden mehr, der Ihnen ein Lied singt und Ihnen die Tränen trocknet und vorgibt, Ihre Mutter zu sein?

97) Wann hören Sie endlich auf, bei Ihren Antworten zu lügen?

98) Glauben Sie, *das* könnte uns abschrecken, selbst wenn unsere Hände und Herzen und Münder nicht voller Erde wären?

99) Glauben Sie tatsächlich nicht, daß manche Dinge fortdauern, über die Gewohnheit und den Lauf der Welt hinweg?

100) Nun ist es wirklich genug, und irgendwie müssen Sie sich mit diesem persönlichen Fragebogen begnügen.

Immer in Liebe,
Mutti und Vati

RAY BRADBURY
Ich sehe Sie nie wieder

Das leise Klopfen kam von der Hintertür, und als Mrs.
O'Brian sie öffnete, standen da auf der hinteren Veranda ihr
bester Mieter, Mr. Ramirez, und zwei Polizeibeamte, zu beiden Seiten von ihm. Mr. Ramirez stand einfach da, einge-
zwängt und klein.

»Aber Mr. Ramirez!« sagte Mrs. O'Brian.

Mr. Ramirez war überwältigt. Er schien keine Worte der
Erklärung zu finden.

Vor über zwei Jahren war er in Mrs. O'Brians Mietshaus
gezogen und hatte seither dort gewohnt. Er war mit dem Bus
von Mexico City nach San Diego gekommen und dann weiter nach Los Angeles gefahren. Dort hatte er das saubere
kleine Zimmer gefunden mit dem glänzenden blauen Linoleum und den Bildern und Kalendern an den geblümten
Wänden sowie Mrs. O'Brian als strenge, aber freundliche
Wirtin. Während des Krieges hatte er in der Flugzeugfabrik
gearbeitet und Teile für die Flugzeuge gefertigt, die nach irgendwo abflogen, und auch jetzt noch, nach dem Krieg,
hatte er seine Stelle. Von Beginn an hatte er das große Geld
gemacht. Er spürte etwas davon und betrank sich nur einmal
die Woche – ein Privileg, das, so war es Mrs. O'Brians
Denkart, jedem guten Arbeiter zustand, fraglos und unwi-
dersprochen.

In Mrs. O'Brians Küche waren Kuchen im Ofen. Bald würden die Kuchen mit einer Färbung gleich der von Mr. Ramirez herauskommen — braun und glänzend und knusprig, mit Schlitzen darin für die Luft fast wie die Schlitze von Mr. Ramirez' dunklen Augen. Es roch gut in der Küche. Angelockt von dem Duft, beugten sich die Polizisten vor. Mr. Ramirez starrte auf die Füße, als hätten sie ihn in diese Unannehmlichkeiten getragen.

»Was ist passiert, Mr. Ramirez?« fragte Mrs. O'Brian.

Hinter Mrs. O'Brian sah Mr. Ramirez, als er die Augen hob, den langen Tisch, mit sauberem weißen Leinen überzogen und gedeckt mit einer Platte, kühlen, glänzenden Gläsern, einem Wasserkrug, in dem Eiswürfel schwammen, einer Schüssel mit frischem Kartoffelsalat und einer mit gewürfelten und gezuckerten Bananen und Orangen. An diesem Tisch saßen Mrs. O'Brians Kinder — ihre drei erwachsenen Söhne, die aßen und sich unterhielten, und ihre beiden jüngeren Töchter, die beim Essen die Polizisten anstarrten.

»Ich war jetzt dreißig Monate hier«, sagte Mr. Ramirez ruhig und betrachtete Mrs. O'Brians plumpe Hände.

»Das sind sechs Monate zuviel«, sagte ein Polizist. »Er hatte nur ein zeitlich begrenztes Visum. Wir sind erst jetzt dazu gekommen, uns um ihn zu kümmern.«

Kurz nach seiner Ankunft hatte Mr. Ramirez ein Radio für sein kleines Zimmer gekauft; abends stellte er es dann sehr laut und hatte seine Freude daran. Und er kaufte sich eine Armbanduhr und hatte auch daran seine Freude. Und an vielen Abenden hatte er stille Straßen durchwandert und die leuchtenden Kleider in den Schaufenstern gesehen und einige davon gekauft, und er hatte die Schmuckstücke gesehen und einige davon für seine wenigen Freundinnen gekauft. Und eine Zeitlang war er fünfmal die Woche ins Kino gegangen. Dann war er auch lange Straßenbahn gefahren — zuweilen die ganze Nacht durch —, er roch die Elektrizität, seine dunklen Augen glitten über die Reklameschilder, er spürte die Räder unter sich rumpeln, er betrachtete die vorbeiziehenden kleinen schlafenden Häuser und die großen Hotels. Außerdem war er in große Restaurants gegangen, wo er vielgängige Menüs verzehrte, und in die Oper und ins Theater. Und er hatte sich ein Auto gekauft, das der Händler dann, als er vergessen hatte zu bezahlen, wütend von dem Mietshaus weggefahren hatte.

»Ich bin also gekommen«, sagte Mr. Ramirez jetzt, »um Ihnen zu sagen, daß ich mein Zimmer aufgeben muß, Mrs. O'Brian. Ich muß noch mein Gepäck und meine Sachen holen und mit diesen Männern mitgehen.«

»Zurück nach Mexiko?«

»Ja. Nach Lagos. Eine Kleinstadt nördlich von Mexico City.«

»Das tut mir leid, Mr. Ramirez.«

»Alles gepackt«, sagte Mr. Ramirez heiser und flatterte mit den dunklen Augen und fingerte hilflos mit den Händen. Die Beamten faßten ihn nicht an. Dafür bestand keine Notwendigkeit.

»Hier ist der Schlüssel, Mrs. O'Brian«, sagte Mr. Ramirez. »Meine Tasche habe ich schon.«

Jetzt erst bemerkte Mrs. O'Brian einen Koffer, der hinter ihm auf der Veranda stand.

Mr. Ramirez schaute nochmals auf die riesige Küche, auf das glänzende Silberbesteck und die essenden jungen Leute und den auf Hochglanz gewachsten Fußboden. Er drehte sich um und blickte einen langen Augenblick auf das Wohnhaus nebenan, das sich über drei Stockwerke erhob, hoch und wunderschön. Er blickte auf die Balkone und die Feuerleitern und die Treppe zur hinteren Veranda, auf die Leinen mit der Wäsche, die im Wind flatterte.

»Sie waren ein guter Mieter«, sagte Mrs. O'Brian.

»Danke, danke, Mrs. O'Brian«, sagte er leise. Er schloß die Augen.

Mrs. O'Brian stand da und hielt die Tür halb auf. Hinter

ihr sagte einer ihrer Söhne, daß das Essen kalt werde, doch sie schüttelte den Kopf und wandte sich wieder Mr. Ramirez zu. Sie erinnerte sich an eine Reise, die sie einmal in ein paar mexikanische Grenzstädte unternommen hatte — die heißen Tage, die Grillen, die endlos hüpften oder fielen oder tot und spröde wie kleine Zigarren in den Schaufenstern lagen, und die Kanäle, die Flußwasser zu den Farmen hinausführten, die staubigen Straßen, das versengte Land. Sie erinnerte sich an die stillen Städte, das warme Bier, Tag für Tag die scharfen, dicken Speisen. Sie erinnerte sich an die langsamen, schwer ziehenden Pferde und die versengten Hasen an der Straße. Sie erinnerte sich an die Eisenberge und die staubigen Täler und die Ozeanstrände, die sich Hunderte von Meilen weit erstreckten, ohne ein Geräusch außer den Wellen — keine Autos, keine Häuser, nichts.

»Es tut mir sehr leid, Mr. Ramirez«, sagte sie.

»Ich will nicht wieder zurück, Mrs. O'Brian«, sagte er schwach. »Es gefällt mir hier, ich will hier bleiben. Ich habe gearbeitet, ich habe Geld. Ich sehe doch ordentlich aus, oder? Und ich will nicht zurück!«

»Es tut mir leid, Mr. Ramirez«, sagte sie. »Ich wünschte, ich könnte etwas für Sie tun.«

»Mrs. O'Brian!« rief er plötzlich aus, und Tränen rannen ihm unter den Lidern hervor. Er streckte die Hände aus und ergriff heftig ihre Hand, schüttelte sie, wrang sie, klammerte sich daran fest. »Mrs. O'Brian, ich sehe Sie nie wieder, ich sehe Sie nie wieder!«

Daraufhin lächelten die Beamten, doch Mr. Ramirez bemerkte es nicht, und sehr schnell hörten sie wieder auf.

»Leben Sie wohl, Mrs. O'Brian. Sie waren gut zu mir. Ach, leben Sie wohl, Mrs. O'Brian. Ich sehe Sie nie wieder!«

Die Beamten warteten, bis Mr. Ramirez sich umwandte, seinen Koffer nahm und losging. Dann folgten sie ihm und grüßten Mrs. O'Brian, indem sie an die Mütze tippten. Dann schloß sie leise die Tür und ging langsam zu ihrem

Stuhl am Tisch zurück. Sie zog den Stuhl hervor und setzte sich. Sie nahm das glänzende Messer und die Gabel und wandte sich wieder ihrem Steak zu.

»Beeil dich, Mom«, sagte einer der Söhne. »Es wird sonst kalt.«

Mrs. O'Brian nahm einen Bissen und kaute lange, langsam darauf; dann starrte sie auf die geschlossene Tür. Sie legte Messer und Gabel nieder.

»Was ist denn, Ma?« fragte ihr Sohn.

»Mir ist gerade bewußt geworden«, sagte Mrs. O'Brian — sie legte die Hand vors Gesicht —, »daß ich Mr. Ramirez nie wieder sehen werde.«

FRED CHAPPELL
Kinder von Streikenden

Sie, das zwölfjährige Mädchen und der jüngere, gebleicht aussehende Junge, gingen am Ufer des schwarzen, chemieverseuchten Flusses entlang spazieren. Ein schrecklicher Gestank stieg aus dem Wasser hoch, aber sie merkten es kaum, während sie sich durch das rauhe Binsengras zwischen den Steinen hindurchkämpften. Es war ein trüber Tag und sah nach Regen aus, und das gebräunte Gesicht des Mädchens und ihre dunklen Augen schienen noch dunkler als sonst. Der Junge schlenderte ein Stück hinter ihr, ab und zu blieb er stehen, beschirmte sich die Augen und schaute flußauf- und flußabwärts. Dabei gab es genausowenig Grund, sich umzusehen, als sich die Augen zu beschirmen.

Gelegentlich bückte sich das Mädchen, wenn ihr etwas ins Auge fiel, und sah es sich an. Ein Stückchen Blech, ein schmutziger Stoffetzen im Wasser, Strandgut, das der Fluß hochgetragen hatte, der zwischen den Gebäuden der Papierfabrik weiter oben und an der Mühlensiedlung hinter ihnen vorbeifloß. Diese, »Fiberville«, bestand aus einer Viererreihe von schäbigen, eingeschossigen Häuschen, und dort wohnten die beiden. Das Gesicht des Mädchens hatte etwas Herbes, Müdes, als hätte sie ihre ganze Zukunft gesehen und sie freudlos gefunden.

Jetzt bückte sie sich und hob etwas von einem geschwärzten Sandstreifen auf. Sie warf einen kurzen Blick darauf und stopfte es in die Tasche ihres dünnen grünen Pullovers.

Der Junge hatte es bemerkt. Er holte sie ein und wollte es sehen.

»Was denn?« fragte sie.

»Was du gefunden hast, laß es mich sehen.«

»Interessiert dich sowieso nicht.«

»Was weißt denn du, was mich interessiert? Laß mich sehen.«

Sie drehte sich zu ihm um und glotzte ihm direkt in sein bläßliches, lästiges Gesicht, in diese milchigblauen Augen. »Laß ich aber nicht«, erwiderte sie.

Er starrte sie kurz an, drehte sich weg und spuckte aus. »Pah, scheiß drauf, ist ja sowieso nichts.«

»Genau.« Sie ging weiter und er hinterher. Aber sie wußte, daß er jetzt seine Chancen ausrechnete und sich überlegte, wann er losrennen und es ihr aus der Tasche reißen könnte. Als sie seine Schritte schleichend-schnell näherkommen hörte, fuhr sie herum und versetzte ihm blindlings eine solch schallende Ohrfeige, daß ihm die Augen tränten und er rot anlief.

»Verdammte Kuh«, sagte er, aber er weinte nicht.

»Ich hab doch gesagt, du sollst die Finger weglassen. Ich habe dir gesagt, ich sag's nicht nochmal.«

»So doll bist du auch nicht«, sagte er. »Ich habe schon Bessere gesehen.« Seine Stimme klang zwar ärgerlich, doch nicht bitter.

Sie gingen ein Stück weiter, und sie begann nachzugeben. »Es ist ein Fuß«, sagte sie.

»Was meinst du damit? Was für ein Fuß?«

»Ein Babyfuß.«

»Nein!« Er starrte sie an. »Das glaub ich nicht.«

»Was du glaubst oder nicht, ist mir egal.«

»Glaub ich nicht, daß du 'nen Babyfuß gefunden hast. Laß mich sehen.«

»Nein.«

»Pah, hast ja gar nichts ... Wie groß ist er?«

»Ganz winzig.«

»Mann«, sagte er. Seine Phantasie überschlug sich. »Hat bestimmt jemand totgemacht.«

»Kann sein.«

»Die haben das totgemacht und in kleine Stücke geschnippelt und in' Fluß geschmissen.« Der Gedanke daran machte ihn ganz aufgeregt. »Das war bestimmt ein Mädchen, das hat ihr Kerl dickgemacht, und da hat sie's tun müssen.«

Sie zuckte die Achseln.

»Denk mal, ist doch brutal? Das arme kleine Baby ... Komm schon, zeig her. Ich will den sehen, den Babyfuß.«

»Was krieg ich dafür?«

Sie gingen weiter, und er setzte eine Trauermiene auf. »Nichts«, sagte er schließlich. »Ich hab nichts zum Hergeben.«

Sie blieb stehen und betrachtete ihn von Kopf bis Fuß mit müder Befriedigung. »Na ja, das glaub ich auch«, meinte sie. »Du hast überhaupt nichts.«

»Na und, was hast denn du? Gar nichts, bloß den Fuß von einem armen kleinen Baby, und ich glaub sowieso, daß du nicht mal das hast.«

Langsam griff sie in die Tasche und brachte ihn zum Vorschein, hielt ihn ihm auf der ausgestreckten Hand entgegen, und er beugte sich vor, atemlos, staunend. Er schauderte fast unmerklich. Dann verdunkelte sich sein Gesicht, die Augen blitzten auf, und er schlug ihr auf die Finger. Der Fuß sprang ihr aus der Hand und fiel zwischen die Gräser.

»Das ist doch gar nichts. Das ist bloß 'ne Puppe, der Fuß von 'ner Babypuppe ist das.«

Sie merkte, daß er enttäuscht war, aber auch mit sich zufrieden, denn schließlich hatte er sie wie erwartet beim Lügen ertappt. »Ich hab dir nie gesagt, daß er echt ist.« Sie blieb stehen und hob ihn wieder auf. Rosa und schmuddelig lag er in ihrer schmutzigen Hand. Ein knolliger Fuß mit

Knöchel, die kleinen Zehen wie perlende Wassertropfen. Er sah zu klein aus und zu abgetrennt vom Rest der Welt, um überhaupt irgend etwas zu sein.

Er nahm ihn ihr weg. »Hab doch gewußt, daß es kein echtes Baby war.« Er wurde nachdenklich, als er ihn zwischen den Fingern drehte. »He, guck mal.«

»Ich seh gar nichts.«

Er hielt ihr den kreisförmigen Stumpf entgegen. »Guck mal, wie sauber das abgeschnitten ist. Das ist mit einem Messer abgeschnitten.«

Sie befühlte es, und der Schnitt war so glatt wie die Öffnung einer Limonadenflasche. »Was soll das mit irgendwas zu tun haben?«

Es war jetzt dunkler geworden, und die Zeit zum Abendessen rückte näher. Fiberville hinter ihnen wurde düsterer, obwohl in den meisten Küchen Licht brannte.

»Das heißt, jemand hat es mit Absicht abgeschnitten . . .« Und noch ein Gedanke schoß ihm brennend durch den Kopf. »Du, wenn das ein Verrückter war? Wenn einer das ausprobiert hat und hat dann ein echtes Baby totgemacht?«

»Hat bloß irgendein Kind mit rumgealbert«, meinte sie.

»Ein Kind hat doch nie so ein Messer.« Er strich mit dem Daumen über die Schnittfläche. »Muß ein echt *scharfes* Messer gewesen sein. Oder 'ne Axt. Vielleicht war's ein Fleischerbeil!«

»Ein Kind kriegt doch überall ein Messer her.«

Er schüttelte entschieden den Kopf. »Nein. Schau mal, wie gerade das ist, gar nicht zerhackt. Ein Kind hätte da rumgemurkst. Das war ein Mann, ganz vorsichtig hat er's gemacht.«

Schließlich nickte sie zustimmend. Jetzt drehten sich beide gleichzeitig um und schauten die Böschung hinauf nach Fiberville, auf die gedrungenen, dunkler werdenden Häuser, wo die Väter und Mütter und älteren Söhne jetzt verhärmte, fremde Gesichter trugen. Die Männer rasierten sich nicht mehr jeden Tag, und die Frauen weinten manchmal. Sie waren alle zu Fremden geworden, und abends in den Häusern waren manchmal richtige Fremde von weither unter ihnen, die harte, wilde Sätze sagten und oft brüllten und auf den Tisch schlugen. In den überheizten Räumen hingen drohend Lichter und Schatten von einer unvorstellbaren Gewalt.

STEVEN SCHUTZMAN
Der Bankraub

Der Bankräuber erzählte der Kassiererin seine Geschichte auf kleinen Zetteln. Er hielt den Revolver mit der einen Hand und gab ihr die Zettel mit der anderen. Der erste Zettel lautete:

Dies ist ein Banküberfall, weil Geld wie Zeit ist und ich mehr brauche, um weiterzumachen, also laß deine Hände, wo ich sie sehen kann, und drücke keinen Alarmschalter, sonst jage ich dir eine Kugel durch den Kopf.

Die Kassiererin, eine junge Frau von ungefähr fünfundzwanzig Jahren, spürte, wie die Lichter, die ihre Straßen säumten, zum ersten Mal seit Jahren angingen. Sie ließ ihre Hände, wo er sie sehen konnte, und drückte keinen Alarmschalter. Ach, Gefahr, sagte sie zu sich selbst, du bist wie Liebe. Als sie den Zettel gelesen hatte, gab sie ihn dem Revolvermann zurück und sagte:

»Dieser Zettel ist viel zu abstrakt. Ich kann beim besten Willen nicht darauf reagieren.«

Der Räuber, ein junger Mann von ungefähr fünfundzwanzig Jahren, spürte die Elektrizität seiner Gedanken in den Händen, als er den nächsten Zettel schrieb. Ach, Geld, sagte er zu sich selbst, du bist wie Liebe. Sein nächster Zettel lautete:

Dies ist ein Banküberfall, weil es weit und breit nur ein klares Gesetz gibt, und das lautet WENN DU KEIN GELD HAST, GEHT ES DIR SCHLECHT, also laß deine Hände, wo ich sie sehen kann, und drücke keinen Alarmschalter, sonst jage ich dir eine Kugel durch den Kopf.

Die junge Frau nahm den Zettel, wobei sie die revolverlose Hand, die ihn geschrieben hatte, ganz kurz berührte. Die Berührung der Hand des Revolvermannes ging sofort in ihr Gedächtnis und schuf dort ihr eigenes Leben. Sie wurde zu einem steten Licht, auf das sie zugehen konnte, wenn sie sich verirrt hatte. Sie hatte das Gefühl, alles klar und deutlich sehen zu können, als sei ein unbekannter Schleier gelüftet worden.

»Ich glaube, jetzt verstehe ich besser«, sagte sie zu dem Dieb und sah dabei erst in seine Augen und dann auf den Revolver. »Aber das Geld wird dir das, was du willst, auch nicht verschaffen.« Sie sah ihm tief in die Augen und hoffte dabei, daß sie sich vor seinen Augen in etwas Reiches verwandeln würde.

Ach, Gefahr, sagte sie zu sich selbst, du bist das Gold, das mein Leben ausgeben will.

Der Räuber wurde müde. Der Revolver enthielt das Gewicht seiner Träume von diesem Augenblick, als er noch bevorstand. Der Revolver war wie die schweren Lider eines Menschen, der schlafen will, es jedoch nicht darf.

Ach, Geld, sagte er zu sich selbst, ich finde kleine Stücke von dir, die zu mehr von dir in größeren kleinen Stücken führen. Du versprichst endlose Mengen deiner selbst, aber andere kommen. Sie bedrohen unseren gemeinsamen Schatz. Ich kann dich nicht schnell genug aufheben, während du mich in die große, gewaltige Stille führst, die du bist. Ach, Geld, bitte rette mich, denn du bist Begierde, reine Begierde, die nur sich selbst will.

Der Revolvermann konnte fühlen, wie seine Pausen, die Räume in seinem Inneren, sich übereinander häuften, so daß er nicht sicher war, was er als nächstes tun würde. Er fing an zu schreiben. Sein nächster Zettel lautete:

Jetzt ist der Film meines Lebens, der Film meiner Schlaflosigkeit: eine geisterhafte Busfahrt, eine Trance in der Nacht, aus der ich aussteigen will, deren Lichter mich am Schlafen hindern. In den Straßen will ich den windgepeitschten Brief der Liebe jagen, der mein Leben ändern wird. Gib mir das Geld, meine Schwester, damit ich mit den Händen durch sein Haar fahren kann. Dies ist der unabgefeuerte Revolver der Zeit, also laß deine Hände, wo ich sie sehen kann, und drücke keinen Alarmschalter, sonst jage ich dir damit eine Kugel durch den Kopf.

Während sie las, spürte die junge Frau, wie ihre geistigen Hände nach diesem Augenblick ihres Lebens griffen und ihn festhielten.

Ach, Gefahr, sagte sie zu sich selbst, du bist mit vollkommener Klarheit du selbst. Unter deinem Objektiv weiß ich, was ich will.

Der junge Mann und die junge Frau sahen sich in die Augen, bildeten zwei Pfade zwischen sich. Auf dem einen Pfad wanderte sein Leben, wie kleine Menschen, in sie hinein, und auf dem anderen wanderte das ihre in ihn.

»Dieses Geld ist die Liebe«, sagte sie zu ihm. »Ich werde tun, was du willst.« Sie fing an, Geld in den großen Beutel zu stopfen, den er mitgebracht hatte.

Während die junge Frau sie ihres Geldes entleerte, füllte die Bank sich mit Schlaf. Alle anderen in der Bank schliefen den unbekümmerten Schlaf von Bäumen, die nie Geld sein würden. Schließlich legte sie alles Geld in den Beutel.

Der Bankräuber und die Bankkassiererin gingen zusammen fort wie gegenseitige Geiseln. Obwohl es nicht mehr notwendig war, hielt er den Revolver immer noch auf sie gerichtet, denn er wurde zwischen ihnen wie ein Kind.

TENNESSEE WILLIAMS
Mehlwürmer

Billy Foxworth hatte schon seit Tagen über die Mehlwürmer gemurrt, die riesige Hängenetze aus durchsichtigem, grauem Gewebe zwischen den dichtgewachsenen Beerenbüschen bauten, die ihr Ferienhaus am Meer umgaben. Seine Frau Clara hatte ihre eigenen Träume und Gedanken und hatte diesem Murren ohne Aufmerksamkeit zugehört. Bisweilen hatte sie ihn düster angeschaut und gedacht: Wenn er nur wüßte! Er hat wahrlich andere Sorgen als diese Mehlwürmer! »Mehlwürmer? Was sind Mehlwürmer?« murmelte sie einmal zerstreut, aber ihre Gedanken schweiften ab, während er ihr seine Definition gab. Er mußte schon ziemlich lange darüber geredet haben, denn ihre Gedanken hatten eine weite Bahn entlang ihrer privaten Betrachtungen beschrieben, bevor er sie zu vorübergehender Aufmerksamkeit zurückholte, indem er seine Kaffeetasse auf den Unterteller knallte und gereizt ausrief: »Hör auf ›ja, ja, ja‹ zu sagen, wenn du mir verdammt-noch-mal gar nicht zuhörst!«

»Ich habe dir doch zugehört«, wehrte sie sich verärgert. »Du hast gerade wie ein altes Weib über diese Würmer gefaselt! Soll ich vielleicht mit verklärtem Blick dasitzen, während du —«

»Na gut«, sagte er. »Du hast gefragt, was das sei, und ich wollte es dir erklären.«

»Ist mir egal, was das ist«, sagte sie. »Dich stören sie vielleicht, mich stören sie nicht.«

»Sei nicht so kindisch!« schnauzte er.

Sie hatten hinten am Haus ein Sonnendeck, wo Clara den ganzen Nachmittag in einem Liegestuhl ruhte und ihren privaten Betrachtungen nachhing, während Billy drinnen auf der überdachten Veranda direkt daneben an der Schreibmaschine arbeitete. Fünf Jahre lang hatte Clara nicht über die Zukunft nachgedacht. Jetzt dachte sie darüber nach. Die Zukunft war wieder eine greifbare Sache geworden, aufgrund der Information, die sie hatte und zu der Billy keinen Zugang hatte, trotz der Tatsache, daß sie Billy noch mehr betraf als sie selbst, denn sie betraf das, was mit Billy geschah, worüber Billy nichts wußte oder nichts wissen durfte. Nein, er wußte es nicht, da war sie sich ziemlich sicher, oder wenn er es wußte, dann nur in seinem Unterbewußtsein, wo es verdrängt blieb, weil er sich weigerte, es zu akzeptieren, oder nicht einmal wagte, es zu vermuten. Deshalb war er diesen Sommer so kindisch geworden und faselte wie ein Idiot von diesen Würmern, obwohl es August war und sie bald von hier nach New York zurückkehren würden, und Billy würde bestimmt nie wieder hierherkommen und sie, weiß Gott — sollten die Würmer doch alles auffressen, sollten sie doch die Bäume auffressen und das Haus und den Strand und das ganze Meer, das war ihr doch egal!

Aber eines Nachmittags etwa um drei Uhr roch sie Rauch. Sie schaute umher und sah Billy mit einer Fackel aus alten Zeitungen, wie er gerade die Netze der Mehlwürmer aus gewobenem grauem Zeug in Brand steckte. Er stand da in seinen kurzen Safarihosen und hielt eine lodernde Fackel aus Zeitungen an die obersten Äste der knorrigen Bäumchen, in die die Mehlwürmer ihre Behausungen gebaut hatten.

Er räucherte sie aus, kindisch, unsinnig, ungeachtet dessen, daß sie zu Tausenden waren. Ja, als sie vom Sonnendeck aus über die Bäume schaute, konnte sie sehen, daß die Mehlwürmer ihr Reich von einem Baum zum anderen ausgedehnt hatten, so daß es nun schließlich am Ende des Sommers kaum einen Baum gab, der nicht ein oder mehrere graue Netzgespinste trug, die seine Blätter auffraßen. Und trotzdem versuchte Billy, sie im Alleingang mit seinen läppischen Papierfackeln zu bekämpfen.

Clara stand auf und stieß einen lauten, höhnischen Schrei aus.

»Was zum Teufel machst du denn da!«

»Ich räuchere die Mehlwürmer aus«, sagte er feierlich.

»Bist du noch bei Trost? Das sind doch Millionen!«

»Macht nichts. Ich räuchere sie alle aus, bevor wir abreisen!«

Sie gab es auf. Wandte sich ab und sank wieder in ihren Liegestuhl.

Den ganzen Nachmittag ging das Ausräuchern weiter. Es half nichts zu protestieren, obwohl der Qualm und der Gestank ziemlich störend waren. Das Beste, was Clara tun konnte, war trinken, und das tat sie. Sie machte sich eine Thermoskanne mit Tom-Collins-Cocktails, und die trank sie den ganzen Nachmittag, während ihr Mann mit seinen Papierfackeln die Insekten attackierte. So gegen fünf Uhr begann Clara Foxworth sich glücklich und unbeschwert zu fühlen. Ihre Träumereien nahmen eine heitere Wendung. Sie sah sich diesen Winter in teuren Trauerkleidern, in hübsch geschnittenen schwarzen Kostümen mit ein wenig schlichtem Schmuck und einem schwarzen Pelzumhang; und sie sah sich mit verschiedenen Begleitern, deren Züge noch undeutlich waren, in Limousinen, die komfortabel schnurrten, durch vereiste Straßen vom Restaurant zum Theater, vom Theater zu einer Wohnung, aber zu Nachtclubs noch nicht, so bald nachdem —

Ah! Sie hatte eine gesunde Einstellung, sie war nicht unehrlich oder täuschte Gefühle vor, die sie nicht verspürte. Mitleid? Ja, er tat ihr leid, aber da die Liebe vor fünf oder sechs Jahren aufgehört hatte, warum sollte sie sich bemühen zu denken, es wäre ein Verlust?

Gegen Sonnenuntergang klingelte das Telefon.

Es klingelte inzwischen so selten, daß der Klang sie überraschte. Nicht nur sie, ihr ganzer privater Kreis — von Freunden? — hatte sich von ihnen in die eigenen Angelegenheiten zurückgezogen, wie Schauspieler sich in ihr Privatleben verschwinden, wenn der Vorhang gefallen ist und sie von der Vorstellung entbunden sind.

Sie ließ sich Zeit, bevor sie abhob, da sie schon ahnte, daß der Anrufer ihr Arzt war, und so war es.

Professionelle Ermutigung ist entmutigend.

»Wie gehts, Süße?«

»Wie soll was gehen?«

»Eure Flucht aus den giftigen Dämpfen der Großstadt?«

»Wenn das eine ernsthafte Frage ist, Doc, dann gebe ich dir eine ernsthafte Antwort. Dein Patient hat Sehnsucht nach den giftigen Dämpfen, und darum stellt er hier welche her.«

»Was, was?«

»Ist die Verbindung schlecht?«

»Nein, ich frage mich nur, was du damit meinst.«

»Ich kläre dich gern auf. Billy, dein Patient, verpestet die Luft in unserem Ferienort, indem er sogenannte Mehlwürmer ausräuchert. Der Qualm ist erstickend, schlimmer als Kohlenmonoxyd in einem Verkehrsstau im Tunnel. Ich huste und würge, und er macht einfach weiter.«

»Na, wenigstens ist er noch aktiv.«

»Oh, das kann man wohl sagen. Soll ich ihn ans Telefon rufen?«

»Nein, sag ihm nur, ich — nein, sag ihm nicht, daß ich angerufen habe, er wird sich fragen, warum.«

»Warum, zum Teufel, hast du es ihm nicht gesagt, damit er Bescheid weiß und —«

Sie wußte nicht, wie sie ihren Protest beenden sollte, also

schrie sie in den Hörer: »Ich kann es nicht ertragen, es ist mehr, als ich ertragen kann. Mein Kopf ist voll mit scheußlichen, scheußlichen Gedanken, Spekulationen, wie lange ich das noch aushalten muß, wann es endlich vorbei ist.«

»Immer mit der Ruhe, Süße.«

»Ruhe für dich, für mich nicht. Und nenne mich nicht Süße. Ich bin keine Süße, an mir ist nichts süß. Ich bin zur Furie geworden. Wenn er nicht aufhört, diese Mehlwürmer auszuräuchern, dann gehe ich, aber allein, in die Stadt zurück, da gibt es wenigstens keine kranke Vegetation und Papierfackeln, und er taumelt da draußen herum. Ich muß jetzt Schluß machen. Er kommt aufs Haus zu.«

»Clara, es ist schwer, menschlich zu sein, aber um Gottes willen, versuch es.«

»Kannst du mir sagen, wie? Mir ein Rezept schreiben, damit ich es kann?«

Sie blickte aus dem Panoramafenster zwischen dem Telefon und der langsamen, erschöpften Rückkehr Billys zu dem Sonnendeck, von dem die Sonne sich zurückzog.

»Clara, Liebe geht oft seltsame Wege. Dein Kopf ist wahrscheinlich voll mit Phantasien, die du beschämt abtun wirst, wenn diese Quälerei vorbei ist.«

»Du hast es erfaßt. Ich bin voll mit Phantasien von ein bißchen Zukunft.«

»Du sagtest etwas von einem Rezept.«

»Ja. Und?«

»Erinnere dich, wie es früher war.«

»Scheint vollkommen unwirklich.«

»Im Moment ja, aber versuch es.«

»Danke. Erst versuch ich mal zu atmen. Wenn bloß der Wind vom Meer den Qualm wegblasen würde...«

Als sie auf das Sonnendeck zurückkam, hatte er seine erschöpfte Rückkehr beendet. Er sah geschlagen aus und hatte sich an mehreren Stellen verbrannt und feuchte Natronumschläge aufgelegt, die unangenehm rochen. Er nahm den zweiten Liegestuhl, zog ihn etwas weg von der Stelle, wo seine Frau ruhte, und drehte ihn so hin, daß sie ihm nicht ins Gesicht sehen würde.

»Gibst du auf?« murmelte sie.

»Kein Papier und Streichhölzer mehr«, antwortete er schwach.

Weiter wurde nichts zwischen ihnen gesprochen. Die Flut kam wieder ans Ufer, und jetzt plätscherten die glatten Wellen ruhig in ihrer Nähe.

Mehlwürmer, sagte sie zu sich.

Dann sagte sie es laut heraus: »Mehlwürmer!«

»Was schreist du denn so, da gibt es doch nichts zu schreien. Ein Pesthauch auf der Vegetation ist wie ein Pesthauch auf dem eigenen Körper.«

»Das hier ist bloß ein gemietetes Ferienhaus, und wir werden nie wieder hierherkommen.«

»Ein Mann in seinen Jugendjahren ist wie ein Ferienhaus«, sagte er mit einer so sanften, erschöpften Stimme, daß sie es nicht richtig verstand.

»Was sagst du?«

Er wiederholte es etwas lauter.

Da wußte sie, daß er es wußte. Ihre Stühle blieben getrennt auf dem Sonnendeck, als die Sonne vollends verschwand.

Wenn es dunkel wird, folgen zwei langjährige Gefährten ihrem Instinkt und rücken näher zusammen.

Schwankend stand sie von ihrem Liegestuhl auf und zog ihn näher an den seinen heran. Seine verbrannte Hand lag auf der Armlehne. Nach einer Weile, als der stimmungsvolle Mond am Horizont aufgegangen war und nun anstelle der Sonne Wache hielt, legte sie ihre Hand auf die seine.

Ein kühler Lufthauch gemeinsamer Furcht wehte über das mondbeschienene Sonnendeck, und ihre Finger verschränkten sich ineinander. Sie dachte an ihre frühere Leidenschaft füreinander und wie die Zeit sie niedergebrannt hatte, so wie

er versucht hatte, die Mehlwürmer aus ihrem Ferienort weg-
zubrennen, an den sie, nein, niemals, weder gemeinsam noch
getrennt, zurückkehren würden.

H. E. FRANCIS
Sitzen

Am Morgen saßen der Mann und die Frau auf seiner Vortreppe. Sie saßen den ganzen Tag. Sie rührten sich nicht.

Mit metronomischer Regelmäßigkeit sah er durch die Glasscheibe der Haustür zu ihnen hinüber.

Sie gingen nicht fort, als es dunkel wurde. Er fragte sich, wann sie aßen oder schliefen oder ihre Pflichten erledigten.

Als es hell wurde, saßen sie immer noch da. Sie saßen durch Sonne und Regen.

Zuerst riefen nur die nächsten Nachbarn an: Wer sind die beiden? Was machen sie da?

Er wußte es nicht.

Dann riefen weiter entfernte Nachbarn an. Leute, die vorbeikamen und das Paar sahen, riefen an.

Er hörte den Mann und die Frau nie sprechen.

Als er anfing, Anrufe aus der ganzen Stadt zu bekommen, von Fremden und Stadtvätern, Geschäftsleuten und Angestellten, Männern von der Müllabfuhr und von den Stadtwerken und vom Postboten, der um sie herumgehen mußte, wenn er die Briefe brachte, mußte er etwas unternehmen.

Er bat sie zu gehen.

Sie sagten nichts. Sie saßen. Sie starrten, gleichgültig.

Er sagte, er werde die Polizei rufen.

Die Polizei redete ihnen ins Gewissen, erläuterte ihnen die Grenzen ihrer Rechte und nahm sie im Streifenwagen mit.

Am Morgen waren sie wieder da.

Das nächste Mal sagte die Polizei, sie würden sie ins Gefängnis stecken, wenn die Gefängnisse nicht so voll wären, aber sie würden irgendwo einen Platz für sie finden müssen, wenn er darauf bestand.

Das ist euer Problem, sagte er.

Nein, eigentlich ist es Ihres, sagte die Polizei zu ihm, aber sie nahmen das Paar mit.

Als er am nächsten Morgen hinaussah, saßen der Mann und die Frau auf der Treppe.

Sie saßen jahrelang da, jeden Tag.

In den Wintern erwartete er, daß sie vor Kälte sterben würden.

Aber er starb.

Er hatte keine Verwandten, also fiel das Haus an die Stadt.

Der Mann und die Frau saßen weiter da.

Als die Stadt drohte, den Mann und die Frau zu entfernen, prozessierten Nachbarn und Bürger gegen die Stadt: Nachdem sie so lange gesessen hatten, hätten der Mann und die Frau das Haus verdient.

Die Kläger gewannen. Der Mann und die Frau übernahmen das Haus.

Am Morgen saßen überall in der ganzen Stadt fremde Männer und Frauen auf Vortreppen.

PAMELA PAINTER
Die Brücke

Ein Fahrrad saust von hinten kommend genau in dem Augenblick an ihr vorbei, als sie den Fußgängerweg der Brücke betritt. Sie erschrickt. Ebenso erschrickt eine junge Frau, die in zwanzig Metern Entfernung langsam vor ihr her geht und irgendein Bündel an sich gerafft hält — eine Topfpflanze, Blumen, ein Baby –, sie kann es nicht genau erkennen. Viel zu spät hat sie den Impuls, dem jungen Mann auf dem Fahrrad ein Schimpfwort hinterherzurufen, aber er entfernt sich zu schnell dafür, mit kräftig arbeitenden Beinen. Jedenfalls muß die junge Frau etwas zu ihm gesagt haben, denn er dreht seinen Kopf nach ihr um, wobei er nur unmerklich langsamer wird. Er hätte sie beide verletzen können. Die Mutter und das Baby. Oder die Blumen zerquetschen können.

Sie trägt ihre Handtasche an einem langen Riemen über der Schulter und in der linken Hand eine Einkaufstüte — keine Gläser oder Konserven, die zu schwer wären. English Muffins, Tee, zwei Lammkoteletts, eine Flasche Weißwein und eine reife Melone. Der Wind aus der Bucht ist scharf, kühl. Sie bleibt stehen, um ihre Jacke zuzuknöpfen, den Schal elegant um den Hals zu schlingen. Der Schal paßt zu ihrem Rock, und das gefällt ihr. Die junge Frau vor ihr ist auch stehengeblieben. Sie weiß nicht, warum sie »junge

Frau« sagt, weil sie schließlich auch eine Oma sein könnte, die gerade spazierengeht, oder eine ehrenamtliche Altenpflegerin, die gerade mit einem bunten Strauß Blumen und einer Menge guter Worte unterwegs ist. Als sie die Augen zusammenkneift, um die junge Frau genauer ins Visier zu nehmen, bringt das keine aufschlußreicheren Details als einen Schal, der nicht zu ihrer übrigen Kleidung paßt. Sie hat ihr Bündel vom linken auf den rechten Arm verlagert.

Wenn sie die junge Frau einholt und wenn wirklich ein Kind in die Decke eingewickelt ist, dann könnten sie vielleicht einen Teil des Weges über die Brücke miteinander reden. Über die Frechheit von dem Jungen auf dem Fahrrad. Sie wird das Baby anlächeln, seine Haare oder die Nase oder die Augen bewundern oder, wenn das alles nicht dazu Anlaß gibt, den Charme von Kindern. »Wie alt?« könnte sie fragen. »Ist es ein Junge oder ein Mädchen?« »Wie heißt es denn?« Oder vielleicht »Was für hübsche Blumen«, obwohl sie sich vorstellen kann, daß Leute darauf vielleicht nur mit einem höflichen Murmeln antworten. Vielleicht, weil sie mit ihrer Herstellung überhaupt nichts zu tun haben.

Vor ihr bleibt die junge Frau wieder stehen und beugt sich über die schwere Eisenbrüstung der Brücke. Sie schaut in das Wasser hinunter, als ob irgend etwas ihren Blick auf sich gezogen hat, etwas, das es wert ist, stehenzubleiben. Sie bleibt ebenfalls stehen, unschlüssig, ob sie die Frau einholen oder sehen will, was sie im Wasser so fesselt. Sie stellt ihre Einkaufstüte zwischen ihren Füßen ab und lugt über die schulterhohe Brüstung in den Fluß unterhalb der jungen Frau. Keine Kähne oder farbenprächtigen Segelboote sind zu sehen, keine Rundfahrt-Boote, wo aus den Lautsprechern eine gelangweilte Stimme dröhnt. Gerade als sie wieder aufschaut, wirft die junge Frau ihr Bündel mit der anmutigen Geste einer Ballettänzerin über die Brüstung.

Sie versucht, das Gewicht zu erraten, das Hinabflattern der Blumen oder die Sturzspirale eines hilflosen Säuglings, aber sie vermag es nicht. Es schlägt mit einem leisen »Platsch« auf (wie ein platzender Reifen?), treibt noch einen Augenblick an der Oberfläche und verschwindet dann mit winzigen Luftblasen. Papier, wie Blumenhändler es von langen Rollen abreißen, oder ein kleines quadratisches Tuch treibt an der Aufschlagstelle vorbei, bis es auch soviel Wasser aufgesogen hat, daß es versinkt. Es hatte überhaupt keine Farbe, weißes Einwickelpapier für Blumen oder eine weiße Babydecke.

Sie versucht zu schreien, wirbelt zu den vorbeifahrenden Autos herum, dreht sich wieder zur Brüstung, dann zur jungen Frau, deren Mantel vom Wind aufgeweht wird. Sie begreift sofort: Falls es ein Baby war oder besser gesagt ist — was würde das letztlich schon heißen? Würde sie die Einkaufstüte fallen lassen, ihre Jacke und ihren Schal herunterzerren und sie um die Brüstung wickeln, aus ihren Schuhen schlüpfen, irgend jemandem zurufen, der ihren Sprung bezeugen könnte, sogar der jungen Mutter, die jetzt bewegungslos dasteht, die Arme zurückgezogen vom anmutigen Bogen ihres Wurfes? Und dann, nachdem sie auf die Eisenbrüstung hinaufgeklettert ist, die höher ist, als sie wirkt, der Sprung ins Wasser? Der kalte schwere Schock des Wassers. Schon jetzt, da sie es nur halb glaubt, ist etwas für sie gestorben. Sie springt nicht.

Sie eilt auf die junge Frau zu, ihre Absätze klappern wie die eines Straßenräubers, der sich seines Opfers sicher ist und darum nicht länger heranschleichen muß. Sie erwartet beinahe, daß die junge Frau sich zu ihr umdreht und dann wegläuft. Wieder fährt ein Fahrrad vorbei, und sie will schon um Hilfe rufen, aber sie kann keine überzeugenden Worte finden. Was könnte sie erzählen, selbst ihrem Ehemann? Sie blickt wieder zu dem dunkler werdenden Fluß hinab, kratzt sich am Ellbogen, während sie weiterläuft. Eine große Kamelie treibt auf dem Wasser, wo das Bündel versunken ist, oder die Haube eines Babys, weiß und bogenförmig verziert.

Sie läuft weiter, die Einkaufstüte schlägt ihr gegen das Knie, zerbeult die Melone. »Ich hab's beobachtet!« ruft sie der jungen Frau zu, atemlos. Sie zeigt auf die Stelle, von der sie gerade gekommen ist. »Ich hab da drüben gestanden.« Sie versucht auszumachen, wie weit sie nun genau entfernt war, kann aber keinen Punkt mehr finden, den sie als ihren Platz an der kahlen Brüstung der Brücke definieren könnte.

Die junge Frau dreht sich um, läuft aber nicht weg. Zusammen starren sie auf den Platz, an dem sie gestanden hatte. Das Gesicht der jungen Frau ist weich, schimmernd wie ein Silberteller und, ja, jung. Sie hätte auch nach Anzeichen für einen Wetterumschwung Ausschau halten können. Ihre Hände füllen ihre Taschen aus, ihre Arme sind fest an die Seiten gepreßt, wo ein Bündel war. Ist sie es gewohnt, daß Fremde sie ansprechen, ihr aus drei, vier Metern atemlos zurufen? Sie selbst ist es nicht gewohnt, zuzuschauen, wie Babys von einer Brücke geworfen werden, auch nicht Blumen. In Blumen liegt auch eine Geschichte, obwohl es eine Erzählung ganz anderer Art ist, wahrscheinlich romantisch und voll leerer Gesten, vorhersehbarer Details. Aber was ist geschehen? In ihr herrscht eine neue Leere. Was muß in dieser jungen Frau vor sich gehen, deren Leben sich geändert hat, vielleicht beim Überqueren einer Brücke im Herbst. »Ich habe gesehen, wie Sie etwas in den Fluß geworfen haben«, sagt sie zu ihr.

Die junge Frau scheint alles sorgfältig abzuwägen, sagt dann: »Sie haben gerufen. Ist alles in Ordnung mit Ihnen?«, während sie den Mantel enger um sich zieht. Die junge Frau fährt fort: »Ich glaube, es fängt wieder an zu regnen. Es hat mir meine ganzen Pläne kaputt gemacht.« Die Einkaufstüte fühlt sich schwer an, und sie setzt sie ab, als enthielte sie Flaschen, Literflaschen mit schwerer, fetter Milch. »Was war das?« fragt sie die junge Frau. »*Was*?« Die junge Frau scheint zu denken, daß die Frage sich auf nichts Spezielles wie etwa Blumen oder Babys bezieht, während sie auf die Einkaufstüte blickt — und vielleicht überlegt, ob sie anbieten sollte, sie zu tragen, oder eine Einkaufsliste macht. »Ich muß gehen«, sagt sie, schüttelt den Kopf und geht.

Und so war es. Sie schaute der jungen Frau noch einmal nach, wie sie sich allmählich entfernte. In ihrem Kielwasser beginnt die Cambridge-Neonreklame über dem Wasser zu atmen. Die U-Bahn donnert auf der kurzen Wegstrecke außerhalb des Tunnels an ihr vorüber. Wieviel wiegt ein Baby? Sie beugt sich hinunter und schiebt die English Muffins zur Seite. Sie prüft das Gewicht der Melone, bevor sie sie mit beiden Händen aus der Tüte hebt. Sie hält sie zwischen den Handflächen wie einen Basketball, kann sie aber nicht in einer Hand halten und holt weit mit ihrem Arm aus, die Hand unter der Frucht. Wie ein Katapult schleudert sie sie auf den Fluß hinaus, ohne die Anmut in der Bewegung der jungen Frau. Sie versucht, sich an das leise »Platsch« des Aufpralls zu erinnern, und da ihr das nicht gelingt, horcht sie auf einen Schrei.

MARK STRAND
Hundeleben

Glover Barlett und seine Frau Tracy lagen in ihrem französischen Bett unter einer hellblauen, mit Daunen gestopften Cambrai-Bettdecke. Sie starrten in das samtige, wohlriechende Dunkel. Dann drehte sich Glover auf die Seite, um seine Frau anzuschauen. Ihr Gesicht war in ihr goldenes Haar gebettet und wirkte dadurch kleiner. Ihre Lippen waren leicht geöffnet. Er wollte ihr etwas sagen. Aber was er zu sagen hatte, wog so schwer, daß er zögerte. Er hat es sich schon durch den Kopf gehen lassen; nun aber hatte er das Gefühl, er müsse die Karten auf den Tisch legen, koste es, was es wolle. »Liebling«, sagte er, »ich muß dir etwas sagen.«

Tracys Augen weiteten sich ahnungsvoll. »Glover, bitte, wenn es etwas Schlimmes ist, dann würde ich es lieber nicht...«

»Es geht nur darum, daß ich anders war, bevor ich dich kennengelernt habe.«

»Was heißt ›anders‹?« fragte Tracy und sah ihn an.

»Ich meine, Liebling, daß ich früher ein Hund war.«

»Du machst dich über mich lustig«, sagte Tracy.

»Nein, mach ich nicht«, sagte Glover.

Tracy starrte ihren Mann mit stummer Verwunderung an. Schweigen, auf dem Einsamkeit lastete, erfüllte das Zimmer.

Die Zeit war reif für Nähe; Tracys Starren milderte sich zu einem teilnahmsvollen Blick.

»Ein Hund?«

»Ja, ein Collie«, sagte Glover beteuernd. »Die Leute, denen ich gehörte, lebten in Connecticut in einem großen Haus mit viel Rasen, und dahinter lag ein Wald. Auch alle Nachbarn hatten Hunde. Es war eine glückliche Zeit.«

Tracys Augen wurden schmaler. »Was meinst du mit ›eine glückliche Zeit‹? Wie hätte das eine ›glückliche Zeit‹ sein können?«

»Das war's aber. Besonders im Herbst. Wir sprangen im gelben Zwielicht umher, erregt von dem Knacken der Zweige und den Duftschwaden, die aus jedem Lufthauch einen Anlaß zum Träumen machten. Brennende Blätter, geröstete Kastanien, Kuchen, der gebacken wurde, die letzten Ausdünstungen der Erde vor dem Frost machten uns wirklich verrückt. Aber die Herbstabende waren noch besser: das bläuliche Schimmern der Steine unterm Mond, die geisterhaften Büsche, das schimmernde Gras. Unsere Augen leuchteten mit neuer Tiefe. Wir bellten, heulten und jaulten, versuchten wieder und wieder, den richtigen Ton zu finden, einen Ton, der Tausende von Jahren zurück zu unseren Ursprüngen reichen würde. Es war ein Ton, der, wenn er richtig gehalten würde, das wahre Heulen unserer Gattung wäre und in sich den Triumph unseres kollektiven Schicksals trüge. Unsere Schwänze erhoben in die verzauberte Luft, sangen wir um unsere verlorenen Ahnen, unser wildes Selbst. Liebling, diese Nächte hatten etwas, das ich vermisse.«

»Willst du mir damit sagen, daß irgend etwas mit unserer Ehe nicht stimmt?«

»Überhaupt nicht. Ich will bloß damit sagen, daß mein früheres Leben eine tragische Dimension besessen hat. Du mußt dir vorstellen, ich mit einem Freund oder zweien auf dem Gipfel eines vom Wind umtosten Hügels, weinend um die in uns begrabenen Bruchstücke unserer Geschicklichkeit, um den Stolz, den wir im Laufe unserer Gefangenschaft verloren, um unser Exil in der Zivilisation, um unsere schicksalhafte Domestikation. Es gab Zeiten, wo ich noch in dem heisersten Bellen eine Sinnlosigkeit ausmachen konnte, die ich seitdem nicht wieder verspürt habe. Ich denke an meine Freundin Spot; sie hatte ihren Kopf gehoben, ihren Hals gestreckt. Ihre Stimme war opernhaft und voller Traurigkeit, die einen erschauern ließ, während sie mit einem Heulen nach dem anderen das Dunkel ihres Seins in die Nacht verströmte.«

»Hast du sie geliebt?« fragte Tracy.

»Nein, nicht wirklich. Ich habe sie mehr als alles andere bewundert.«

»Aber es gab Hündinnen, die du wirklich geliebt hast?«

»Ich weiß nicht, ob man sagen kann, daß Hunde wirklich lieben«, sagte Glover.

»Du weißt, was ich meine«, sagte Tracy.

Glover drehte sich auf den Rücken und starrte an die Zimmerdecke. »Also, da war Flora, die ein niedliches Haarbüschel auf dem Kopf hatte, das Erbe ihrer Dandie-Dinmont-Mutter. Sie war noch ein Teeny, natürlich, und ich fühlte mich lächerlich, aber dennoch... Und dann war da Muriel, eine melancholische Irish Setter-Hündin. Und Cheryl, deren Mutter eine langhaarige Chihuahua und deren Vater eine Kreuzung zwischen einem Fox-Terrier und einem Shelty waren. Sie war intelligent, aber ihre Besitzer zwangen sie, eine kleine Schottenkaro-Decke zu tragen, die sie demütigte. Sie lief mit einem gewitzten Köter davon — halb Puli, halb Dackel. Danach sah ich sie mit einem schwarz-weißen Papillon. Dann zog sie um, und ich habe sie nie wieder gesehen.«

»Gab es noch andere?« sagte Tracy.

»Da war noch Peggy Sue, eine Deutsche Rauhaar-Pointer-Hündin, deren Besitzer Buddy Holly auf ihrem Plattenspieler spielten. Die Erregung, die wir verspürten, wenn wir ihren Namen hörten, ist unbeschreiblich. Wir rannten immer sofort zur Tür und wimmerten, daß man uns herausließ. Wie stolz wir dahinliefen unter dem grellen Sternenmeer! Wie anmaßend wir waren unter der Pracht des Mondes! Wir tänzelten und tänzelten im ausschweifenden Licht.«

»Du redest, als wäre das alles nur eitel Sonnenschein gewesen. Es muß auch schlechte Zeiten gegeben haben.«

»Am schlimmsten war es, wenn meine Besitzer lachten. Plötzlich waren sie Fremde. Die sanften Kadenzen ihrer Konversation, die Schärfe ihrer Befehle verwandelten sich auf einmal in ein Geheul, Gegurgel und Gejapse. Es war, als würde etwas in ihnen plötzlich losgelassen, etwas Absolutes und Dämonisches. Wenn sie einmal angefangen hatten, konnten sie nicht mehr aufhören. Du kannst dir nicht vorstellen, wie erschreckend und verwirrend es war, zu sehen, daß meine Beschützer die Kontrolle verloren. Die Geräusche, die sie von sich gaben, schienen weder Ausdruck noch Mitteilung zu sein, verrieten weder Freude noch Schmerz, sondern eher eine seltsame Mischung aus beidem. Es war eine Vorstufe des Ausdrucks, von dem ich mich vollständig ausgeschlossen fühlte. Aber warum weiterreden, diese Tage sind vorbei.«

»Woher weißt du das?«

»Ich weiß es eben. Ich fühle es.«

»Aber wenn du schon einmal ein Hund warst, warum kannst du's nicht ein zweites Mal sein?«

»Weil es keine Anzeichen dafür gibt, daß das noch einmal geschehen könnte. Als ich ein Hund war, gab es Zeichen dafür, daß ich einmal dahin käme, wo ich jetzt bin. Es hat mir nie gefallen, mich vor anderen zu zeigen, und der Zwang, private Handlungen öffentlich zu vollziehen, quälte mich. Das Getue von heißen Hündinnen war mir peinlich — ihr Sich-zur-Schau-Stellen und Wackeln, bei der keuchenden Lust meiner Brüder. Ich zog mich zurück; ich brütete; ich erlitt tatsächlich so etwas wie eine hündische *terribilità*. Es deutete alles auf dasselbe hin.«

Als Glover fertig war, wartete er darauf, daß Tracy etwas sagte. Es tat ihm leid, daß er ihr soviel erzählt hatte. Er schämte sich. Er hoffte, sie würde verstehen, daß er es sich nicht ausgesucht hatte, ein Hund gewesen zu sein, daß solche Verirrungen aus Notwendigkeit geschehen und man darüber nicht klagen kann. Manchmal findet das Wilde, Ungezähmte des Menschen seinen feinsten Ausdruck in erstaunlichen Abwandlungen vom Erwartungsgemäßen. Denn die Menschen sind nur geringfügig sie selber. Glover, der früher am Abend in die Qualen der Reue abgeglitten war, fühlte nun berechtigten Stolz. Er sah, daß Tracys Augen geschlossen waren. Sie war eingeschlafen. Die Wahrheit war erträglich gewesen und überschattet worden von einem Drang, der sie sicher dem Los einer weiteren Nacht überantwortete. Sie würden früh am Morgen erwachen und sich anschauen wie immer. Über das, was er ihr gesagt hatte, würden sie nie wieder sprechen, nicht aus Höflichkeit oder Sensibilität füreinander, sondern weil solche Höhepunkte der Zerbrechlichkeit, solche lyrischen Entgleisungen, unvermeidlich sind in jedem Leben.

WILLIAM PEDEN
Der Mann mit der Axt
im Leuchtturm

Wir sitzen auf dem Stamm einer umgefallenen Palmettokiefer, Miß Peaches und ich, und warten auf den Sonnenuntergang. Weit hinten die Küste entlang, wo geschwungener Strand und Himmel verschmelzen, können wir den blassen, verschmierten, bläulich-rosigen Fleck erkennen, der Savannah ist. Unter uns trödeln noch ein paar Feriengäste auf dem Sand, aber nach Osten zu ist die Küste schon leer; es ist fast Zeit, zum Abendessen nach Hause zu gehen. Der Mond ist noch nicht aufgegangen; die Flut kommt. Wie aus dem Nichts läuft ein Junge auf uns zu, er ist weder stadtblaß noch meeresküstenbraun; er scheint sechs oder sieben Jahre alt zu sein. Ein paar Meter von uns entfernt wird er langsamer, zögert, bleibt schließlich vor Miß Peaches stehen.

»Hi«, sagt sie und lächelt; ich ebenfalls.

»Hallo«, antwortet er, ein bißchen förmlich, ein Stadtjunge, aus Savannah vielleicht oder auch aus Beaufort. Er ist ein hübscher kleiner Kerl, gut gebaut, mit klaren, blauen Augen.

»Schwimmen gewesen?« frage ich, eine dumme Frage, seine Haare sind naß, klatschnaß. »Wie war das Wasser?«

»Ja«, sagt er und scharrt mit den Zehen im Sand. »Es war gut.«

Miß Peaches nickt zustimmend. »Wir waren heute zweimal drin. Die Brandung war wunderbar. Genau richtig.«

Der Junge fängt an, etwas zu sagen, zögert und deutet über das schimmernde Meer hinweg zum Festland. »*Da* bin ich auch gewesen«, verkündet er. »Und Sie?«

Wir nicken, der Junge kneift die Augen zusammen, und deutet noch einmal. »Sehen Sie *ihn*?«

»Wen?« frage ich und kneife ebenfalls die Augen zusammen.

»Den Leuchtturm.« Seine Stimme ist eine Spur gönnerhaft. »Ganz da hinten. Den Leuchtturm.«

»Da hinten ist kein Leuchtturm«, will ich sagen, aber Miß Peaches unterbricht mich.

»Ja«, sagt sie zu dem Jungen. »Wir sehen ihn.«

»Sind Sie schon einmal *dagewesen*?«

»Nein«, sage ich. »Nein, wir sind noch nie dagewesen.«

»Ich aber.« Seine Stimme ist fest, sie duldet keinen Widerspruch. »Meine Mom und mein Dad haben mich mitgenommen.«

»Tatsächlich?« sagt Miß Peaches. »Das muß Spaß gemacht haben. Wie ist der Leuchtturm denn so?«

Er zögert. »Er ist groß«, sagt er nach einer Pause. »Er ist sehr groß.«

»Tatsächlich?« sage ich. »Wie groß?«

Er sieht durch mich hindurch, in die Ferne hinter mir, die Augen schmal, sucht den Horizont ab. »Groß genug für *ihn*.«

»Für ihn?« sagen Miß Peaches und ich gleichzeitig, als hätten wir die Szene geprobt.

»Für den Mann mit der Axt.« Seine Stimme ist sehr ernst, sehr feierlich. »Ein riesiger Mann mit einer Axt.«

»Der Mann mit der Axt?« sage ich. »Ich wußte gar nicht... Ich meine, wie ist er denn, dieser Mann mit der Axt?«

Die klaren, blauen Augen des Jungen lösen sich von meinen, er sieht etwas, was ich nicht sehen kann.

»Er ist riesig.« Er gestikuliert mit beiden Händen. »Er ist . . . er ist *gigantisch*.«

»Tatsächlich?« Ich unterdrücke ein Lächeln, schüttele den Kopf und sehe zu Miß Peaches hinüber.

Der Junge nickt nachdrücklich. »Es gibt da draußen auch Seepferde.« Er breitet die Arme aus, umarmt die ganze Weite von Land und langsam dunkelnder See. »Mannsgroße Seepferde.«

»Ja«, sagt Miß Peaches. »*Die* haben wir gesehen. Aber den Mann mit der Axt haben wir noch nie gesehen. Was *macht* er dort? Was ist er für ein Mann?«

Wieder scharrt der Junge mit den Zehen im Sand. »Er ist sehr häßlich«, sagt er nach einer langen, nachdenklichen Pause. »Er ist häßlich wie die *Sünde*.« Er zögert, während ich mir auf die Lippen beiße, um ein Lächeln zu unterdrücken. »Aber er ist sehr . . . sehr gütig.«

»Gütig?« sage ich. »Das ist gut zu wissen. Ich bin froh zu wissen, daß er gütig ist. Aber wieso . . . wieso nennst du ihn den Mann mit der Axt?«

Er sieht mich mit schwindender Geduld an. »Weil er der Mann mit der Axt *ist*. Jeder . . .« Er schüttelt langsam, ungläubig, den Kopf. »*Fast* jeder weiß das.«

In der Richtung, in der Savannah liegt, hat der bläulichrosige Fleck die Farbe von Rauch angenommen, aber im Osten erhellt ein schwacher Schimmer das Wasser; bald wird der Mond aufgehen, ein leichter Landwind weht, aber es könnte Stechmücken geben, es ist Zeit für uns, ins Haus zurückzugehen. Ich reiche dem Jungen die Hand.

»Das alles ist sehr interessant. Vielleicht sehen wir dich morgen wieder, und du kannst uns mehr über ihn erzählen. Wir würden gerne mehr über den Mann mit der Axt hören . . . und über die Seepferde.«

Er schüttelt meine Hand, er scheint nicht mehr gereizt über meine Dummheit. »Ich komme wieder«, sagt er. »Ich komme morgen früh wieder.«

»Tu das«, sagt Miß Peaches. »Wir würden gerne mehr über sie hören.«

Sie beugt sich vor und fährt ihm mit der Hand durch die feuchten Haare. Er lächelt, läuft auf den festgepreßten Sand am Rand des Wassers zu und dreht sich um und winkt; wir winken zurück.

»Meine Mom«, ruft er, mit klarer, deutlicher Stimme. »Meine Mom ist tot... Sie ist gestern gestorben.«

Wir sagen nichts, als er sich erneut umdreht und weiterläuft, mit gut koordinierten Bewegungen, leichtfüßig. Er wird einmal einen guten Mittelstreckenläufer abgeben. Miß Peaches und ich sehen ihm nach, ohne etwas zu sagen, bis er nur noch ein Fleck in der Ferne ist. Ich glaube, daß er einmal stehenbleibt, um zu winken, aber auf die Entfernung und ohne meine Brille kann ich mir nicht sicher sein.

JOYCE CAROL OATES
Glücklich

Sie flog an Weihnachten nach Hause; ihre Mutter und der
neue Ehemann ihrer Mutter holten sie vom Flughafen ab.
Ihre Mutter drückte sie fest und sagte ihr, sie sehe hübsch
aus, und der neue Ehemann ihrer Mutter schüttelte ihr die
Hand und sagte ihr, ja, sie sehe wirklich hübsch aus, und
willkommen zu Hause. Seine Koteletten wuchsen rasiermes-
serscharf in seine dicken Wangen hinein und änderten die
Farbe, allmählich, zur unteren Hälfte seines Gesichts hin
grauer werdend. Während seines Händedrucks fühlte ihre
Hand sich klein und feucht an, die Knochen kurz vor dem
Zerbrechen. Ihre Mutter drückte sie noch einmal an sich;
Herrgott, ich bin so glücklich, dich zu sehen; ihre Armvenen
traten sehniger hervor als das Mädchen sie in Erinnerung
hatte, die Arme selbst waren dünner, aber ihre Mutter war
glücklich, man spürte es überall an ihr. Das Puder-Make-up
auf ihrem Gesicht war wohlriechend, pfirsichfarben und geschickt aufgetragen, so daß es sich nahtlos an die Halspartie
anschloß. An der linken Hand trug sie ihren neuen Ring: ein
kleiner, glitzernder Diamant, der hoch in weißgoldene Zak-
ken gefaßt war.

Sie kehrten auf ein Glas bei Easy-Sal's ein, am Rande der
Autobahn, das Mädchen trank ein Club-Soda mit einem
Schuß Lime (Na, *das* ist vielleicht was, sagte ihre Mutter),

ihre Mutter und der neue Ehemann ihrer Mutter tranken Martinis on-the-rocks — ihre »Festgetränke«. Eine Zeitlang redeten sie über das Studium des Mädchens und ihre Pläne, und als dieses Thema erschöpft war, sprachen sie über ihre eigenen Pläne, das alte Haus verkaufen, das war ihre erste Aufgabe, etwas Kleineres, Neueres kaufen oder vielleicht nur auf Zeit mieten. Da ist jetzt eine neue Wohnsiedlung am Fluß, sagte die Mutter des Mädchens, wir zeigen sie dir, wenn wir dran vorbeifahren; dann lächelte sie über irgend etwas, drückte den Arm des Mädchens und lehnte sich kichernd zu ihr hinüber. Herrjeh, sagte sie, es macht mich derartig glücklich, die beiden Menschen hier bei mir zu haben, die ich auf der Welt am meisten liebe. Jetzt und hier. Eine Kellnerin in einem enganliegenden schwarzen Satinkostüm brachte noch zwei Martinis und ein winziges Glasschälchen mit Nüssen. Dank' dir, Schätzchen! sagte der neue Ehemann ihrer Mutter.

Das Mädchen hatte nicht öfter als zwei- oder dreimal mit ihrer Mutter über deren Pläne, wieder zu heiraten, gesprochen, ihre Mutter hatte immer wieder gesagt, ja, in deinen Augen scheint das sehr plötzlich, aber das sind solche Sachen immer, entweder man weiß es sofort oder überhaupt nicht. Wart' einfach ab. Das Mädchen sagte nur sehr wenig dazu, murmelte ja oder ich weiß nicht oder ich nehm's an. Ihre Mutter sagte mit fester Stimme Er bringt es fertig, daß ich mich wieder lebendig fühle. Weißt du, ich fühle mich wieder wie eine Frau — und dem Mädchen war es zu peinlich, darauf zu antworten. Solange du glücklich bist, sagte sie.

Es war nun beinahe halb neun, und dem Mädchen war schwindelig vor Hunger, aber ihre Mutter und der neue Ehemann ihrer Mutter waren noch bei ihrer dritten Runde. Bei Easy-Sal's gab es ein Unterhaltungsprogramm, zuerst ein Pianist, der Hintergrundmusik gespielt hatte, beliebte alte Hoagy Carmichael-Nummern, dann Gesang, eine schwarze Sängerin, V-förmig ausgeschnittenes rotes Glitzerkleid, dann eine Komikerin — eine junge Frau von etwa sechsundzwanzig Jahren, schmales, knochig-kantiges Gesicht, kein Make-up, Punkfrisur, dunkelbraun, mit Gel drin, schwarzer Kunstlederoverall, das Becken in gespielt-affektierter Vogue-Mannequin-Pose nach vorn gestemmt, ihr Vortrag schnell, explosionsartig, knochentrocken, im Stil von gemurmeltem Beiseitesprechen, lautem Denken, als hörten die Gäste bloß zufällig mit; das Gute dran, eine Abtreibung ganz früh am Tag machen zu lassen, ist, naja, weißte, den Rest vom Tag kann's verdammt nochmal nur noch bergauf gehn, oder? Da sind so'n halbes Dutzend Leute in einem äh Massagebecken, äh Lesben in'ner heißen Badewanne, heißes neues Spiel namens »Reise ins Loch«, äh vielleicht lacht nur deshalb keiner, weil sichs in New Jersey noch nicht rumgesprochen hat, häh? für das Mädchen waren die Worte zu schnell und zu sehr genuschelt, um sie mitzubekommen, aber ihre Mutter und der neue Ehemann ihrer Mutter schienen es zu hören, auf jeden Fall lachten sie, obwohl der neue Ehemann ihrer Mutter hinterher eröffnete, daß er obszöne Ausdrücke aus dem Munde von Frauen nicht gutheißen könne, ob es nun Lesben waren oder nicht.

Sie aßen in einem polynesischen Restaurant zu abend, zehn Meilen weiter auf der Autobahn; ihre Mutter hatte zuvor erklärt, daß nichts Ordentliches zu essen zu Hause sei, außerdem war es schon so spät, nicht, morgen würde sie dann ein großes Essen kochen. Das ist doch in Ordnung, Liebes, oder? Sie und ihr neuer Ehemann stritten sich darüber, wie auf die Autobahn auf- und gleich wieder abzufahren sei, waren beim Abendessen aber wieder bester Laune, lachten viel, hielten Händchen zwischen den Gängen und probierten gegenseitig von ihren großen, geeisten, grellbunten tropischen Drinks. Mein Gott, ich bin verrückt nach dieser Frau, sagte der neue Ehemann ihrer Mutter zu dem Mädchen, als ihre Mutter sich frischmachen ging. Deine Mutter ist eine Klassefrau, sagte er. Er zog seinen Rattanstuhl dichter heran, lehnte sich feucht, warm und fleischig an sie, einen Arm um ihre Schulter gelegt. Es gibt niemanden auf der ganzen Welt, der mir so viel bedeutet, wie diese Frau, ich will, daß du das weißt, sagte er, und das Mädchen sagte Ja, ich weiß es, und der neue Eheman ihrer Mutter sagte mit grimmiger Stimme, den Tränen nahe, Verdammt richtig, Herzchen: Du weißt es.

RUSSELL EDSON
Essenszeit

Ein alter Mann saß am Tisch und wartete darauf, daß seine Frau das Essen servierte. Er hörte sie einen Topf schlagen, der sie verbrannt hatte. Er haßte das Geräusch eines Topfes, der geschlagen wurde, denn der Topf tat seinen Schmerz auf solche Weise kund, daß er ihm am liebsten noch mehr davon zufügen wollte. Da versetzte er seinem eigenen Gesicht einen Faustschlag, und seine Handknöchel verfärbten sich rot. Wie er rote Knöchel haßte, diese grelle Farbe, wichtigtuerischer als die Wunde selbst.

Er hörte, wie seine Frau das ganze Essen fluchend auf den Küchenboden fallen ließ. Denn als sie es gerade hereintragen wollte, hatte es ihr den Daumen verbrannt. Er hörte die Löffel und Gabeln, die Teller und Tassen gleichzeitig aufkreischen, als sie auf dem Küchenboden landeten. Wie er ein Essen haßte, das, sobald es zubereitet ist, einen erst mörderisch verbrennt und, als ob das nicht genug wäre, kreischt und lärmt, wenn es auf dem Boden landet, wo es sowieso hingehört.

Er versetzte sich noch einen Faustschlag und fiel zu Boden.

Als er wieder zu sich kam, war er ziemlich wütend, also versetzte er sich noch einen Schlag und fühlte sich schwindelig. Das Schwindelgefühl versetzte ihn in Wut, also fing er an, mit dem Kopf gegen die Wand zu schlagen, und sagte, wenn

167

du schwindelig werden willst, dann aber richtig. Er plumpste zu Boden.

Aha, die Beine funktionieren nicht, was? ... Also versetzte er seinen Beinen Faustschläge. Dem Kopf hatte er eine Lektion erteilt, jetzt würde er den Beinen auch noch eine Lektion erteilt. Unterdessen hörte er, wie seine Frau das restliche Geschirr zertrümmerte und wie das Geschirr brüllte und kreischte.

Er besah sich im Wandspiegel. Oh, verspotte mich nur. Also zertrümmerte er den Spiegel mit einem Stuhl, der dabei zerbrach. Aha, willst wohl kein Stuhl mehr sein; zu fein zum Draufsetzen, was? Er begann, die einzelnen Stuhlteile zu schlagen.

Er hörte, wie seine Frau mit einer Axt auf den Herd einschlug. Er rief: Wann essen wir endlich? und stopfte sich dabei eine Kerze in den Mund.

Wenn ich hier fertig bin, kreischte sie.

Soll ich dich in den Hintern boxen? kreischte er.

Komm bloß her, dann schlag ich dir ein Auge aus.

Ich schneid dir die Ohren ab.

Ich hau dich in die Fresse.

Ich tret dir in den Wanst.

Ich brech dich in der Mitte durch.

Schließlich fraß der alte Mann seine eine Hand. Die alte Frau sagte, verdammter Idiot, warum kochst du sie nicht erst? benimmst dich wie ein Vieh — Weißt doch, daß ich jeden Abend die Küche bändigen muß, sonst kocht die mich und serviert mich den Mäusen auf meinem besten Porzellan. Und du weißt genau, was für mickrige Fresser das sind; als nächstes kämen dann die Fliegen, und wie ich Fliegen in meiner Küche hasse.

Der alte Mann verschlang einen Löffel. Okay, sagte die alte Frau, jetzt fehlt uns ein Löffel.

Der alte Mann wurde wütend und verschlang sich selbst.

Okay, sagte die Frau, jetzt hast du es geschafft.

168

JOHN L'HEUREUX
Die Anatomie des Begehrens

Weil Hanleys Haut vom Feind abgezogen worden war, konnte er niemanden finden, der willens war, lange mit ihm zusammen zu sein. Die Krankenschwestern waren selbstverständlich verpflichtet, ab und an nach ihm zu sehen, und manchmal der Arzt, aber mit Sicherheit nicht die anderen Patienten und mit Sicherheit nicht seine Frau und seine Kinder. Er war roh, er war Fleisch, und er würde niemals genesen. Daher hatte er ein großes und natürliches Begehren, von jemandem besessen zu werden.

Oft ging er auf seinen gehäuteten Füßen auf und ab, hinterließ blutige Fußspuren auf den Korridoren und suchte nach jemandem, der ihn lieben würde.

»Sie sollen doch nicht hier draußen herumlaufen«, sagte die Schwester. Und fügte hinzu, verstand irgendwie, es freundlich klingen zu lassen, »Sie machen den Boden schmutzig, Hanley.«

»Ich möchte von jemandem geliebt werden«, sagte er. »Auch ich bin menschlich. Ich bin wie Sie.«

Doch er wußte, daß er nicht wie sie war. Jeder nannte sie die Heilige.

»Warum könnten Sie es nicht sein?« sagte er.

Sie betupfte seine Beine mit Blutstiller, einer neuen Entdeckung, die Hanley am Leben erhielt. Es war eines dieser Wundermittel, die der Krieg einfach hervorbringt.

»Ich wurde nicht auserwählt«, sagte sie. »Ich habe meine Haut.«

»Nein«, sagte er. »Was ich meine ist, warum könnten Sie es nicht sein, die bereit ist, mich zu lieben, mich zu besitzen? Auch ich habe Begehren«, sagte er.

Sie dachte darüber nach, während sie seine Schienbeine und Fußsohlen betupfte.

»Ich habe kein Begehren«, sagte sie. »Oder höchstens eines. Das ist das gleiche.«

Er betrachtete ihr liebevolles Gesicht. Es war kein hübsches Gesicht, aber es hatte etwas Heiliges.

»Dann werden Sie es tun?« sagte er.

»Wenn ich irgendwann feststelle, daß ich es muß«, sagte sie.

Der Feind hatte Hanley nicht auserwählt, sie waren zufällig auf ihn gestoßen, als er in seinem Schützengraben schlief. Sie waren ein Viererkommando gewesen, furchtsam und gehorsam, und man hatte ihnen befohlen, einen Feind mitzubringen, der als Beispiel dafür dienen sollte, was mit Eindringlingen gemacht wird.

Sie schleiften Hanley hinter die Linien zurück und ließen ihn mit auf dem Rücken gefesselten Händen die zwei Kilometer zum Zelt des Generals laufen.

Der General entließ die Wachen, da er sehr von Hanley angetan war. Er band die Fesseln los, die seine Hände zusammenhielten, so daß er die Arme frei herunterhängen lassen konnte. Dann, langsam, rituell, neigte er Hanleys Gesicht ins Licht und untersuchte es sorgfältig. Er küßte ihn auf die Brauen, auf die Wange und schließlich auf den Mund. Er blickte tief und lange in Hanleys Augen, bis er dort sein eigenes Spiegelbild zurückschauen sah. Er fuhr die Linien von Hanleys Augenbrauen zärtlich mit der Spitze seines Zeigefingers entlang. »Solch ein schönes Gesicht«, sagte er in seiner eigenen Sprache. Er drückte seine Handflächen leicht gegen Hanleys Stirn, gegen seine Wangenknochen, seinen Kiefer. Mit seinem kleinen Finger prägte er sich die Form von Hanleys Lippen, die Lachfalten an den Augen, das Kinn ein. Der General beschäftigte sich sehr gründlich mit Hanleys Gesicht. Danach machte er einige Sachen tiefer unten, und so sagte er kurz vor Sonnenaufgang, als die Zeit kam, Hanley nach draußen zum Häutungspfosten zu führen, zu den Soldaten mit den Messern: »Dieser junge Mann könnte mein eigener Sohn sein; also verschont ihn hier und hier.«

Der Häutungspfosten stand genau im Zentrum der Linie aus Stacheldraht, nur wenige Meter außerhalb der Reichweite der Geschütze. Ein Lautsprecher wurde aufgestellt und begann, die Botschaft des Tages hinauszuschmettern. »Das ist es, was mit Eindringlingen geschieht. Kein Eindringling wird verschont werden.« Und dann, während die Truppen beider Seiten durch Ferngläser zusahen, schnitt der Feind die Haut von Hanleys Körper, wobei — worauf der General bestanden hatte — sein Gesicht und seine Genitalien verschont wurden. Sie waren geschickt, und die Haut wurde sehr fachmännisch abgezogen, und sie hängten sie, kopflos, als ein Beispiel über den Stacheldraht. Hanley selbst legten sie auf den Boden, wo er sterben konnte.

Er wurde kurze Zeit nach Mittag gerettet, als der Feind ohne guten Grund plötzlich den Rückzug antrat.

Hanley erhielt eine Notbehandlung im Feldlazarett und wurde, nachdem sie dort für ihn getan hatten, was sie konnten, ins Veteranenkrankenhaus gebracht. Wenigstens wird er dort, sagten sie sich, von der Heiligen versorgt.

Es dauerte geraume Zeit, bis die Heilige sagte, ja, sie würde ihn lieben.

»Nicht nur mich lieben. Mich besitzen.«

»Es gibt natürliche Hemmschwellen«, sagte sie. »Es gibt

persönliche Eigenheiten«, sagte sie. »Sie werden Geduld mit mir haben müssen.«

»Sie sollen eine Heilige sein«, sagte er.

Also legte sie sich zu ihm in sein blutiges Bett, und er empfand große Befriedigung dabei, diese kleine Frau in seinen Armen zu halten. Er küßte sie und liebkoste sie und fühlte sich wieder jung und ganz. Er vermißte seine Frau und seine Kinder nicht. Er vermißte seine Haut nicht.

Die Heilige tat alles, was sie tun mußte. Sie erzählte ihm, wie gutaussehend er war und wieviel Vergnügen er ihr bereitete. Sie berührte ihn so, wie er es am liebsten hatte. Sie sagte, er sei ihr ganzes Leben, ihr Schicksal. Und in der Nacht, als er sie aufweckte, um das Blut zu stillen, flüsterte sie, wie sehr sie ihn brauche und daß sie ohne ihn nicht leben könne.

Das ging einige Zeit so.

Der Krieg war vorbei, und die Besatzungsmächte hatten den General zum Bürgermeister der Hauptstadt gemacht. Er beabsichtigte, für die Senatorenschaft zu kandidieren, und wollte, daß seine Vergangenheit von keiner Nachforschungskommission zu beanstanden war. Er schrieb Hanley einen Brief, den er durch das Internationale Rote Kreuz schickte.

»Sie hätten mein Sohn sein können«, sagte er. »Was wir im Krieg tun, ist, was wir tun müssen. Wir wählen Grausamkeit oder Gewalt nicht. Ich tat nur meine Pflicht.«

»Ich bin verliebt und ich werde geliebt«, sagte Hanley. »Warum ist das nicht genug?«

Die Heilige betupfte seine Brust und seinen Bauch mit Blutstiller.

»Nichts ist je genug«, sagte sie.

»Ich liebe, doch ich werde nicht von Liebe besessen«, sagte er, »ich will von Ihnen umgeben sein. Ich will eingeschlossen sein. Ich will eingehüllt sein. Ich habe keine Worte dafür. Aber verstehen Sie?«

»Sie möchten besessen werden«, sagte sie.

»Ich möchte in Ihnen sein.«

Also liebten sie sich, doch hinterher sagte er: »Das war nicht genug. Das ist nur eine Metapher für das, was ich will.«

Der General wurde zum Senator gewählt und zum Beauftragten dreier Nuklearwaffenkonglomerate gemacht. Aber es ging ihm nicht gut. Und er schlief nicht gut.

Er schrieb Hanley: »Ich wache nachts auf und sehe Ihr Gesicht vor meinem. Ich fühle Ihre Stirn gegen meine Handflächen drücken. Ich schmecke Ihren Atem. Ich tat nur, was ich tun mußte. Sie hätten mein Sohn sein können.«

»Ich weiß, was ich will«, sagte Hanley.

»Wenn ich es kann, werde ich es tun«, sagte die Heilige.

»Ich will Ihre Haut.«

Also legte sie sich auf den langen weißen Tisch, schaudernd, während Hanley den ersten Einschnitt machte. Er schnitt an den Schultern entlang und dann die Arme hinunter und wieder hinauf, dann die Seiten und die Beine hinunter bis zu den Füßen. Er brauchte länger dafür, als er erwartet hatte. Die Heilige zitterte bei der kalten Berührung des Messers, und sie schluchzte einmal beim Anblick des Blutes auf, aber als Hanley dann die Hülle ihrer Haut von ihrem hochroten Körper hob, war sie ergeben, gar befriedigt.

Hanley hatte ihr Gesicht und ihre Genitalien verschont.

Er breitete die Haut zum Trocknen aus, und während er wartete, betupfte er ihren rohen Körper vorsichtig mit Blutstiller. Er flüsterte ihr kleine Worte der Liebe und des Dankes und des Begehrens zu. Ein Lächeln umspielte ihre Lippen, aber sie sagte nichts.

Eine Woche würde es dauern, bis er ihre Haut anlegen konnte.

Der General schrieb Hanley einen letzten Brief. »Mehr kann ich nicht ertragen. Ich bin von Ihnen besessen.«

Hanley legte die Haut der Heiligen an. Seine Genitalien paßten sehr schön durch die Lücke, die er gelassen hatte, und die Haut an seinem Hals paßte genau zu der ihren. Er ging durch die Korridore, und dieses eine Mal ließ er keine blutigen Spuren hinter sich. Er stand vor Spiegeln und bewunderte sich. Er berührte seine Brüste und seinen Bauch und seine Oberschenkel, und es war kein Blut an seinen Händen.

»Danke«, sagte er zu ihr. »Mein Herzenswunsch ist erfüllt. Ich bin in Ihnen. Ich bin von Ihnen besessen.«

Und dann, des Nachts, küßte er sie auf die Brauen und auf die Wange und schließlich auf den Mund. Er blickte tief und lange in ihre Augen. Er fuhr die Linien ihrer Augenbrauen zärtlich mit der Spitze seines Zeigefingers entlang. »Solch ein schönes Gesicht«, sagte er. Er drückte seine Handflächen leicht gegen ihre Stirn, ihre Wangenknochen, ihren Kiefer. Mit seinem kleinen Finger prägte er sich die Form ihrer Lippen ein.

Und es war dann, daß Hanley, geliebt, voller Verzweiflung darauf aus, zu besitzen und besessen zu werden, während er tief in die grünen und liebevollen Augen der Heiligen starrte, sah, daß es keinen Besitz geben kann, daß es nur Begehren gibt. Er zupfte an seiner leeren Haut und weinte.

LUCAS COOPER
Klassennotizen

TED MECHAM ist möglicherweise der erste der '66er Abschlußklasse, der sich zur Ruhe setzt. Ich traf ihn und seine
hübsche Frau Kathy im Oktober bei einem Spiel der Bucca-
neers in Tampa Bay. Seine Investitionen in die Zuckerraffi-
nerie und in südamerikanische Rinder haben sich bestens
ausgezahlt. Ein besonderes Geheimnis? »Ja«, sagt Ted.
»Rein und raus, das ist der Schlüssel.« Ebenfalls in Florida
sah ich JIM HASLEK und BILL STEBBINS. Sie haben ihre Familien in Columbus beziehungsweise Decatur zurückgelassen,
um ein 1300 PS starkes, ozeantaugliches Rennboot der offenen Klasse, die Miß Ohio, für Versuchsläufe in der Nähe von
Miami zu frisieren. Die Rennsaison dort soll im Dezember
beginnen, und Jim und Bill (berühmt für ihre Pilgerfahrten
zu den 500 Meilen von Indianapolis) sind unter den Favori-
ten. JOHN PESKIN schreibt, ich bedaure, das ausrichten
zu müssen, daß er von BILL TESKER verklagt wurde. Bill,
Geschäftsführer der TelDyne-Industries-Filiale in Dayton,
behauptet, daß er John auf die Idee für die Folge einer Fern-
sehkomödie gebracht hat, die dieser dann an NBC weiterver-
kauft hat. Das alles ist schon 16 Jahre her und für mich kaum
zu glauben. RALPH FENTIL, der Bills Sache vertritt, machte
es etwas klarer. Ralph ist Direktor der Penalty-GmbH, einer
in Kalifornien eingetragenen Firma für Rechtsbeistand, die

ihren Kunden dabei hilft, Zivilrechtsklagen in die Wege zu leiten. »Dies ist ein schnellwachsender und legitimer Bereich der Verbraucherberatung. Wir ermutigen die Leute, zu uns zu kommen, und überprüfen ihre Vergangenheit. Es ist eine potentielle Einkommensquelle für den Klienten. Wir lassen die Gerichte entscheiden, was recht und was unrecht ist.« Hmmm. RICHARD ENDERGEL hat vor ein paar Wochen aus Houston angerufen, in Haft wegen Kokainbesitzes — das dritte Mal seit 1974. Richard glaubt, das war's wohl. Wenn kein Wunder passiert, hat er mit 15 Jahren oder mehr wegen Drogenhandels zu rechnen. STANFORD CRIBBS, der 1979 in einem Autounfall praktisch bis zur Unkenntlichkeit verstümmelt wurde, hat sich, laut einem Zeitungsausschnitt aus dem Kansas City *Star*, am 19. März das Leben genommen. Seinem früheren Zimmergenossen, BRISTOL LANSFORD, ist es nicht besser ergangen. Bristol wurde vom Liebhaber seiner Frau im Ferienhaus der Lansfords, außerhalb von Traverse City, in den Kopf geschossen. ROBERT DARKO aus Palo Alto (wo sonst?) läßt verlauten, daß er bei Mastuchi Electronics ziemlich schnell aufsteigt, und das dank DAVID WHITMAN. David, bei Shoremann, Polcher & Edders, Los Angeles, hat sich auf die Vermittlung von Verträgen für Führungskräfte und Prominente spezialisiert. Bob Darko ist die sechste Fachkraft des mittleren Managements, die durch Davids Agentur für Firmenmitarbeiter angeworben wurde. »Loyalität der Firma gegenüber ist was aus den Fünfzigern«, sagt David. »Ich möchte die Leute auf konkurrenzbezogener, kurzzeitiger Vertragsbasis, mit Prämien- und Bonusklauseln, auf den Markt bringen.« Sag das mal STEVEN PARKMAN. Er lebt seit April letzten Jahres von Arbeitslosenunterstützung und dem Gehalt, das seine Frau bei einem Frisiersalon verdient — mit vier Kindern. FRANK VESTA ist sicherlich froh, daß sein Job (in der Raumfahrtplanung bei General Dynamics in St. Louis) fest ist — er und seine Frau Shirley haben im Juli ihr Neuntes bekommen — einen Jungen. GREG OUT-

KIRK hat schlimme Neuigkeiten — Tochter Michelle hat ihren Vollblutaraber, Botell III, von der Bootsanlegestelle ihres Hauses in Wokegan aus ins Wasser geritten, um das Tier zum Schwimmen zu bringen. Es ist beinahe sofort ertrunken. DENNIS MITFORD, Besitzer eines wohlbekannten Hu---hauses in Nevada (kein Preisnachlaß für Klassenkameraden, witzelt er), berichtet, daß im Oktober ein aufsässiger Kunde in seinem Etablissement erschossen wurde — von seinem Leibwächter, LAWRENCE ADENSON. Larry, der in Vietnam gedient hat, sagt, die öffentliche Reaktion sei fürchterlich. Er geht möglicherweise zurück nach New York — nachdem Denny ihn wegen der Gewalttat offiziell feuert. Gewalt ist BILL NAST auch nicht unbekannt. Seine Frau tauchte vor zwei Monaten in einem schrecklichen Zustand im Zentralkrankenhaus von Detroit auf, das Opfer von Bills hitzigem Temperament. Wohl zum fünften Mal. Vier Stunden Operation? JACK ZIMMERMANS zweite Frau war über Ostern mit den zwei Kindern seiner ersten Frau zu Besuch. SUE ZIMMERMAN war 1978 ein Penthouse-Häschen. Jack managt ihre Karriere als Model, seine als Entertainer *und* zieht die Kinder groß. Respekt, Jack. TIM GRAYBULL ist gestorben (Alkoholmißbrauch), in Vermillion, South Dakota, wo er an der Universität Englisch unterrichtete. (Bitte laß den Herausgeber von *Alumnus* wissen, daß du Tims Gedichte in einer der nächsten Ausgaben gedruckt sehen willst.) ALEX ROBINSON will nicht sagen, welche Art von Filmen er vertreibt, aber er deutet weitläufig an, daß »Schönheit in den Augen des Betrachters liegt«, sogar auf *dem* Gebiet. Die Profitspanne, behauptet er, ist nicht zu glauben. Das erinnert mich an KEVIN MITCHELL, der 1971 3,2 Millionen Dollar von Sperry Tool unterschlagen hat. Er ruft gelegentlich von ich-weiß-nicht-woher an. Kevin war 1982, mit Abschluß des Falles, wieder zu Hause und auf freiem Fuß. DONALD OVERBROOK — noch mehr schlechte Nachrichten — hat wieder Ärger mit der Polizei wegen seines unerwiderten Interesses an jungen Damen, diesmal in Seattle.

JAMES COLEMAN hat angerufen, um das zu sagen. Jim und seine Frau Nancy geben ihre Jobs auf, um in ihrem 10 m Stahlbetonboot um die Welt zu fahren. Nancys Eltern sind gestorben und haben ihnen genügend hinterlassen. »Schlau von uns, daß wir *keine* Kinder haben«, hat Jim dazu gesagt. HAROLD DECKER schreibt aus Arkansas, daß er über die Spendenbriefe der Alumni Association, die ihn überallhin verfolgen, verärgert ist. »Ich habe einen Sch---dreck und würde auch nichts geben, wenn ich was hätte.« Mannomann. NORMAN BELLOWS ist zum Chefredakteur der Zeitschrift *Attitude* ernannt worden. Er sagt, daß die 380 000 Leser unter seiner Ägide ein ganz anderes Magazin zu sehen bekommen werden — »auf eine aggressive, professionelle Zielgruppe ausgerichtet. Keine langweiligen Essays.« Norms vormaliger literarischer Kollege in New York, GEORGE PHILMAN (Betsy BELLOWS und George leben zusammen und stellen ihre enge Freundschaft aus der Zeit beim *Spectator* auf eine harte Probe), läßt wissen, daß *Pounce* sehr gut läuft. Seine »witzigen aber gemeinen« Anekdoten über Prominente erscheinen vierzehntägig in einer aufblühenden, landesweit gedruckten Kolumne. »Zu Anfang hat kein Mensch den Humor verstanden«, sagt George und spielt den Ungläubigen. »George ist ein A---l---«, war GLEN GREENS Feststellung, als ich ihn anrief. Glen eröffnet im Januar eine fünfwöchige Show in Reno (und *er* wird sich darum kümmern, daß du einen Drink umsonst kriegst — *und* die besten Plätze im Haus). Ein anderer Prominenter aus unserer Klasse, der Schauspieler BOYD DAVIDSON, ist ins Mt. Sinai, Los Angeles, gegangen, um sich von seiner Kokain- und Percodansucht heilen zu lassen. Dr. CARNEY OLIN, der 1979 seine Morphiumabhängigkeit in Mt. Sinai losgeworden ist, hält es für das beste Rehabilitierungsprogramm im Lande. Carney sagt, er sei komplett geheilt und wieder in seiner Praxis in der Gegend von Phoenix. THOMAS GREENVILLES Geschäftsbroschüre ist letzte Woche mit der Post gekommen. Er hat seinen fünfzehnten *Generalüberho-*

lungs-Salon aufgemacht. Tom kombiniert ein belebendes physikalisches Fitnessprogramm mit verschiedensten Arten moderner Therapie, wie zum Beispiel Elektroschockbehandlung, um seinen Kunden völlig neue Lebensperspektiven zu eröffnen. Eine Art Überlebenspreis sollte wohl an DEAN FRANCIS gehen. BWL-Diplom in Harvard, 1968. Jura in Stanford, 1970. 1974 ins Parlament von Kalifornien gewählt, nachdem er den erfolgreichen '72er Wahlkampf von Senator Edward Eaton organisiert hatte. Im Jahre 1978 von Kaliforniens 43stem Bezirk aus in den Kongreß gewählt. All das wäre letzten Herbst beinahe wie ein Kartenhaus zusammengebrochen. Ein neidischer Schwager, Erbe des Greer-Vermögens, strengte eine Serie ekelhafter Klagen gegen ihn an, bezichtigte ihn öffentlich des Betrugs und, so wird behauptet, bezahlte eine Frau dafür, ihn in eine Sexgeschichte zu verwickeln. Dan hat die Wiederwahl gewonnen, aber man sagt, mit seiner Ehe sei es vorbei — und Phyllis Greer FRANCIS wird vor Gericht gehen, um von ihrem Bruder Schadenersatz einzuklagen. Eine traurigere Geschichte kam ans Licht, als ich mich letzten Herbst mit DOUGLAS BRAND nach dem Oklahoma-Spiel auf ein paar Drinks traf. Dougs Frau Linda ist Amok gelaufen und hat ihre drei gemeinsamen Kinder umgebracht. Sie ist im Gefängnis. Doug sagte, daß er sie oft mit Geschichten über seine Seitensprünge zur Weißglut gebracht hat, und hat große Gewissensbisse. BENJAMIN TROPPE ist zum Vizepräsidenten der Marketing-Abteilung von Temple Industries in Philadelphia ernannt worden. BERNARD HANNAH ist neuer Firmenanwalt bei Conrad Communications in Atlantic City. HENRY CHURCH wurde von der Polizei in Newark aus ungeklärten Gründen getötet. Der bekannte Maler DAVID WHITCOMB ist nach Guatemala gezogen und hat keine Nachsendeadresse hinterlassen (Dave?). FREDERICK MANDELL weint in seiner vollgestopften Wohnung in Miami Beach unkontrollierbar vor sich hin. JOEL REEDE lebt in selbstzerstörerischem Haß in Rye, New York. JAY LOGAN hat sich bei den Revolutionstruppen in Angola verpflichtet. ADRIAN BYRD reist im Frühling in die Niederlande, um für *Dispatch* über Aktionen gegen die Bundesregierung in Den Haag zu berichten. GORDON HASKINS hat das Priesteramt in Serape, einer gewalttätigen Grenzstadt in New Mexico, aufgegeben, um ein politisches Amt zu bekleiden. ANTHONY CREST wird der Nachfolger von Pater Luther (Abschlußklasse von '36) als Vorsitzender von Fabré. DANIEL REDDLEMAN komponiert weiterhin klassische Musik für Cello in Hesterman, Tennessee. ODELL MASTERS schreit in seinen Träumen nach der Liebe seiner Frau und Kinder. PAUL GREEN, der niemals geheiratet hat, bewirtschaftet zusammen mit seinem Vater 500 Hektar Land im Osten von Oregon. ROGER BOLTON, der neun Jahre lang professioneller Baseballspieler war, hat seine Familie bei einer Flutkatastrophe außerhalb von New Orleans verloren und ist in ein Benediktinerkloster eingetreten. (Paul Jeffries, 1340 North Michigan, Chicago, IL 60602.)

ERNEST HEMINGWAY
Eine sehr kurze Geschichte

An einem heißen Abend in Padua trug man ihn auf das Dach, und er konnte weit über die Stadt hinwegblicken. Am Himmel waren Turmschwalben. Nach einer Weile wurde es dunkel, und die Scheinwerfer begannen zu spielen. Die anderen gingen hinunter und nahmen die Flaschen mit. Er und Luz konnten sie unten auf dem Balkon hören. Luz saß auf seinem Bett. Sie war kühl und frisch in der heißen Nacht.

Luz übernahm drei Monate lang den Nachtdienst. Man ließ sie gern gewähren. Als man ihn operierte, bereitete sie ihn für den Operationstisch vor, und sie lachten dabei über ein Wortspiel. In der Narkose nahm er sich mächtig zusammen, denn er wollte während der dummen, redseligen Zeit nichts ausplappern. Nachdem er Krücken hatte, pflegte er die Temperaturen zu messen, damit Luz nicht aus dem Bett heraus mußte. Es gab nur ein paar Patienten, und sie waren alle im Bilde. Alle hatten Luz gern. Wenn er durch den Saal zurückging, dachte er an Luz in seinem Bett.

Bevor er an die Front zurückging, gingen sie in den Duomo und beteten. Es war dämmrig und still, und es beteten noch andere Leute. Sie wollten heiraten, aber es war nicht genug Zeit, um das Aufgebot zu bestellen, und keiner von beiden hatte eine Geburtsurkunde. Sie fühlten sich wie verheiratet, aber sie wollten, daß jeder es wissen solle, und wollten es auch zu etwas Unverlierbarem machen.

Luz schrieb ihm viele Briefe, die er erst nach dem Waffenstillstand bekam. Ein Bündel von fünfzehn kam auf einmal an der Front an, und er ordnete sie nach Daten und las sie alle, einen nach dem andern. Sie berichteten alle vom Lazarett, und wie sehr sie ihn liebte, und wie es unmöglich sei, ohne ihn auszukommen, und wie schrecklich sie ihn nachts vermisse.

Nach dem Waffenstillstand beschlossen sie, daß er nach Hause fahren und Arbeit finden solle, damit sie heiraten könnten. Luz würde erst nachkommen, wenn er eine gute Stellung gefunden hatte und sie in New York treffen konnte. Selbstverständlich würde er nicht trinken, und er wollte auch weder seine Freunde noch irgendwen sonst in den Staaten besuchen. Nur Arbeit finden und heiraten. Im Zug von Padua nach Mailand zankten sie sich, weil sie nicht gleich mit ihm mitkommen wollte. Als sie auf dem Bahnhof in Mailand voneinander Abschied nehmen mußten, küßten sie sich zwar, aber der Streit war noch nicht beigelegt. Ihm war es gräßlich, so Abschied zu nehmen.

Er fuhr von Genua mit einem Transport nach Amerika. Luz ging nach Pordenone zurück, um dort ein Lazarett aufzumachen. Dort war es einsam und regnerisch, und ein Bataillon Arditi lag in der Stadt im Quartier. Der Major, der den Winter über in der matschigen, verregneten Stadt lebte, machte Luz den Hof, und sie hatte vor ihm noch nie einen Italiener gekannt und schrieb schließlich nach Amerika, daß ihre ganze Geschichte doch nur eine Kinderangelegenheit gewesen sei. Es täte ihr leid, und sie wisse, daß er es wahrscheinlich nicht verstehen würde, aber sicher würde er ihr eines Tages verzeihen und dankbar sein, und sie hoffe — ganz unverhofft — im Frühjahr zu heiraten. Sie liebe ihn noch genauso wie früher, aber sie sei sich jetzt klar, daß es eben doch nur eine Kinderliebe sei. Sie wünsche ihm eine große Zukunft und setze das größte Vertrauen in ihn. Sie wisse, es sei am besten so.

Der Major heiratete sie weder im Frühling noch zu irgendeiner anderen Zeit. Luz bekam auf ihren Brief nach Chicago nie eine Antwort. Kurze Zeit darauf holte er sich einen Tripper von einer Verkäuferin aus einem Warenhaus, als sie in einem Taxi durch den Lincoln Park fuhren.

STUART DYBEK
Sonntag im Zoo

Wir beschlossen, mit dem Trinken aufzuhören und den Sonntag im Zoo zu verbringen. Es ging gut, bis sie sich in die Feststellung hineinsteigerte, daß es eine schreckliche Sache sei, die Tiere in Käfige zu sperren.

»*Das* ist ja nun nicht gerade besonders tiefsinnig«, sagte ich, »jeder, der in den Zoo geht, hat wohl mal dieses Gefühl.«

»Oh, du gemeiner Mistkerl«, schrie sie, »ich bin nicht *jeder*!«

Sie lehnte sich bäuchlings über die Absperrung und warf sich gegen die Gitterstäbe des Wolfskäfigs.

Drei Wölfe hatten dort ihre Kreise gedreht, und kaum berührte sie das Gitter, erstarrten sie mit gesträubtem Rückenfell.

Sie hatte ihre Arme bis zu den Schultern durch die Gitterstäbe gesteckt und so viel von ihrem Gesicht, wie sie nur reinquetschen konnte, und brüllte: »Freßt mich, freßt mich!« zu den Wölfen hinüber.

Gerade erst diese Woche hatten die Zeitungen berichtet, wie einem kleinen Mädchen ein Arm abgenagt worden war — sie hatte reingefaßt, um sie zu streicheln, und ein Wolf hielt ihn fest, während der andere fraß. Eigentlich war es das, was uns, zusammen mit der Menge, unausweichlich zum Wolfskäfig geführt hatte.

Doch die Wölfe verharrten auf der Stelle, knurrend, steifbeinig.

Ein Wärter kam den Gang zwischen Gitter und Absperrung entlanggerannt, packte sie an den Haaren und am Hals und zog sie zurück. Sie klammerte sich mit den Armen um die Gitterstäbe, und er schlug ihr immer wieder mit einem dicken, purpurroten Fleischbrocken ins Gesicht, der wohl zur Fütterung der Tiere gedacht war.

»Dir geb' ich ›freßt mich, freßt mich‹«, grinste er, stieß sie zu Boden und grapschte sich an den Latz.

In dem Moment rasten alle drei Wölfe so heftig gegen die Gitterstäbe, daß sie erbebten, und man konnte ihre Zähne auf das Metall schlagen hören. Ihre blutverschmierten Schnauzen stachen durch die Öffnungen und bissen in die Luft.

»Hören Sie auf, diese Frau zu mißhandeln«, rief ich aus der Menge.

FRANCOIS CAMOIN
Was ich tat, um es möglich zu machen

Eins. Ich hatte Sex mit Margaret nur in der Missionars-
stellung. Wir sind schließlich keine Paviane.

Zwei. Ich war bei jeder sich bietenden Gelegenheit am
Meer. Meine Lieblingsgegend war der Santa Monica Pier,
aber ich war auch am Malibu Pier, in Topanga Beach, Zuma
Beach und Newport Harbor. Manchmal angelte ich. Makre-
len schreien, wenn man sie aus dem Wasser zieht, aber wahrscheinlich spüren sie nicht viel. Auf jeden Fall wissen sie
nicht, was mit ihnen passiert.

Drei. Mit das Schwierigste war es, auf mein Gewicht zu
achten. Ich will niemals fett werden, wenn ich es irgendwie
verhindern kann. Aß eine Menge Sellerie, dutzendweise Tomaten und Kopfsalat. Futterte Salatgurken, nur damit ich
etwas im Mund hatte.

Vier. Mit Margaret zu reden ist manchmal, als würde man
in eine Geige pinkeln, wie meine Mutter zu sagen pflegte.
Sie hört zu, aber sie glaubt es nicht. Und doch versuche
ich es.

Fünf. Ich rannte vier Meilen pro Tag um den Golfplatz von
Tarzana. Manchmal zusammen mit Marty, aber öfter alleine; er ist wie ein alter Mann — seine Titten wackeln traurig vor sich hin, wenn er läuft, und er gerät außer Atem und

bittet mich alle paar hundert Meter, anzuhalten und auf ihn zu warten. Ein Teil der Strecke führt am Ufer des Los Angeles River vorbei, eine schreckliche Gegend.

Sechs. Der Baum in meinem Hinterhof wirft fischförmige Blätterschatten auf die Mauersteine der Terrasse. Laß eine kleine Brise wehen, und Wolken von Schattenfischen schlängeln sich über die Mauersteine.

Sieben. Leben in einem tropischen Paradies. Lagune ist eines der großartigen Wörter der Sprache. Lausche auf den Klang. *Lagune.* Ich habe keine Ahnung, weshalb sie es mit Marty treiben sollte.

Acht. Wenn sie es tut. Er ist vierzig, wie ich, und längst nicht so gut in Form. Was hat sie bloß davon? Könnte ich fragen.

Neun. Was ich noch tat: Ich habe das Rauchen aufgegeben.

Zehn. Ich war in Tijuana und kaufte Margaret eine Gürteltier-Handtasche mit roten Glasaugen. Die Pfoten klammern sich um den hohlen Bauch, in den sie ihre Sachen tun kann.

Elf. Als wir noch zur Uni gingen, hat sie es mit unserem Freund Campbell getrieben, dem Stückeschreiber. Der achso-kunstsinnige Campbell wog etwa neunzig Pfund und ging mir bis zur Schulter, aber er hatte was im Kopf. Und eine Art mit Frauen.

Zwölf. Ich liebte meine Frau.

Dreizehn. Helfen Sie mir, Dr. Eisenberg. Sie Komiker, Sie.

Vierzehn. Meines Wissens hat Margaret geschlafen mit: Campbell, Marty, mir. Ich glaube, sie ist auch mindestens einmal mit Norman Haas ins Bett gegangen. Er hatte Kinderlähmung und ist sogar noch kleiner als Campbell. Er kann nur einen Arm bewegen, und den noch nicht mal ganz. Diese Frau ist eine Heilige, ihrer Ansicht nach wahrscheinlich.

Fünfzehn. Ich kaufte auch für mich selbst ein paar Gürteltier-Stiefel. Gürteltierbabys. Oh Gott, ist das traurig. Ich trage ihre Mama an meinen Füßen.

Sechzehn. Wir sind Natur. Der Smog ist Natur. Ich versuchte, ihn lieben zu lernen. Ich sog ihn beim Laufen tief ein und machte ihn zu einem Teil meiner selbst. Hörte den Golfbällen zu, wie sie durch die Pappelblätter über meinem Kopf schwirrten, und atmete tief ein. Sprang über kleine Schlangen. Redete mir selbst ein, wenn es ans Sterben ginge, würde es mir ganz natürlich vorkommen. Vielleicht notwendig. Vorstellbar schön.

Siebzehn. Hier einige Dinge, die ich während dieser Zeit sammelte und nicht benutzte: eine französische Postkarte mit einer barbusigen Frau, die ein Auge geschlossen hat, um Sex-Appeal anzudeuten; einen 1941er Buick mit seitlich angebrachten Reserverädern und ausgebrannten Ventilen; eine italienische Münze aus Aluminium; einen schwarzen Kieselstein vom Strand, in der Mitte zweigeteilt von einem klaren Quarzstreifen; einen getrockneten Kugelfisch aus dem Souvenirladen am Santa Monica Pier; eine Benjamin Franklin Medaille aus Sterling-Silber; den weißen Schädel eines kleinen Tieres mit langen Vorderzähnen.

Achtzehn. Ich machte nachts lange Spaziergänge und dachte über die Welt nach.

Neunzehn. Wir sind keine Paviane oder Hunde. Irgend etwas anderes.

Zwanzig. Vierzehn Jahre? Jetzt beinahe genau. Es scheint, als wäre gar keine Zeit vergangen, seit wir alle unschuldig waren, damals in Tucson.

Einundzwanzig. Ich nahm eine kleine Anhalterin an der Kreuzung Sunset Street und Doheny Street mit und fuhr sie raus nach Zuma Beach.

Zweiundzwanzig. Was ist eigentlich der Sinn dieses Lebens?

Dreiundzwanzig. Ganz allgemein bemühte ich mich. Ich glaube, soviel kann ich sagen. Ich liebte den Smog; ich liebte das gelbe Gras, das von Mitte Mai an so tot aussieht auf den Hügeln; ich liebte die langen losen Autobahnstränge, die diese Stadt verbinden; ich liebte den Wind von Santa Ana, der die besten von uns verrückt macht; ich liebte den Regen im Winter.

Vierundzwanzig. Versuche, ein Engel zu sein — du wirst sehen, was du davon hast.

Fünfundzwanzig. Süßes kleines Mädchen irgendwo aus dem Osten. Sie hat mir mitten in der Nacht unter einem der Badeaufsichtstürme einen geblasen, und wir redeten, bis die Sonne aufging, während ich ihre Zigaretten rauchte und der Brandung zuhörte. Wumm — wumm — wumm. Das gottverdammt traurigste Geräusch der Welt.

Sechsundzwanzig. Mit der Sendequalität meines Lebens hatte ich Probleme. Ich wurde dauernd ein- und ausgeblendet.

Siebenundzwanzig. Geld gab ich: der »Stadt der Hoffnung«; der Muskelschwundhilfe; dem Verein für gute Nachbarschaft; der Herzstiftung; der Krebshilfe; den Amerikanischen Padfindern; zwei kleinen mexikanischen Mädchen, die an die Tür kamen, um parfümierte Kerzen zu verkaufen; meiner Anhalterin.

Achtundzwanzig. Ein Traum, in dem mein Vater eine kleine blaue Pyramide mit einem einzelnen braunen Auge war, wie das Bild auf der Dollarnote. In meinem Schlaf schien er absolut natürlich in dieser Form. Wir führten ein langes Gespräch über das Leben. Ich bin kein besonders großer Träumer; nicht viele der Träume, an die ich mich erinnere, sind so seltsam wie dieser oder so interessant. Normalerweise ist es immer nur die alte nackt-in-einer-Menschenmenge-Sequenz oder die vom Fliegen-über-einen-Hügel. Ab und an träume ich von einem wundervollen Mädchen und so zärtlicher Liebe, daß ich mit Tränen im Gesicht aufwache.

Neunundzwanzig. Eisenberg sagte, ich sollte damit rechnen, so zu fühlen. Dann hat er gelacht wie eine Ente.

Dreißig. Ich bin kein besonders großer *Irgend etwas*. Nicht ganz wahr. Ich will. Ich bin ein besonders großer Wollender, möglicherweise.

Einunddreißig. Ich erzählte dem Mädchen, was ich haben müßte, damit ich weitermachen könnte. Liebe, Wärme, nicht einsam sein. Sie berührte mich. Nein, nicht das, sagte ich. Du verstehst nicht. Doch, ich verstehe, sagte sie. Leg dich zurück und hör dem Wasser zu.

Zweiunddreißig. Ich fuhr sie den ganzen Weg bis Santa Barbara und setzte sie am Rande der Autobahn ab, unter dem großen Feigenbaum auf der Anacapa Street. Wohin wollte sie von da aus? Ich glaube nicht, daß sie es so sicher wußte. Hätte ich mich für sie verantwortlich machen sollen? Sie nicht allein ihren Weg die Küste hinauf machen lassen sollen? Sie erst gar nicht mitnehmen sollen, wo ich doch wußte, was passieren würde, weil ich es wollte, weil sie es wollte? Wahrscheinlich werde ich es niemals erfahren.

Dreiunddreißig. Ich lud Margaret und Marty ins Yellowfingers am Ventura Boulevard zum Essen ein. Ich machte sie beide betrunken, und dann fing ich ohne irgendeinen Grund Streit mit der Kellnerin an, und dann stand ich auf und ging nach Hause und überließ es Marty und Margaret, die ganze Sache auszubügeln. Ich glaube nicht, daß einer von den beiden noch laufen oder einen vernünftigen Satz sagen konnte, nach all den Manhattans, die ich ihnen eingeflößt hatte.

Vierunddreißig. Ich saß unter meinem Baum und beobachtete die fischförmigen Blätterschatten, die über die Mauersteine glitten. Ich habe in meinem Leben kein Glück gehabt.

MICHAEL PLEMMONS
Noël

Mrs. Hathaway brachte die Kinder im Gänsemarsch herunter und setzte sie auf die Stühle mit geraden Lehnen im Empfangszimmer, Junge-Mädchen-Junge-Mädchen, insgesamt siebzehn. In der Ecke stand ein kräftiger Weihnachtsbaum, geschmückt mit Zuckerstangen und Rauschgoldflitter. Die Luft war erfüllt von Tannengeruch und Möbelpolitur, und ein unsichtbarer Chor sang »Noël« zum Rauschen eines Schallplattenorchesters. Mrs. Hathaway tüftelte immer noch an ihrer äußeren Erscheinung herum, rückte bei den Jungen die Krawatten gerade und korrigierte die Haltung der Mädchen, als das erste Ehepaar ankam. Mit gedämpfter Stimme sprachen die beiden mit Mrs. Overton am Empfangstisch. »Wir dachten an ein Mädchen«, sagte die Frau. Mrs. Overton lächelte breit und machte eine schwungvolle Handbewegung. »Wir haben eine prächtige Auswahl an Mädchen«, sagte sie. Daraufhin nahmen die Mädchen auf ihren Plätzen Habachtstellung ein, jede Sommersprosse auf rosigen Wangen erblühte. Und als Mrs. Hathaway sie vorstellte, stand jede auf und knickste auf das Stichwort. »Christa ist ein allerliebstes Kind, acht Jahre alt . . . Melinda hat eine wunderschöne Stimme für Weihnachtslieder . . . Stephanie ist ein besonders süßes Persönchen . . .«

Die Kunden wandten sich zu Mrs. Overton und bedeuteten ihr leise ihre Wahl. Sie nickte, ohne eine Miene zu verziehen, und bereitete die Papiere vor. Geld wechselte den Besitzer. Die Mädchen beäugten einander unruhig, während Mrs. Overton die Mietbedingungen verlas: »Sie wissen, daß dies nur eine Abmachung für 48 Stunden ist. Das Mädchen ist am zweiten Feiertag um zwölf Uhr mittags zurückzubringen, andernfalls wird eine Säumnisgebühr von zehn Dollar pro Stunde fällig, und Ihre Versicherungskaution verfällt.« Als alles geregelt war, sah sie zu Mrs. Hathaway hinüber und sagte: »Melinda, bitte.« Ein kleiner Freudenschrei ertönte im Raum, und Melinda sprang auf und lief rasch zu ihren Gastgebern hinüber. Die anderen Mädchen sahen ihr nach und schöpften von neuem Hoffnung, als wieder ein Kundenpaar den Raum von der Eingangshalle her betrat.

Den ganzen Nachmittag hindurch kamen sie paarweise, die am Weihnachtsabend kinderlos waren. Es waren Hochhausbewohner und Rentner aus den Bungalows an der South Side. Einige waren Neulinge, verlegen, außerstande, den Kindern in die Augen zu sehen. (Die Stammkunden, die jedes Jahr den Hauptanteil des Geschäfts ausmachten, hatten ihr spezielles »Weihnachtskind« Wochen im voraus reserviert und waren am Vormittag vorbeigekommen, um es vom Expreß-Abholmarkt mitzunehmen.) Die meisten, die jetzt unter den Ladenhütern stöbern kamen, waren Torschlußkunden.

Mädchen waren sehr gefragt, besonders die jüngsten Kandidatinnen mit Locken. Grübchen und Ponyfransen waren diesmal wieder sehr beliebt. Und bei den Knaben waren Zahnlücken und Spucklocke die bevorzugten Merkmale. In Anbetracht des irregulären Bestandes ging das Geschäft gut. Von dem ursprünglichen Posten blieben bei Ladenschluß um sechs lediglich zwei recht schlicht aussehende Burschen übrig. Beide trugen den Schandfleck eines pubertären Schnurrbarts.

Mrs. Overton machte ihre Akten fertig, während Mrs. Hathaway das »Geschlossen«-Schild an der Tür befestigte, die Weihnachtslichter aus der Steckdose zog und überall die Rollos herunterließ. Die Jungen saßen stumm da und schauten zu.

Da meinte Mrs. Overton: »Ich hatte Ihnen das mit den beiden Jugendlichen doch gesagt, nicht?«

»Ja, Ma'am, das hatten Sie.«

»Warum haben Sie sie dann mit den andern zusammen heruntergebracht?«

»Nun, ich hatte eben gehofft.« Mrs. Hathaway sah zu ihren verschmähten Schützlingen hinüber. Die starrten schuldbewußt in den Schoß. »Es schadet nicht, ihnen wenigstens eine Chance zu geben.«

Mrs. Overton schaute sie kurz an und erwiderte dann ruhig: »Sicher nicht.« Sie war zufrieden mit den Tageseinnahmen, so zufrieden, daß sie jetzt nicht wegen eines kleineren Vergehens streiten würde. Sie wollte ihr schließlich ein gewisses Maß an Mitgefühl nicht ausreden, da sie der Ansicht war, dies sei eine der Eigenschaften, die Mrs. Hathaway zu einer erfolgreichen Vorsteherin machten.

Draußen begann es zu schneien. Bevor sie hinausging, hüllte sich Mrs. Overton in einen Schal und setzte eine Wollmütze auf. »Bis übermorgen dann.«

»Gute Nacht, Ma'am«, sagte Mrs. Hathaway und wandte sich dann zu den Knaben. »Kommt jetzt.«

Während sie langsam die Treppe hinaufstiegen, stieß einer der Jungen einen merkwürdigen gepreßten Ton aus, eine unterdrückte Gefühlsregung vielleicht.

»Still, mein Kind«, sagte Mrs. Hathaway.

CHET WILLIAMSON
Die persönliche Note

Samenkatalog — weg damit; Werbebroschüre — behalten, für Mary; *Sports Illustrated* — behalten; Telefonrechnung, Stromrechnung, Gasrechnung — behalten, behalten, behalten. Verdammt. Aboverlängerung für *Snoop* — weg damit...

Joe Priddy warf den Umschlag weg, doch der landete mit der Vorderseite nach oben auf dem Rand des Papierkorbs und hielt dort das Gleichgewicht. Er wollte ihn schon hineinstupsen, als er links unten die Worte ENTHÄLT PERSÖNLICHE MITTEILUNG! bemerkte.

Persönlich, ihr Idioten, dachte er, doch er nahm ihn und las.

Sehr geehrter **Mr. Pridy**,

wir haben Ihre Abonnements-Verlängerung für SNOOP, das Magazin für Elektronische und Persönliche Überwachung, noch nicht erhalten. Wir gehen davon aus, daß Sie, nachdem Sie neun Monate lang ein treuer Abonnent waren, Ihr Abonnement verlängern werden, so daß wir Ihnen SNOOP weiterhin nach **19 Merrydale Drive** senden können.

Wir müssen Sie, **Mr. Pridy**, nicht an die laufenden Neuerungen in der Überwachungstechnologie und -technik erinnern. Wir sind sicher, daß Sie selbst schon die Folgen in Ihrer Stadt **Sidewheel, NY**, gesehen haben. Halten Sie also mit den neuesten Errungenschaften Schritt, **Mr. Pridy**, indem Sie noch heute **$ 11,95** in dem beigefügten vorfrankierten Umschlag an uns absenden. Als einer, der wie Sie, **Mr. Pridy**, mit dem Gebiet der Strafverfolgung befaßt und/oder daran interessiert ist, können Sie es sich nicht leisten, auf SNOOP zu verzichten, **Mr. Pridy**.

Beste Grüße,

David Michaelson
Abonnenten-Service

P.S.: Sollten Sie, **Mr. Pridy**, Ihr Abonnement nicht verlängern wollen, würden Sie sich dann bitte die Zeit nehmen und uns den Grund dafür nennen, wofür Sie ebenfalls den beigefügten vorfrankierten Umschlag benutzen wollen? Vielen Dank, **Mr. Pridy**

Joe schüttelte den Kopf. Was glaubten die wohl, wen sie da verarschten? »Pridy«, sagte Joe zu sich selbst. »Mein Gott.«

Marys Bruder Hank hatte Joe das *Snoop*-Abo zum Geburtstag geschenkt. »Als Scherz«, hatte er gesagt und Joe dabei anzüglich zugezwinkert, eine Anspielung auf den Abend, als er und Hank mit Hilfe von Joes Fernglas das Quincy-Mädchen in der Wohnung überm Hof beim Ausziehen beobachtet hatten. Es hatte einiger Phantasie bedurft, um Marys Neugier über Hanks Scherz zu befriedigen, und Joe fühlte sich noch immer jedesmal unbehaglich, wenn *Snoop* im Briefkasten lag. Und jetzt sollte er das Abo verlängern?

Er wollte den Brief schon erneut wegwerfen, als ihm das P.S. »Nennen Sie uns den Grund« wieder einfiel. Vielleicht sollte er das wirklich tun. Dann würde alles, was ihn bei *Snoop* bedrückte, von ihm weichen, wenn er ihnen schrieb, was er über ihre »persönliche Mitteilung« dachte.

Sehr geehrter MR. MICHELSON,

ich habe mich entschieden, SNOOP nicht weiter zu abonnieren, nachdem ich es 9 MONATE lang erhalten habe, weil ich Computer-Mitteilungen, die persönlich erscheinen wollen, endgültig satt habe. Mir wäre es viel lieber, eine ehrliche Anfrage an den »Sehr geehrten Abonnenten« zu erhalten als diesen heuchlerischen Papiermüll, der ständig meinen Briefkasten verstopft. Sie tun uns also beiden einen Gefallen, wenn Sie mir keine Aufforderungen zur Abonnementsverlängerung mehr nach 19 MERRYDALE DRIVE in meiner reizenden Stadt SIDEWHEEL, NY, schicken. OK?

Böseste Grüße
Joseph H. Priddy

P. S.: Und ich heiße nicht Pridy, sondern Priddy. Bringen Sie Ihrem Computer Buchstabieren bei.

Joe zog das Blatt aus der Schreibmaschine und steckte es in den vorfrankierten Umschlag.

Zwei Wochen später erhielt er eine weitere Aufforderung zur Abo-Verlängerung. Wie bei der letzten, war auch hier ENTHÄLT PERSÖNLICHE MITTEILUNG auf den Umschlag gedruckt. Er wollte ihn schon ungeöffnet wegwerfen, als er sah, daß sein Name richtig geschrieben war. »Wenigstens das«, brummelte er, während er neben Mary auf der Couch saß und den Umschlag aufriß. Ob sie tatsächlich auf seinen Brief antworteten?

Sehr geehrter **Mr. Priddy**,

Da, wieder so ein Computer-Ding... Immerhin stimmt der Name jetzt....

Wir haben Ihren Brief erhalten und bedauern, daß Sie SNOOP, das Magazin für elektronische und persönliche Überwachung, nicht weiter abonnieren wollen. Dennoch hoffen wir, daß Sie es sich noch einmal überlegen, denn wenn Sie Ihr Abonnement nun zu dem niedrigen Preis von **$ 427,85** für die nächsten neun Nummern verlängern,

$ 427,85? Was zum Teufel? Und was ist mit $ 11,95?

dann können wir Ihr Abonnement ohne Unterbrechung weiterführen und Ihnen die neuesten Erkenntnisse und Neuerungen auf dem Gebiet der Überwachungstechnologie und -techniken vermitteln. Und in der heutigen Welt, **Mr. Priddy**, sollte man ein solches Wissen nicht leichtfertig abtun. Sie werden von Techniken erfahren, ähnlich denen, die der Strafverfolgungsbehörde von New York City den größten Heroinfang der Geschichte ermöglichten, die das FBI über einen Plan, die Staatsregierung von Montana gewaltsam zu stürzen, aufklärte, die uns auf Ihre eigene viermonatige Affäre mit **Rayette Squires** aufmerksam machte.

Wa – Joe spürte, wie ihm das Blut aus dem Gesicht wich.

Zusätzlich erhalten Sie Tips zur fotografischen Überwachung und eignen sich Techniken an, mit denen Ihre eigenen Bemühungen die Qualität des beigefügten Fotos erreichen, das Sie und **Miss Squires** im **Sidewheel Motel** in der reizenden Stadt **Sidewheel, NY**, zeigt.

Joe hechtete nach dem Umschlag, der gefährlich dicht bei Marys *McCall's* lag. Er spähte so verstohlen wie möglich in den Umschlag und entdeckte zwischen dem Hochglanzwerbezettel und dem Rückantwortumschlag ein gut ausgeleuchtetes Foto von ihm und Rayette in einer kompromittierenden und erschöpfenden Stellung. Seine Frau blickte auf sein hohes Winseln hin auf, worauf er den Umschlag zuklatschte, schwach kicherte und den Brief zu Ende las.

Wir hoffen zuversichtlich, **Mr. Priddy**, daß Sie sich unserer Familie informierter Abonnenten wieder anschließen, indem Sie Ihren Scheck über **$427,85** sehr bald überweisen. Sagen wir, binnen 10 Tagen?
Gruß,

David Michaelson
Abonnenten-Service

Joe stand auf, Umschlag und Brief in der Hand, und ging ins Schlafzimmer, um den Schuhkarton hervorzuholen, den er dort versteckt hatte — den mit dem Geld, das er für einen Außenbordmotor zusammengespart hatte, dem Geld, von dem nicht einmal Mary wußte.

Als er es zählte, belief es sich auf $428,05. Was einleuchtete. Denn diesmal war der Umschlag nicht vorfrankiert.

FIELDING DAWSON
Die vertikalen Felder

In Erinnerung an C. D. K.

Am Heiligabend um das Jahr 1942, als ich ein Junge war, nachdem wir den traditionellen Punsch und die Plätzchen zu uns genommen hatten und nachdem wir am Feuer gesungen hatten (mein Tantchen Mary am Klavier), stiegen wir, ich mit meiner Schwester, meiner Mutter und meinen Tanten, in Emma Jackmans Wagen und fuhren die Taylor Avenue hinunter zur Kirche zum Mitternachtsgottesdienst: Ich schaute aus dem Rückfenster auf vorüberziehende Häuser, auf mit Stechpalmenkränzen geschmückte Türen, ich schaute in Fenster hinein — erhaschte Blicke auf herausgeputzte Bäume und auf Männer und Frauen und Kinder, die sich durch Räume hindurch in mein Gedächtnis bewegten und für immer in meiner Erinnerung bewegen werden; der Wagen wurde an der Haltestelle Jefferson langsamer, und die Handlung schien wie eine bedeutendere Handlung zu sein, Weihnachten in einer kalten, feuchten Nacht in Missouri; Schnee lag in Flecken auf dem Boden, und im Wagen unterhielten sich die dunklen Gestalten meiner Mutter und Schwester und Tanten um mich herum, und der Wagen begann, sich in einer Himmelsluft zu bewegen — am Boden dunkel und kalt, schien sie den Wagen umzuformen, mein

Gesicht und meine Hände, fest gegen das Glas gepreßt, als ich meine Freunde mit ihren Eltern in deren Wagen die Linkskurve Richtung Argonne-Drive nehmen und nach einem Parkplatz nahe der Kirche suchen sah; Emma Jackman fuhr hinterher, und ich beobachtete, wie Gestalten in schweren Mänteln ausstiegen und sich den Winterpfad hinunter auf die juwelengleich glitzernde Kirche zu bewegten — die Treppen hinauf ins volle Licht des Eingangs hinein —, Väter und Söhne und Mütter und Töchter, ich kannte und verstand sie alle, ich starrte sie mit glänzenden Augen an: Licht ergoß sich aus geöffneten Türen; hochgewölbte, bemalte Glasfenster warfen nach unten deutende Farbenbündel über den kalten Kirchhof, und drinnen dröhnte die Orgel, während wir ausstiegen und den Gehsteig entlanggingen, ich hielt den rechten Arm meiner Mutter, meine Schwester hielt den linken Arm meiner Mutter (Mutter gewährte uns, sie ein wenig zu stützen) — den Gehsteig hinunter, um uns zu den anderen auf der warmen, guten, geräuschvollen, vertrauten Schwelle zu gesellen: Geister wirbelten die Stufen zur Kirche hinauf, und Billy Berthold teilte die Weihnachtshandzettel aus, ich ergriff meinen. Ich schaute auf die dominierende blaue Illustration der Geburt innerhalb weißer und gelber Strahlen, die sich nach außen bewegten, um einen Kreis um den Schädel des Christkindes zu bilden, während Maria nach unten blickte; Joseph; die knienden Weisen aus dem Morgenland blickten nach unten; ich blickte den langen Mittelgang hinunter auf das gleißende Kreuz des sich erhebenden Altars, und wir bewegten uns den Gang hinunter, schlüpften vor Mr. und Mrs. Sloan und meinen Kumpel Lorry, Mr. und Mrs. Dart und meinen Kumpel Charles, Mr. und Mrs. Reid und meinen Kumpel Gene und seinen Bruder Ed — dann überwanden wir kniend das bewußte Verwirklichen unserer selbst unter Musik im Hause des Herrn, ich selbst mir einer Stimme bewußt, die langsam, heiser, sich fortbewegte — das Ich (Auge) sehend, hier mich (Ich) hö-

200

rend, wir standen wieder auf unseren Füßen und sangen, und der Chor zog den Gang entlang, ihre vertrauten Gesichter bewegten sich Seite an Seite, während die gemeinsamen Stimmen zur Hymne erhoben waren, hielt ich mein Gesangbuch geöffnet, und meine Mutter und Schwester und ich sangen das Lob des dichtumdrängten und frohgeschmückten Gottes — Fichtenzweige und Stechpalmenkränze hingen ringsum an den Wänden mit Kerzen hoch über jeder Kirchenbank, ich schaute auf das blitzende Kreuz — mein Rückgrat bog sich, und fernab von der Kirche, fernab von der Vordertür, fernab von dem Land des letzten Satzes in James Joyces *Dubliners*, schien sich eine weitentfernte Tür zu öffnen, weit ab von stechendem Fichtengrün, das um satte, rote Stechpalmenbeeren drapiert war, von rotem Samt, weißgelbem Zentrum von Kerzenflammen, dem Weiß von Seide, Goldlametta und dem leuchtenden, glitzernden, ewig kubistischen goldenen Kreuz und der Dunkelheit hölzerner Balken, die mächtig nach oben ragten — Gipfel für den seltsamen, rauchigen Hauch, der mich so freudig berauschte, ich, der ich lächelte und mich in kaltem, kaltem Blick hinunter auf mich selbst drehte, da ich Charles Keans christlichexistentialistischer Predigt lauschte, rechtzeitig, bevor der Teller herumgegeben wurde und der Chor singend gegangen war, und wir waren draußen, ich stand bei meiner Schwester; meine Mutter und Tanten schüttelten Charles die Hand, ich schüttelte diese feste Hand voller Wärme, und ich ging die Stufen hinunter, meine Mutter und Schwester und Tanten, wieder, wieder, noch einmal fuhr es durch mich hindurch, nahm mir den Atem, mein Rückgrat bog sich den Bäumen und Straßen zu, langsam gehend, schweratmend ging ich den Gehsteig hinunter, Augen kristallisierten Straßen, Höfe, Häuser und jegliches Leben darin; meine Wahrnehmung stach nach oben durch Baumwipfel hinein in die vertikalen Felder des Raumes, und einen Augenblick später, auf dem dichtgedrängten Rücksitz des Wagens, während

Emma Jackman den Motor startete, hauchte ich meinen Atem auf das Rückfenster, und mit dem Finger unterzeichnete ich meinen Namen.

TOM WHALEN
Die Heimsuchung

Niemand weiß, weshalb sie hier sind oder, was das angeht, woher sie kamen. Nicht einmal der Bürgermeister weiß es.

Wissen Sie, woher sie kommen? fragen wir.

Nein, sagt er, aber unsere Statistik arbeitet daran.

Heute haben die Gottheiten (sie erzählten uns, sie seien Götter) Durangos Laden niedergebrannt.

Ich höre etwas auf dem Dach herumkrabbeln, gehe barfuß nach draußen auf den Rasen und leuchte mit meiner Taschenlampe auf den östlichen Dachgiebel, wo drei von ihnen auf ihren Hintern sitzen, Ziegel abreißen und sie in die Höfe der Nachbarn segeln lassen.

Aufhören! rufe ich.

Sie wenden ihre Gesichter gelangweilt dem meinen zu, starren eine Minute oder länger, werfen dann drei Ziegel nach meiner Stirn.

Ich ducke mich, krieche zurück ins Haus, mache mir eine Kanne Tee.

Ich hielt einen auf der Straße an.

Entschuldigung, sagte ich, aber könnten Sie mir erzählen,

warum Sie gerade mit einem Stemmeisen in diesen Camaro eingedrungen sind?

Weil mir gerade danach war, sagte es, und ging weiter.

Wie die Gottheiten aussehen: Augen mit einem goldenen Schimmer. Finger, fünf pro Hand, dicker als unsere. Schlechte Zähne. Durchschnittliche Größe: 1,60 m. Allgemeines Gebaren: verärgert.

Woher habt Ihr Eure Göttlichkeit? fragen wir.

Von unseren Eltern, antworten sie.

Jeder von uns hat seine eigene Theorie. Einige sagen, wir sind ungerechterweise verflucht worden, andere, daß wir gerechterweise verflucht worden sind, wieder andere, daß es alles ein versteckter Segen ist. Mrs. Sepal erzählte mir, was sie glaubte.

Ich glaube, daß Vergleiche widerlich sind, sagte sie, und daß der himmlische Vater ein Geist ist. Ich glaube an ein einziges unergründliches Wort und nichts anderes. Ich glaube, Absichten sind glühende Feuer, daß Kreaturen der Faulheit die Sonne schwärzen, daß dieser Sklavenhalter Meditation in eine tiefe Ohnmacht gesunken ist. Sie hielt inne, schloß dann mit einem Schrei: ich glaube an das ewige Kommen des Bräutigams!

Die Gottheiten fallen in Scharen über sie her.

Wir berufen eine Stadtversammlung ein, doch die zornigen Gottheiten erscheinen als Holzbläserensemble und ertränken unsere Worte mit ihren kratzigen Quietschtönen.

Ich klettere auf die Kuppel des Rathauses und brülle hoch in den Himmel bedeutungslose Silben. Nach einer Stunde oder so klettere ich wieder hinunter und gehe nach Hause. Als ich in die Küche komme, sehe ich vier von ihnen um mei-

nen umgeworfenen Kühlschrank herum sitzen, die Reste auf-
essen.

Wir wenden uns an den Gemeindepriester und fragen ihn,
was wir tun können.

Habt ihr es mit Vernunft versucht? sagt er.

Wir fesseln ihn mit unseren Gürteln an einen Stuhl, dann
liefern wir ihn an sie aus.

Das Leben in unserem Dorf geht weiter.

Sie betreten mein Geschäft, drei von ihnen in dunklen zwei-
reihigen Anzügen mit glänzenden Melonen. Wir sind hier,
um zu plündern, sagen sie.

Ich sage: Na gut.

Irgendwelche Einwände? fragen sie.

Ich sage: Einige dieser Kuriosa habe ich schon seit Jahren.

Um so besser.

Ich schaue im Geschäft umher, während sie zur Sache gehen, aber meine Augen weigern sich, scharf zu sehen, all
meine Bücher und Gegenstände verschwimmen.

Das hast du verdient, sagen sie, und wischen mit ihren
cremefarbenen Handrücken den Staub von ihren Revers.
Jetzt danke uns.

Danke.

Bitteschön, und guten Tag noch.

Guten Tag, sage ich.

Sie tippen an ihre Melonen, gehen einer nach dem anderen durch die Tür hinaus.

. . .

Dann, eines Morgens, ist alles ruhig, wir treten schüchtern
aus unseren Häusern.

Wo sind sie?

Sind sie zu den Wolken aufgefahren?

Wir fallen auf dem Gehsteig in die Knie; wir grinsen einander dumm an; wir fangen an, einander die Haare auszureißen.

GEORGE GARRETT
Der starke Mann

Kopf hoch«, sagte Harry. »Ist doch nichts Ernstes.«

»Findest du?«

Er lächelte nur. Es war eine Gottesgabe, dieses Lächeln, unverhofft, offen, absolut entwaffnend und wie bei einem Kind von einem geheimen Schalk umgeben. Es war unmöglich, beim Anblick einer solchen überraschenden und charmanten Verteidigung über irgend etwas Ernsthaftes zu sprechen. Sie sah ihn prüfend an, taxierte ihn wie einen wildfremden Menschen — das kurzgeschnittene, sandfarbene Haar, die kleinen Augen, leer und traurig wie die eines Hundes, die weichen Lippen und das aufregende, sonnige Lächeln. Sicher, Harry war fast schön, aber, dachte sie, sonderbar unwirklich. Um ihn lag ein Hauch von Fremdheit. Irgendwie konnte man ihn sich nie dreidimensional vorstellen.

»Nein«, fuhr er fort, »das überstehen wir schon. Und alles, was man überstehen kann, ist nichts wirklich Ernstes — wie Masern.«

»Oder Windpocken.«

Harry lächelte wieder und schenkte ihr Bier ein. Sie saßen in einer kleinen Trattoria am Ufer des Arno. Es dämmerte, diese lange goldene Abenddämmerung des toskanischen Spätsommers, und alle Tische waren besetzt. Auf den Gehwegen beiderseits der Straße floß die helle, dichtgedrängte Menschenmenge gemächlich dahin wie der Fluß. Sie waren erst am Nachmittag aus Rom in Pisa angekommen.

»Wir bleiben ein paar Tage hier und ruhen uns aus«, sagte er. »Ein ruhiger Ort ist das. Wir können im Hotelzimmer am Fenster sitzen und spät frühstücken und auf den Fluß sehen. Morgen früh zeig ich dir den *campanile*. Er ist tatsächlich schief, weißt du.«

»Tatsächlich?« sagte sie. »Ich bin mir nicht sicher, ob ich bei dir bleibe. Ich bin mir überhaupt nicht sicher, daß ich das sollte.«

»Sei doch nicht albern«, sagte er. »Natürlich bleibst du.«

»Du bist dir bei mir immer so sicher. Warum bist du dir immer so sicher?«

Sie kramte in ihrer Handtasche nach Streichhölzern. Einen Augenblick meinte sie, weinen zu müssen, und das sollte nicht passieren. Er beugte sich über den Tisch und gab ihr Feuer.

»Wohin würdest du gehen?«

»Du gemeiner Kerl«, sagte sie.

»Nein, ich meine es ernst«, sagte Harry. »Diesmal meine ich es wirklich ernst. Laß uns doch vernünftig über die Sache reden. Wohin würdest du gehen?«

»Nach Hause. Ich glaube, ich möchte nach Hause gehen.«

»Ausgeschlossen«, sagte er. »Was würdest du dort denn tun — die Scheidung einreichen?«

»Hör auf, Harry. Ich weiß noch nicht, was ich tun werde.«

»Ich will es aber wissen«, sagte er rasch. »Willst du dich scheiden lassen oder nicht? So einfach ist das. Entweder — oder.«

»Ich weiß nicht, Harry. Ich weiß noch nicht, was ich tun soll. Ich versuche, etwas Klarheit in den Kopf zu kriegen. Hör bitte auf, mir dumme Fragen zu stellen.«

»Und was ist mit dem Baby? Daran solltest du auch denken. Hast du denn überhaupt schon an das Baby gedacht?«

Da begann sie zu weinen. Er gab ihr sein Taschentuch.

»Ich bitte dich«, sagte er. »Auch wenn diese Leute kein Englisch verstehen, eine schluchzende Frau können sie nicht ignorieren.«

Sie verkrampfte sich.

»Das ist dir wichtig, was die denken, nicht?«

»So, siehst du, jetzt hast du aufgehört.«

»Ich könnte es ja auf Italienisch sagen«, sagte sie. »Ich könnte aufstehen und es in ganz simplem Italienisch sagen. Das hier ist mein Mann, der mich zum Weinen bringt. Mein Mann bringt mich ständig zum Weinen. Mein Mann schläft ständig mit anderen Frauen. Wenn ich es herausfinde, reisen wir ab. Wir sind ständig am Abreisen.«

»Weißt du, was sie sagen würden? Sie würden sagen, dann verlassen Sie ihn doch? Die logische Antwort.«

»Das würde dir gefallen, was?«

»Ich weiß nicht«, sagte Harry. »Ich habe bisher noch nie darüber nachgedacht.«

»Du kannst es dir ja gar nicht vorstellen. Nach all dem kannst du ja gar nicht auf die Idee kommen, daß ich dich verlassen könnte. Und jetzt, wo ich schwanger bin, bist du dir vollends sicher.«

»Müssen wir damit wirklich anfangen?«

»Du kannst dir nicht mal vorstellen, ich könnte dich verlassen, nicht wahr?«

»Nein«, sagte er. »Ehrlich gesagt, kann ich das nicht.«

»Na gut«, sagte sie. »Angenommen, ich tue es nicht. Angenommen, ich bleibe da. Was dann?«

»Alles«, sagte er mit seinem wunderschönen Lächeln. »Dann alles. Dann fangen wir wieder neu an. Warum denn nicht! Wir fahren nach Paris. Ich hab dort ein paar Bekannte.«

»Warum nicht nach Hause?«

»Warum nicht?«

»Im Ernst? Würdest du wirklich nach Hause fahren?«

»Ich könnte vielleicht sogar arbeiten«, meinte er. »Müßiggang...«

»Das Schlimme ist«, sagte sie, »daß ich nie weiß, wann du die Wahrheit sagst. Ich weiß nie, ob ich dir vertrauen kann.«

Er machte dem Kellner ein Zeichen.

»Ich glaube, das mußt du eben«, sagte er. »Ich glaube, du mußt es einfach riskieren.«

Sie überquerten die Straße und mischten sich unter die Leute, die am Fluß entlang spazierten. Es wurde allmählich dunkel, und die Berge im Norden waren nur noch eine Masse aus düsteren Schatten. Die Berge verschwanden, und der Fluß war dunkel. Sie konnte den Fluß riechen, und sie konnte ihn hören, aber sehen konnte sie ihn nur, wo Licht darauffiel. Sie fühlte sich wie in einem Dämmerzustand, als sei nicht nur Harry, sondern die ganze Welt unwirklich und flüchtig: Es wird dunkel und die Berge verschwinden.

»Wohin gehen die Dinge, wenn es dunkel wird?« hatte sie als Kind gefragt.

»Sie gehen eben schlafen«, hatte die farbige Kinderfrau gesagt. »Sie rollen sich einfach zusammen und schlafen ein.«

Sie gingen mit dem Menschenstrom über die Brücke, und dann befanden sie sich auf einer schmalen gepflasterten Straße mit Cafés und Restaurants und Kinos. Irgendwo hörten sie leise eine Militärkapelle spielen, und sie hörten das Gelächter und die vollen Silben der Sprache um sich herum. Weiter unten kamen sie auf einen kleinen Platz. An der Ecke drängte sich ein Kreis von Menschen um eine einzelne Gestalt. Ein Mann stand bleich unter einer Laterne, er war kräftig gebaut und mit Badehosen und Turnschuhen bekleidet. Er stand entspannt da, mit hängenden Schultern, während ein kleiner, dicker Mann, dessen Glatze im Lampenlicht glänzte, langsam zwischen den Zuschauern umherging mit einem Plakat, das den Mann in Badehosen zeigte.

»Was ist das?« fragte sie. »Ein Zauberer?«

Harry lachte. »Nein«, sagte er. »Das ist ein starker Mann oder so etwas. Willst du zuschauen?«

»Ich weiß nicht. Ich hab noch nie einen gesehen.«

»Komm.«

Es herrschte lautlose Stille, als der Mann mit seiner Vorführung begann. Er hob schwere Gewichte über den Kopf, streckte sich, seine bleichen Muskeln traten hervor, Schweiß glänzte auf seinem ganzen Körper. Als er fertig war, ging der kleine Mann durch die Menge und sammelte ein paar Münzen in seinen Hut. Der starke Mann lehnte sich an den Laternenpfahl und atmete schwer. Sie fand, daß er so einsam aussah in dem Lichtkegel dort drüben, allein und halbnackt. Er schien nichts und niemanden zu sehen. Die Menge schien er nicht zu bemerken. Er ruhte sich nur aus und atmete schwer, angespannt und doch unbeteiligt, wie ein eingesperrtes Tier. Sie nahm Harrys Hand in die ihre.

»Gehen wir«, sagte Harry. »Das ist doch langweilig.«

»Warte«, sagte sie. »Jetzt macht er noch irgend etwas mit Stricken.«

Zwei Männer aus dem Publikum fesselten ihn sorgfältig in ein Netz aus geknoteten Stricken. Als sie fertig waren, konnte er weder Hände noch Füße bewegen, und sie traten zurück in die Menge. Der starke Mann blieb einen Augenblick reglos stehen. Dann schloß er die Augen und begann, an den Stricken zu zerren. Seine Stirn war schweißverklebt. Die dicken Halsadern hoben sich blau und geschwollen gegen die Haut ab. Ganz langsam und offensichtlich unter Schmerzen, begann er mit den Schultern zu zucken. Die Stricke hinterließen tiefe rote Striemen, wo sie ins Fleisch schnitten. Einen verzweifelten Augenblick lang schien es ihr, als könnte er sich nie allein befreien, aber dann warf er sich herum und bekam einen Arm frei. Die Menge applaudierte, und der kleine Mann ließ wieder den Hut herumgehen, während der starke Mann sich aus den restlichen Stricken wand.

»Als nächstes versucht er es mit Ketten«, sagte sie.

»Komm, wir wollen sehen, wie er aus den Ketten heraus-kommt.«

»Das ist doch bloß ein Trick. Merkst du das nicht? Komm schon.«

»Ich will es sehen.«

»Meine Güte!« sagte Harry. »Na gut.«

Diesmal wurde er eng in Ketten gefesselt. Er stand da und sah mit leerem Blick in die Gesichter der Leute, während zwei Männer ihn in Ketten fesselten.

Der starke Mann fing damit an, daß er den ganzen Körper gegen die Ketten verdrehte. Plötzlich rutschte er weg und fiel zu Boden, und man hörte ein Japsen und das dumpfe Geräusch von Eisen auf Stein. Reglos wie eine umgefallene Puppe lag er auf der Straße.

»Gehen wir«, sagte Harry.

»Ich will zuschauen«, sagte sie. »Ich will, daß du dableibst und zuschaust.«

»Da kommt er nie raus. Die müssen ihn befreien.«

»Das glaube ich nicht.«

»Das ist doch albern«, sagte Harry. »Ich sehe überhaupt nicht ein, warum wir hier rumstehen und uns das anschauen sollen.«

»Sieh doch!« sagte sie. »Jetzt bewegt er sich.«

Der starke Mann begann sich auf dem Pflaster zu winden. Er schob sich auf dem Rücken vorwärts, angespannt und zappelnd wie ein Fisch auf dem Trockenen. Er rollte sich auf den Bauch, und nun konnten sie Blut auf seinen Lippen sehen und die glasige, fanatische Konzentration in seinem Blick.

»Du mußt ja nicht hinschauen«, sagte sie. »Mach die Augen zu, wenn du nicht hinschauen willst.«

Sie betrachtete den Mann in Ketten und verspürte eine sonderbare Heiterkeit. Sie fühlte, wie ihr eigener Körper sich angespannt im sanften Rhythmus seines Kampfes mitbewegte. Ein Arm kam frei, dann langsam, ganz langsam, der andere, und schließlich setzte er sich auf und drehte die wunden Beine heraus. Während sein Gefährte den Hut herumreichte, saß der starke Mann auf der Straße und sah lächelnd auf seine Beine. Sie wandte sich ab und schaute Harry an. Der arme Harry würde das nie verstehen. Egal, wofür sie sich am Ende entschied, Harry würde es nie verstehen.

»Komm, wir gehen zurück ins Hotel zum Abendessen«, sagte er.

Sie gingen den gleichen Weg zurück, den sie gekommen waren, und als sie die Arno-Brücke überquerten, bemerkte sie den Neumond, und sie konnte die dunklen Umrisse der Berge erkennen. Sie standen immer noch da, und sie konnte die kräftige Strömung des Flusses fühlen, und sie spürte ihr Kind, das heimliche Leben, das sich heftig in ihrem Leib bewegte.

BARBARA L. GREENBERG
Wichtige Dinge

Jahrelang haben die Kinder gequengelt und nicht locker-
gelassen. »Erzähl's uns, erzähl's uns.«

Du hast versprochen, es den Kindern ein andermal zu erzählen, später, wenn sie alt genug wären.

Jetzt stehen dir die Kinder Auge in Auge gegenüber und
zeigen dir die Zähne. »Erzähl's uns.«

»Erzählen, was denn?« fragst du unbefangen.

»Nenne uns: Die Wichtigen Dinge.«

Du erzählst deinen Kindern, daß es sechs Kontinente und
fünf Ozeane gibt oder umgekehrt.

Du erzählst deinen Kindern das bißchen, was du über Sex
weißt. Deine Kinder sagen dir, daß es bessere Ausdrücke für
das gibt, was du Die Eheliche Umarmung zu nennen pflegst.

Du sagst deinen Kindern, sie sollen sich selbst treu sein.
Sie sagen, sie sind sich selbst treu. Du sagst ihnen, daß sie
lügen, du weißt immer, wann sie lügen. Sie sagen dir, daß du
spinnst. Du sagst ihnen, daß sie sich gefälligst benehmen sollen. Sie glauben, du meinst das als Witz; sie lachen.

Du hast Tränen in den Augen. Du erzählst den Kindern,
daß der Dunkelheit ein neuer Morgen folgt, daß man die
Flut nicht aufhalten kann, daß man den Lauf der Dinge
nicht verändern kann, daß niemand ewig nur Pech haben
kann. Du erzählst ihnen die Geschichte von Dem Kleinen

Soldaten, dessen rechter Arm, den er geopfert hatte, als er für eine gute Sache kämpfte, wieder nachwuchs.

Du sagst, daß, wenn es das Böse nicht gäbe, wir niemals die Befriedigung hätten, uns für Das Gute zu entscheiden. Und wenn es den Schmerz nicht gäbe, sagst du, könnten wir nie unsere größte Freude empfinden, Befreiung vom Schmerz.

Du schlägst vor, für die Kinder einen Kuchen zu backen, Karamelltorte mit Schokoladenüberzug, ihren Lieblingskuchen.

»Erzähl's uns«, sagen die Kinder.

Du erzählst deinen Kindern: »Ich werde sterben.«

»Wann?«

»Eines Tages.«

»Oh.«

Du erzählst deinen Kindern, daß auch sie sterben werden. Sie wußten es schon.

Dir fällt nichts mehr ein, was du den Kindern noch erzählen könntest. Du sagst, es tut dir leid. Es tut dir wirklich leid. Aber die Kinder haben deine Ausreden satt.

»Versprochen ist versprochen«, sagen die Kinder.

Sie geben dir noch eine Chance, es ihnen aus eigenem Antrieb zu erzählen. Wenn du es dann nicht tust, werden sie zur Folter greifen müssen.

JOE DAVID BELLAMY
Roths Toter

Der Kopf des Toten war leicht zum Fenster gedreht; und der laue Nachmittag mit der heißen Sonne auf den Bäumen am Parkplatz und den sprühenden Rasensprenklern drang in ungehinderter Lebhaftigkeit und Vielförmigkeit ins Zimmer. Der Plastikinfusionsschlauch war noch am Knöchel festgeklebt, einem geschwollenen gelben Knöchel, gelb und geschwollen wie das Gesicht und der Hals des Mannes, seinem Armbändchen nach vierundfünfzig Jahre alt, jetzt tot, drei Tage vorher eingeliefert, bei Ankunft lebendig, zwei Tage im Koma und jetzt vor zehn Minuten gestorben, ohne daß Roth zuschauen konnte, wie es geschah.

Die Krankenakte im Stationszimmer besagte, der Tote auf 117 war: J. B. Houk; leitender Angestellter; L. R. Downing, Inc.; geschieden, zwei Kinder; möglicherweise Alkoholiker.

Roth, der neue Pfleger, hatte oft still hinter dem Vorhang gestanden, um das Phänomen J. B. Houk zu betrachten, bevor er starb. Da stand Roth dann am Fußende und fragte sich, was für ein Mensch J. B. Houk wohl war. Der Brustkorb des Mannes hob sich unregelmäßig, und sein Körper schien ständig Traubenzucker aus dem Infusionsschlauch zu saugen, wobei er die Flüssigkeit mit unerhörter Energie einzog. Das Gesicht hatte etwas Brutales oder Hemmungsloses, die Züge um den Mund waren allmählich zu einem automatischen, scheinheilig wohlwollenden Grinsen erstarrt, das für irgendein selbstsüchtiges Ziel zur Schau getragen wurde. Das Haar stand schneeweiß über dem gelblichen Gesicht — mancher hätte ihn als distinguiert aussehenden Mann bezeichnet —, und die Augen waren strahlend blau gewesen, von sehr hellem Blau und überraschend durchsichtig, als Roth sie zum ersten Mal sah, bevor J. B. Houk sie am zweiten Tag schloß und seinen Körper unbelastet vom Bewußtsein weiterlaborieren ließ.

Ray war schon dabei, Kleidungsstücke aus dem Schrank zu holen und sie am Fußende des Bettes zusammenzufalten. »Was soll ich tun?« sagte Roth.

»Ich habe auf dich gewartet, damit wir die Leiche herrichten können«, sagte Ray. Er zog einen kleinen Koffer aus dem Schrank und einen knallrot gemusterten Bademantel auf einem Bügel und legte die schon gefalteten Kleider in den Koffer, dann den Bademantel, wobei er den kahlen Fleck auf seinem kurzgeschorenen Kopf sehen ließ, als er sich bückte. »Wir müssen uns um all die persönlichen Sachen hier kümmern«, sagte Ray und deutete auf den Nachttisch. »Ich soll dir zeigen, wie man ihn herrichtet, so daß du es das nächste Mal alleine kannst.«

»Müssen wir ihn auch nach unten bringen?«

»Nein, die von Scobie's müssen gleich da sein. Die kümmern sich um ihn. Normalerweise bewahren wir die nicht hier im Krankenhaus auf.« Roth vergegenwärtigte sich die Tür zur Leichenhalle, die genauso aussah wie die anderen Türen, an denen er im Keller jeden Nachmittag vorbeiging, nachdem er seine Lochkarte abgestempelt hatte, außer daß diese Tür mit schwarzen Buchstaben beschriftet war (er hätte erwartet, daß so eine Tür aus Stein oder Eisen wäre).

Ray gab ihm eine Papiertüte, und Roth ging an den Nachttisch und öffnete die Schublade. Da lagen eine Brille ohne Futteral, eine goldene Armbanduhr, Brieftasche, Autoschlüssel, Kugelschreiber, vier oder fünf Streichholzbriefchen von einer Cocktailbar, zwei dicke Zigarren zu fünfundzwanzig Cents und eine beschriftete Drehscheibe, mit der man passende Bibelstellen finden konnte, »wenn im Zweifel«, »in Versuchung«, »bei Krankheit« usw. Roth schichtete die Sachen wie abgepackte Lebensmittel behutsam in die offene Tüte. Unten im Nachttischschränkchen lagen eine Volksbibel und ein Stapel Zeitschriften mit Eselsohren, die verschwommene, rotumrandete Aufschriften trugen wie »Verbraucher« und »Welt« — Tabellen, Statistiken und Fotos anderer Geschäftsleute. Roth sammelte sie ein und legte sie zusammen mit der Papiertüte in den offenen Koffer.

»Miß Trigg sagte, wir sollten bloß Mr. Tilney nicht stören«, flüsterte Ray. »Sonst kriegt der womöglich wieder einen Herzanfall.« Roth griff hinter sich und zog den Vorhang fest zu, der die beiden Betten trennte; dabei fragte er sich einen Augenblick, was das verängstigte unbekannte Männchen, das zwei Meter entfernt dalag, sich wohl dachte.

»Der stellt sich tot, glaub ich«, flüsterte Roth. Da quietschte plötzlich das Bettgestell, und Ray kicherte nervös.

»Der denkt, das ist ein schlechtes Omen. Die kratzen jetzt wahrscheinlich drei-Mann-weise ab, weißt du.« Roth zuckte die Achseln.

»Also«, sagte Ray, »als erstes entfernst du mal den Zahnersatz, falls er welchen hat, machst ihm den Mund zu, damit der Kiefer nicht offen stehenbleibt, und drehst ihm den Kopf auf dem Kissen zurecht, Nase nach oben — sonst gibts eine blaue Backe.«

»Stimmt.«

»Stell dir vor, was die vom Bestattungsinstitut zu einer blauen Backe sagen würden.« Ray steckte rasch die Finger in den halbgeöffneten Mund, schob die Zunge zurück, zog die Hand schnell wieder heraus und schloß den Unterkiefer mit der Handfläche. Dann packte er den Kopf über dem Haaransatz und drehte ihn gegen den Uhrzeigersinn vom Fenster weg. Der Kopf blieb in dieser Position.

218

»Er hat keine falschen Zähne.«

»Gut.«

»Siehst du, wie ich darauf geachtet habe, die Haut nicht zu berühren, außer da, wo es nicht anders ging. Wo du ihn anfaßt, da verfärbt er sich, du mußt also achtgeben.«

»Wie kriegen die das Gelb aus ihm heraus? Er ist schon ganz schön verfärbt.«

»Die haben da ihre Methoden. Gelb ist einfacher als blau, und bei Gelb sind nicht wir schuld. Die kriegen ihn so hin, daß er daliegt wie das blühende Leben. Keine Sorge. Der wird bei der Beerdigung von allen noch am gesündesten aussehen.«

»Sollten wir nicht die Infusion abmachen?« Ray nickte.

»Macht nichts, wenn du ihn da anfaßt, da sieht es keiner.« Flink löste Ray den Verband am Fußgelenk und zog die Nadel heraus. Roth nahm die Flasche mit dem Traubenzucker vom Haken, um ihm Spielraum zu geben, und musterte in der Glasflasche sein grünlich wässriges Spiegelbild, der Kopf schwebte eigenartig über dem gestärkten Krankenhaushemd.

In diesem Moment hörte Roth das Geräusch von Gummisohlen, die über den Linoleumboden im Korridor quietschten. Die gegenüberliegende Zimmertür stand etwas offen, aber es war nichts zu sehen außer der Tür selbst, die von der makellosen Kachelwand des Flurs umsäumt war. Dann kam Miß Trigg, die Oberschwester, quietschend durch die Tür. Ray und er schraken zusammen wie zwei Grabräuber.

»Die Familie kommt zu Besuch«, sagte sie. »Habt ihr ihn fertig? Dr. Shantril hat es ihnen noch nicht gesagt. Er wird gleich da sein.«

Eine brünette Frau tauchte im Korridor auf, und Miß Trigg errötete und drehte sich zu dem Toten um. Der Koffer lag immer noch offen neben ihm auf dem Bett, und die knochigen Füße und Knöchel, wund und violett von der Infusion, ragten unter dem hochgeschobenen Laken hervor. Der Oberkörper des Toten war unbedeckt.

»Er ist noch nicht ganz fertig«, sagte Ray.

Roths Hand umschloß krampfhaft die Eisenstange des Infusionsständers. Er konnte sehen, wie die Frau im Flur stehenblieb und mit jemandem außer Sichtweite redete. Miß Trigg zog ruckartig das Laken über die Füße und schlug es rasch am Bettende unter. Ray griff nach dem Koffer, er hatte immer noch den Fußverband in der Hand, als Roth sah, daß die Frau sich in Bewegung setzte.

»Sie kommt«, sagte Roth.

»Tut mir leid«, sagte Miß Trigg und stellte sich der Frau am Fußende von Mr. Tilneys Bett etwas in den Weg. »Sie müssen leider warten, bis der Arzt kommt.« Zwei Mädchen, eins etwa zwölf, das andere ungefähr sechzehn, waren hinter der Frau eingetreten. Sie schauten Miß Trigg erwartungsvoll an.

»Hat sich sein Zustand geändert?« fragte die Frau. Das sechzehnjährige Mädchen beobachtete Roth, wie er den Infusionsständer zur Wand rollte. Sie hatte weiches, schulterlanges braunes Haar. Ray kam mit dem geschlossenen Koffer hinter Miß Trigg vorbei und legte ihn auf den Stuhl. Miß Trigg schien es die Sprache verschlagen zu haben. Das ältere Mädchen warf ihr einen ängstlichen Blick zu, ging plötzlich an ihr vorbei und pflanzte sich neben dem Bett des Toten auf. Sie schien sich auf Zehenspitzen zu stellen.

»Der Arzt muß jeden Moment da sein, Mrs. Houk«, sagte Miß Trigg. »Es tut mir leid.« Inzwischen schauten alle auf die Leiche.

Der Gesichtsausdruck der Frau war verhärmt, resigniert, sofort resigniert, leicht angeekelt. »Ist schon gut«, sagte sie. Da warf sich das ältere Mädchen über den aufgedunsenen, gelblichen Mann und bedeckte das starre Gesicht verzweifelt mit Küssen. Ihr Rücken hob und senkte sich.

»Oh, Daddy«, schluchzte sie. »Oh, Daddy, Daddy.«

PAUL MILENSKI
Prottokol

Toby Heckler klemmte den gelben Zettel unter den Scheibenwischer des schwarzen Oldtimers, der über zwei Parklük-
ken geparkt war. Auf das gelbe Papier hatte Toby mit roter
Tinte und in Druckbuchstaben »PRAKFELER« geschrieben, und darunter, in kindlicher Schrift, seinen Namen,
»TOBY«. Er steckte die Kappe auf seinen Feinstrichkugel-
schreiber, klemmte ihn hinters Ohr, verstaute den Block
mit den gelben Zetteln in seiner Jackentasche. Er ging die
Main-Street hinunter, das Kinn hochgereckt, die Turnschuhe strahlend weiß von Baby's Flüssiger Schuh-Politur.

Als Toby an Thom McAns Laden vorbeikam, sah er ins
Schaufenster, erkannte seine widersgespiegelten Turnschuhe,
sah auf sie hinunter, bewegte die Zehen in ihnen. Er rückte
den Kugelschreiber hinter seinem Ohr gerade, klopfte auf
den Block mit den gelben Zetteln in seiner Tasche, ging weiter. Die Leute starrten Toby an; er hielt das Kinn hochgereckt.

In der Nähe der First National Bank warteten zwei alte
Damen auf den Bus. Sie standen mitten auf dem Bürgersteig,
ein Stück vom Bordstein entfernt. Toby zückte seinen Block,
zog den Kugelschreiber hinter seinem Ohr hervor, hielt die
Kappe zwischen den Zähnen. Er schrieb langsam, sorgfältig,
gab dann einer der Damen den Zettel, »ZU FIEL IM

WEG«, gezeichnet »TOBY«. Er verstaute seine Utensilien, ging weiter wie zuvor. Die beiden Damen betrachteten den Zettel, traten näher an die Bordsteinkante.

An der Kreuzung Main- und South-Street leuchtete die Fußgängerampel in sattem Orange, »NICHT GEHEN«. Autos fuhren, Leute standen am Straßenrand. Ein Mann in einem Nadelstreifenanzug und mit einem Aktenkoffer trat vom Bürgersteig herunter, wollte sich zwischen den Autos hindurch auf die andere Seite schlängeln. Toby streckte die Hand nach seinem Block aus. Die Autos schlossen dichter auf; der Mann trat auf den Bürgersteig zurück. Toby zog die Hand zurück. Als auf der Ampel das grüne »GEHEN« aufleuchtete, überquerten Toby und der Mann die Straße. Der Mann ging in ein Geschäft. Toby wartete auf ihn, reichte ihm, als er herauskam, einen Zettel, »FASST GANGEN«.

Streifenpolizist McVee stand vor Charlies Tabakladen; McVee hatte die Kennummer 635. Toby blieb stehen, stellte sich neben ihn. McVee sah ihn an.

»Na, Toby, wie geht's?« sagte McVee.

Toby zückte seinen Block, zeigte ihn McVee.

»Reichlich zu tun, was, Toby?«

Toby steckte den Block weg, nickte. Seine Augen verdrehten sich, sahen gequält aus.

»Ja, Toby, es ist nicht leicht«, sagte McVee.

Toby sah auf McVees Schuhe. Bis auf einen einzigen Schmutzfleck waren sie glänzend, schwarz. Toby bückte sich, rieb den Schmutzfleck mit der Hand weg.

»Danke, Toby«, sagte McVee.

Toby suchte McVees Blick, sah auf seine eigenen Turnschuhe hinunter.

»Sehr schön, Toby. Wie geleckt«, sagte McVee.

Toby reckte das Kinn hoch, ging weiter.

Bevor der Regen kam, hatte Toby seinen halben Block aufgebraucht. Vor Marios Schleiferei war ein Hund an einer Parkuhr festgebunden; er hatte seine Leine straff um die

Stange gewickelt. Toby steckte einen Zettel unter sein Halsband, »FLASCH ANBUNDEN«. Toby betrat den Christlichen Verein Junger Männer, reichte dem Mann am Pult einen Zettel, »J KAPUT«. Auf einer Bank am Park-Square aß ein Mann einen Schokoladenriegel; er warf das Papier auf den Boden. Toby gab ihm das Papier und einen Zettel, »PAPIR AUF GARSS«. Der Mann ging weg und ließ beide Papiere fallen. Toby holte ihn ein, gab ihm beide Papiere und einen weiteren Zettel, »WILL NICH HÖHREN«. Der Mann sagte »Meine Güte«, steckte sämtliche Papiere in seine Tasche.

Der Regen fing an, Tobys Zettel zu durchweichen, seine Tinte verschwimmen zu lassen. Er steckte alles weg, sah zum Himmel hinauf, verdrehte die Augen.

Als er wieder an der Ecke Main und South ankam, regnete es in Strömen. Ein Auto fuhr über die Kreuzung, spritzte dreckiges Wasser auf seine Turnschuhe. Toby ging mit schnellen Schritten die South hinunter, nahm die Abkürzung durch die Gasse zwischen Sams Autozubehör und der Blue-Arc-Schweißerei, wich auf der Mill-Street Pfützen aus, ging an der Flutmauer die River-Street entlang, kam an seinen Bungalow, ging hinein.

Drinnen roch es nach Kohl, Zigarettenrauch, verschüttetem Alkohol. Der Flur war dunkel, in Abständen vom blassen Licht des Fernsehers erleuchtet. Er wußte, daß seine Mutter auf dem Sofa lag, rauchend, trinkend, umgeben von Fernsehzeitschriften. Das Sofa mit einem großen Buckel darauf warf einen Schatten an die Wand.

Toby zog seine Turnschuhe aus, trug sie die Treppe hinauf.

Seine Mutter drehte den Kopf. »Toby, bist du das?« Ihre Stimme klang heiser, müde. Aber Toby war schon in seinem Zimmer, hatte die Tür zugemacht, Baby's Flüssige Schuh-Politur vor sich auf dem Boden.

Seine Mutter kam an den Fuß der Treppe. Sie hustete, schrie: »Toby!«

Toby machte die Tür auf, zeigte sich seiner Mutter.

Sie hatte eine Zigarette und ein Glas in der Hand. »Toby, du hättest ein gottverdammter Einbrecher sein können, so wie du dich hinter meinem Rücken reinschleichst!« Toby machte die Tür zu, griff unter sein Bett.

»Toby, du gottverdammter Spinner!«

Toby zog einen Schuhkarton hervor. Auf dem Deckel stand: »PROTTOKOLS FÜR MUTTER«.

Toby schrieb drei Zettel: »ZU FIEL RAUCHEN«, »ZU FIEL DRINKEN«, »ZU FIEL BRÜLEN«. Er legte die Zettel in den Karton. Dann, bevor er den Karton wegpackte, schrieb er einen weiteren Zettel, in seinen größten Buchstaben: »ALLES VERKERT!«

Als der Karton sicher unter dem Bett verstaut war, setzte Toby sich auf den Boden, klemmte die Zunge zwischen die Zähne, fing an, seine Turnschuhe strahlend weiß zu polieren.

SHARYN LAYFIELD
Die Coggios

Es ist Frühling, und Flamingos kehren wieder zurück auf den
Rasen der Coggios, zusammen mit der Jungfrau in ihrer
himmelblauen Robe. Im winzigen Palisadenzaun drehen
sich Gänseblümchen-Windräder; ein Paar junger Rehe grast
und lauscht. Ich lausche auch, stelle mir die Stimmen der
Coggios vor, wie sie nach mir rufen, hinterm Haus hervor, wo
sie am Nachmittag ihre Mußestunden verbringen.

Das Haus der Coggios ist zitronengelb, groß, aber nicht
allzu groß. Mr. Coggio ist alt und hat krumme Beine, und er
trägt einen Strohhut, wenn er draußen arbeitet. In den ersten Frühlingstagen sind zwei seiner Jungs mit ihm draußen,
schleppen Dung zusammen, mähen und harken, während
Mr. Coggio auf Händen und Knien die Ecken trimmt und
Abfälle einsammelt, leise mit sich selbst oder vielleicht der
Erde redend. Man wird nie einen Löwenzahn auf dem
Grundstück der Coggios entdecken. Keinen Klee, kein Un-
kraut. Der Rasen ist edel, nirgends verfilzt, so zum Darüber-
laufen verlockend wie einer dieser Golfplätze, die man sieht.

Als die Lunchzeit näherrückt, kommen zwei riesige Cog-
gio-Töchter aus dem Haus, tragen zunächst Lappen und
Eimer mit Seifenwasser hinaus, dann Leinentücher, Porzellan und Besteck. Durch Licht und Schatten laufen sie
über den Rasen zum Picknick-Pavillon mit seinen Fliegen-

225

fenstern, der das gleiche gelbe Dach wie das Haus und die Vogelhäuser besitzt, die auf langen Pfählen hoch über den Garten emporragen. Die Töchter scheuern den Picknick-Tisch, die Bänke, den Zementfußboden. Nun breiten sie ein sauberes, weißes Leinentischtuch aus. Das Tuch und der Tisch sind vielleicht zehn, zwanzig oder dreißig Jahre alt. Es ist schwierig, das Alter der Dinge zu schätzen, die den Coggios gehören, denn sie pflegen sie immer so sorgfältig. Das weiße Tischtuch zum Beispiel: Wenn irgend etwas darauf verschüttet wird, gießen die Frauen heißes Wasser auf den Flecken, weichen ihn ein, scheuern die Stelle und hängen das Tuch auf die Wäscheleine in die Sonne. Ich habe gesehen, wie sie am Abend im Garten herumliefen und Gartenwerkzeug einsammelten, die Gartenstühle hereinholten. Ihre Messer werden auf einem Stein geschärft, ihr Werkzeug wird geölt, die Pinsel ausgewaschen und noch einmal ausgewaschen. Auf den Heckenscheren gibt es niemals Roststellen. Nie wird etwas im Regen oder Schnee draußen liegengelassen.

Es ist Zeit zum Essen, und Mrs. Coggio tritt würdevoll aus dem Haus, wobei sie einen tiefen Teller mit einer feinen, wie Gitterwerk wirkenden Kruste obendrauf vor sich herträgt. Die Rüschen an ihrer geblümten Schürze, steif und glänzend vor Stärke, bewegen sich nicht im Wind. Die Kleider aller Coggios sind faltenlos, ihre Farben leuchtend vom Bläuen, mit großer Ausdauer von den Töchtern auf der Sonnenterrasse gebügelt. Dienstags nachmittags wechseln sie sich ab am Bügelbrett, singen zum Radio und nippen Limonade, während sie arbeiten. Wenn sie schwitzen, betupfen sie ihre Gesichter mit echten Taschentüchern.

Die Coggios haben sich am Tisch niedergelassen, bekreuzigen sich und sprechen das Gebet. Teller werden ausgeteilt und Servietten gelüpft und gesenkt. Die Jungen und ihr Vater essen schnell, streichen Butter auf ihre Brötchen und stecken sie sich flugs in den Mund. Die Frauen kauen regelmäßig, rhythmisch, beobachten den jüngsten der Jungen, während er spricht. Mr. Coggio hört zu, schaut aber nicht vom Teller auf.

Die Zeremonie wiederholt sich in umgekehrter Reihenfolge, und die Frauen erheben sich, um die Reste des Mahls einzusammeln, und kehren in einer schweigsamen Prozession zum Haus zurück. Nun, da ich sie so gut kenne, kann ich die Coggios fast durch die Wände ihres Hauses hindurch sehen, wie sie in der Küche arbeiten. Sie stellen leere Cola-Flaschen unterm Waschbecken ab, nach der Größe geordnet. Sie drehen die Zipfel von riesigen Plastik-Müllsäcken zu. Irgend jemand beugt sich über den Ofen und schiebt den absolut sauberen Einsatz mit der Aluminiumfolie wieder rein. Ich kann weiße, goldgesprenkelte Resopal-Arbeitsflächen sehen, glänzenden Chrom und rostfreien Stahl, eine Toaster-Hülle, die wie eine Katze aussieht.

Draußen hebt Mr. Coggio seinen Sack mit den Abfällen auf. Die Jungen schubsen sich gegenseitig herum, als sie an ihre Harken zurückkehren. Dann sind da Geräusche: Geschirr, das klirrt, ein Vogel, der seine Melodien wechselt, ein hoher schriller Ruf, gefolgt von einem anderen, der nach einer Krähe klingt. Der älteste Coggio-Junge raucht eine Zigarette hinterm Schuppen, an die Wand gelehnt und in den Wald starrend.

Es ist spät am Nachmittag. Ich kann sie von hier aus sehen, wie sie hinten in der Sonne liegen. Die Mädchen sitzen sich auf der Schaukel gegenüber, die Sonne auf ihren Haaren. Mr. und Mrs. sitzen dicht daneben auf Gartenstühlen. Sie strickt und er stiert, wie sein Sohn, in den Wald, seine Pfeife rauchend. Die Mädchen sprechen leise. Mr. Coggio nickt, ist schläfrig. Die Pfeife in seinem Schoß, schläft er. Die Mädchen flüstern. Nichts bewegt sich außer losen Haarsträhnen, die um die Gesichter der Frauen im Sonnenlicht flattern. So sehe ich sie am liebsten.

Ich erforsche das Haus, das Grundstück und stelle mir die

Zukunft der Coggios vor. Ich weiß, daß die Mädchen nie heiraten werden. Warum sollten sie auch? Aber die Jungen sind ruhelos. Sie werden gehen und mit Frauen zurückkehren, die Babys in weißen Taufkleidern tragen, und die Coggios werden ihrer Sammlung einen Kinderstuhl, Schaukeln und ein Planschbecken zufügen. Die Familiensonntage werden größer und lauter werden. Die Mädchen werden mit Säuglingen im grünen Gras spielen, werden sie erst drängen zu laufen und sie später festhalten, wenn sie sich zwischen den Erwachsenen hin- und herjagen, glücklich kreischend.

Zu dieser Stunde des Tages, wenn die Sonne niedrig steht und brennt, werden die Coggios am Ende der Einfahrt stehen und winken und lächeln, während die Söhne und Frauen und Kinder auf den Highway hinausfahren und verschwinden. Und dann werden sie mich sehen. Ich bin geduldig, wissend, daß ich, wenn ich lange genug warte, in diesem Garten willkommen sein werde. Ich werde bereit sein, da ich ihre Reinlichkeit und Ordnung jetzt kenne; bereit, wenn ich höre, wie sie mich vom Garten her rufen.

Komm zu uns, werden die Frauen mit süßer Stimme singen. Komm, komm! Der alte Mann wird rauh sprechen, aber mit dem Anflug eines Lächelns. Mrs. Coggio wird einen Pfirsichkuchen hochhalten, damit ich ihn sehe.

Ich komme! werde ich antworten und, vorsichtig den Rasen betretend, an den Windrädchen vorbei, an der Jungfrau und den Flamingos, werde ich meinen Platz einnehmen.

JAMES B. HALL
Wie J. B. Hartley seinen Vater sah

Von einer Steilküste aus, die nach Westen in die See ragte, sah Hartley, wie sich die nächtlichen Wellen gegen die windstille kalifornische Küste warfen.

Unterhalb der Steilküste aus Granit war der Strand eine Sichel aus Licht, die in einer Nebelbank südlich von Fort Ord verschwand.

Zunächst als einen Schatten längsseits eines Riffs vor der Küste, dann als massive Form, die aufstieg, sah Hartley es und schaute sofort auf seine Armbanduhr, um sich diese Stunde zu merken und die Anzahl der Sekunden, die vergingen.

Wenn er daran zurückdachte, sehr sehr oft daran zurückdachte, verstand Hartley, daß diese zweiundsechzig Sekunden ziemlich genau wie eine Röntgenaufnahme waren, die er im Krankenhaus gesehen hatte, die Aufnahme vom Kopf eines Mannes; kein Nagel oder Schrapnell, sondern ein unregelmäßiges Stück Stahl, mutiert, als sei es moosbedeckt, ohne Absicht oder Erklärung in jenem Gehirn plaziert. Das Stahlteilchen erschien fließend und doch fest inmitten des Glanzes, der das wässrige Gewebe jenes Gehirns war. Genau auf diese Weise: Dieser massive Schatten, der sich aus dem Korridor des Riffs erhob, wurde auch festgehalten, in der Steilküste, der südlichen Küstenlinie als geographischem

Rahmen. Die Bucht und die Röntgenaufnahme als Gegenüberstellung kehrten immer wieder zu Hartley zurück, obgleich nicht vollständig verstanden, diese Parallelen.

Als er noch ein Junge war, sah Hartley sich Konstruktionszeichner werden; deshalb zog er auf jeder ersten Seite seiner Schulhefte entweder gerade, akkurate Linien oder Linien, die exakt geschwungen waren, so wie der Rand einer metallenen Essensmarke geschwungen ist. Später dann sah Hartley sich Ingenieur werden, Ingenieur im Zivilbereich; deshalb wurde »zivil« ein Wort, daß er oft abends vor sich hinsprach.

Später dann waren Hartleys Konstruktionszeichnungen sehr schön, maßstabsgetreu, doch Hartleys Ergebnisse bei den Aufgabe während der Ausbildung zum Ingenieur waren oft falsch — die Zahlen korrekt, aber seitenverkehrt auf dem Antwortbogen. Woraufhin Hartley ein sehr zufriedener Programmierer wurde.

Hartley arbeitete stets bis Mitternacht. Er lud seine Verwaltungsprogramme auf Papierfluten, die von den Terminals der Bankbuchhalter durch die Buchhaltungskanäle von sechs zu einer Kette gehörigen Banken flossen.

War er einst auch ein Pflegekind gewesen, so lebte Hartley jetzt sehr schön in einem Wohnblock, allein. Jeden Monat sparte er einhundert Dollar, aß kein Fleisch.

Oft, nach Mitternacht, nach der Arbeit in der Bank, parkte Hartley ohne einen ihm bewußten Grund auf dem Steilhang, um auf das Meer zu starren. An diesem Abend war er weder erschöpft noch ermüdet. Dennoch, er sah einen Schatten sich erheben, ihn Substanz werden, vom Wasser getragen werden, sah ihn sich beständig wiegen im Halblicht des Mondes.

Aus einem Gefühl heraus, das tiefer war als jedes Riff, verstand Hartley, daß er wieder hierher zurückkehren müsse, im Geheimen, um an diesem Ort zu stehen, um dieses Ding nochmals zu sehen. Auch würde er niemanden anderen mitbringen, ganz bestimmt keine der geschiedenen Bankbuch-halterinnen, die Kinder hatten; auch würde er nicht mit Infrarottechnik photographieren, als Bericht für die Zeitung aller Zweigstellen...

Ohne seinen Blick abzuwenden, kniete Hartley, fixierte akkurat und machte mit der Spitze eines fischförmigen Steins ein Zeichen in die Lehmhaut der Steilküste ↘ präzise im Azimut, ein Zeichen, das auf den Schatten zielte.

Vor der Küste sah Hartley die Stirn sich formen, dann den aufgeworfenen Felsen seiner Nase, den aufgerissenen Mund – ein auf dem Wasser schwimmender Kopf, dessen Oberflä-che vor Seetang und Schleim glitzerte, die Augen förmlich, ohne Ausdruck, wie bei einer Statue, nach oben in den Him-mel starrend.

Der schwimmende Kopf kippte nach oben. Hartley dachte, der Körper eines Riesen müsse halb treibend, halb im Wasser befestigt unter der Oberfläche sein. Die landwär-tige Brise drehte. Der Kopf aus zerklüftetem Granit erhob sich langsam, trieb auf diese Steilküste zu.

Hartley dachte Koloß, dachte zertrümmerter Rumpf; Wasser fiel in Kaskaden aus dem Auge und aus den Nasen-löchern, wie Wasser, das aus dem Speigatt eines fahrenden Schiffs fiel. Luft, die unter großem Druck stand, aus irgend-einer inneren Höhle, brachte ein Nasenloch und den Mund dazu, eine Nebelwolke auszuatmen.

Als der Kopf sich erhob, strömte das letzte Wasser die Wange hinunter und durch den Seetang, der sein Bart war. Der Kopf schwankte. Ein Ohr nahm Wasser auf und ent-leerte den weißen Schaum wieder ins Meer. Es war kein Riese. Es war ein Kopf, der schwamm.

Weder ängstlich noch ehrfürchtig noch bewegt beobach-tete Hartley, wie der Kopf leichter schwamm, fest im Meer stand.

Hartley sah direkt hinunter in seinen Mund hinein, der im Licht offenstand. Er sah starke, angeschlagene Zähne – wie willkürlich aufgereihte Stoßzähne —, alle Zahnreihen rundgewaschen durch die Wellenbewegung.

Der Wind blies eine stärkere Böe, einen großen schwarzen Flügel eines Vogels, der die Nacht durchruderte. Der Wind, der stark über den Mund hinwegblies, brachte die Mundhöhle zum Sprechen.

Hartley hörte angestrengt zu.

Von dem treibenden Kopf und der Gegenströmung unter Wasser hörte er ...

Ordnung ... Order ... Ordur ...

Wie ein dunkles Segel, das einen geistesabwesenden Wind aufnimmt, wieder halb im Kielwasser, trieb dieser Granitklotz von einem Kopf von der Küste fort, war wieder in der Dunkelheit, tauchte ohne jegliche Grazie oder Zeremonie unter die Oberfläche der Bucht.

Hartley kniete noch immer, den scharfen Markierungsstein in seiner Hand.

Tief, wie auf der Flucht, flog ein Seevogel den Klippenrand entlang, drehte sich unter Flügelflattern, schien vor Hartleys Gesicht zu wachsen — dann, unter Kreischen, war er verschwunden.

Hartley stand auf. Er merkte sich erneut die genaue Uhrzeit.

Hartley dachte voraus, glaubte, seine Wohnung würde ruhig sein zu dieser Stunde, denn sehr viele andere Nachtarbeiter, Leute, die er nicht kannte, lebten ebenfalls dort.

Hartley glaubte, er werde bis zum späten Nachmittag gut schlafen, ein Samstag. Und dann, in jener Nacht, oder bestimmt am Dienstag, werde er zu dieser Steilküste zurückkehren.

Aber er tat es nie.

RUSSELL BANKS
Der Nachbar

Die Idee war, seine dünne Frau zu beobachten, wie sie im Sulky saß, die schokoladenfarbige Stute den staubigen Pfad hin zum Gemischtwarenladen lenkte, um dort eine kleine Besorgung zu machen, und zurückkehrte. Er war ein Schwarzer von um die fünfzig, sie eine Weiße gleichen Alters, seine Kinder (aus einer früheren Ehe) waren schwarz, ihre Kinder (auch aus einer früheren Ehe) waren weiß. Jedermann sonst in der Stadt war auch weiß. Viele von ihnen hatten noch niemals einen Schwarzen gesehen vor diesem. Deshalb hatte er wahrscheinlich diese Idee mit dem Sulky und seiner Frau und dem Laden.

Andererseits mag er sie deshalb gehabt haben, weil er und seine Frau und all ihre Kinder unfähig waren und, auf verschiedene Arten, ein wenig verrückt. Die Verrücktheit war der Grund, weshalb man sie aus der Stadt geworfen hatte, aber hier, nach drei Jahren in dieser kleinen ländlichen Gemeinde nördlich der Stadt, war es die Unfähigkeit, die die Leute um sie herum verärgerte. Leute vom Land können Verrücktheit verzeihen, doch vor einer Woche war der eine unmittelbare Nachbar der Familie, ein grober junger Mann Ende zwanzig, aus seiner Hintertür getreten und hatte zum zehnten Mal eines ihrer Hühner auf seinem Pfad zum Holzstapel scharren gesehen. Er war zurück ins Haus gestürzt und hatte, als er mit einer fünfundvierziger Armeepistole zurückkam, acht Kugeln in das Huhn gejagt und eine Schweinerei aus Federn und Blut veranstaltet.

Am selben Abend fuhr der Schwarze mit seinen beiden Teenager-Töchtern und seinen beiden Teenager-Stiefsöhnen und seiner Frau zur Rennbahn und kaufte für hundert Dollar einen schokoladenfarbigen Traber, den sonst keiner haben wollte, eine achtzehnjährige Stute namens Jenny Lind. Sie mieteten einen Lieferwagen und schafften sie nach Hause und stellten sie in die Scheune zusammen mit den Ziegen, Schafen, Hühnern und den beiden Jersey-Jungkühen. Die Farm, die riesengroße Scheune, die Tiere — außer der Stute — waren alle Teil einer früheren Idee, der Idee, von der Landwirtschaft zu leben. Doch das Klima stellte sich als rauh heraus, der Boden steinig und hügelig, die Nachbarn mehr oder weniger unkooperativ — und natürlich war da auch noch diese Unfähigkeit.

Es war Ende des Sommers, und jeden Morgen, wenn die Sonne aufging, stand der Schwarze auf und führte noch vor dem Frühstück die Stute am Rande der ungepflasterten Straße entlang durch den tiefliegenden, kalten Nebel. Hinter ihm lagen, schichtweise, die braune Wiese, die engstehenden Reihen der gold- und rubinfarbenen Ulmen und die dunklen Hügel und die nebelverhangene orangefarbene Sonne. Jeden Morgen führte er Jenny Lind auf der gesamten Länge der Strecke, die er für seine Frau und den Sulky geplant hatte, vor — den pechschwarzen Arm hoch zum Zügel erhoben, sein Gesicht stolz vorausschauend, wenn er am Haus seines Nachbarn vorbeiging, sein Verstand wirbelnd vor Entzükken, wenn er sich vorstellte, wie seine Frau in ihrem schmalrädrigen Sulky zum Laden fahren würde, wo sie ihm dann etwas Pfeifentabak und etwas Tafelsalz kaufen würde, ein kleines Päckchen, in braunes Papier gewickelt und mit einer Schnur zusammengebunden, wie sie dann entlang der kurvigen, staubbedeckten Landstraße zum Haus zurückkehren, einer ihrer Söhne oder seiner Töchter herauslaufen, ihr die Zügel halten und graziös herunterhelfen würde. Auf die Art erhielt das Pferd seine tägliche Bewegung — denn niemand in der Familie konnte reiten, weil, worauf er bestand, noch niemand in der Familie auf einer Reitschule war, und außerdem, Jenny Lind war ein Traber.

Sie suchten den ganzen Staat nach einem Sulky ab, den sie sich hätten leisten können, aber keiner wollte ihnen einen verkaufen. Schließlich rief er den Mann auf der Rennbahn an, der ihnen das Pferd verkauft hatte, und hörte von einem guten, gebrauchten Sulky, der in einer Stadt in der äußersten südwestlichen Ecke des Staates zu verkaufen war. An diesem Morgen, nachdem er das Pferd bewegt hatte, stiegen er und seine Frau in ihren Pritschenwagen und fuhren los, um sich den gebrauchten Sulky anzusehen.

Den ganzen Tag lang ritten die beiden Teenager-Söhne und die beiden Teenager-Töchter die Stute ohne Sattel die ungepflasterte Straße hinauf und hinunter, galoppierten am Haus des Nachbarn vorbei, machten theatralisch vor dem Gemischtwarenladen halt und galoppierten wieder zurück. Hundertmal ritten sie das alte Pferd mit voller Geschwindigkeit die achthundert Meter lange Strecke entlang. Silbrige Wellen von Schweiß bedeckten ihre pumpenden Seiten und den Hals, und die großen, wäßrigen Augen traten vor Anstrengung aus den Höhlen, und am späten Nachmittag, als die Sonne schnell hinter den Fichten an der Rückseite des Hauses verschwand, kam die Stute plötzlich von der Straße ab und brach auf dem vorderen Rasen des Nachbarhauses zusammen und starb dort. Der Junge, der sie gerade ritt, konnte noch rechtzeitig von der zusammenbrechenden Körpermasse abspringen, und erstaunt, verschreckt, rannten er, sein Bruder und seine Stiefschwestern zu ihrem eigenen Haus und versteckten sich in einem Speicher über der Scheune, wo sie Brote aßen und Transistorradio hörten, während sie die Rückkehr ihrer Eltern erwarteten.

Der Nachbar stand in seinem Wohnzimmer und starrte, als die Dunkelheit hereinbrach, ungläubig auf das tote Pferd auf seinem Rasen. Schließlich, als es völlig dunkel war und er es nicht mehr sehen konnte, ging er nach draußen auf seine vordere Veranda und wartete, bis der Schwarze und seine Frau nach Hause kamen.

Gegen zehn Uhr hörte er ihren Pritschenwagen die Straße entlangklappern. Der Wagen hielt neben dem enormen Leib des Pferdes. In dem blassen Licht des Wagens, das sich über seinen dunklen Körper ergoß, schien das Tier gigantische Proportionen zu haben, ein riesiges Reiterstandbild, von Vandalen zu Boden gerissen. Der Nachbar verließ seine Veranda und ging nach unten, wo das Pferd lag. Der Schwarze und seine Frau waren aus dem Wagen gestiegen, saßen auf dem Boden und streichelten die Stirn der Stute.

Der Nachbar war ein junger Mann, und während ein totes Tier nichts Neues für ihn war, war der Anblick eines erwachsenen Mannes mit schwarzer Hautfarbe, der weinte, und einer weißen Frau, die neben ihm saß und ebenfalls weinte, und wie sie beide sachte die kalte Nase eines zu Tode gerittenen Pferdes streichelten — das war etwas, was er noch nie gesehen hatte. Er tätschelte den Kopf der Frau und des Mannes und erzählte ihnen mit leiser Stimme, wie das Pferd gestorben war. Er war in der Lage, es zu schildern, ohne dabei die Kinder zu richten, die das Pferd getötet hatten. Dann schlug er vor, daß sie zu ihrem Haus zurückgingen, und er werde eine Kette nehmen und mit seinem Traktor den Kadaver die Straße entlang zu ihrer Wiese schleifen, wo sie ihn morgen begraben könnten, indem sie gleich daneben eine Grube schaufelten, nahe genug, sagte er ihnen, daß alles, was sie dann noch zu tun hätten, sei, den Kadaver mit einem Traktor oder einem Pritschenwagen anzuschieben, und dann werde er hineinfallen. Sie dankten ihm leise und standen auf und kletterten wieder in ihren Wagen und fuhren zu ihrem Haus.

236

RON CARLSON
Zeitunglesen

Alles was ich will, ist Zeitunglesen, aber ich muß erst die Wäsche machen. Da ist überall Blut drauf. Duke und der Rest der Familie, außer mir und Timmy, sind gestern Abend von einem betrunkenen Autofahrer getötet worden, in einer Kinoschlange überfahren, und dieses Blut ist nicht leicht rauszukriegen. Die meisten Gewebe sind jedoch leicht zu reinigen, also mache ich mir gar nicht die Mühe, das Kleingedruckte auf der Schachtel des Cheer-Waschpulvers zu lesen. Dieses Waschmittel ist ohnehin für alle Bedingungen geeignet. Dann wecke ich Timmy und mache ihn fertig für die Schule. Er ißt zwei Hostess-Krapfen, und noch ehe er überhaupt unten auf der Straße ist und ich die Zeitung aufgehoben habe, kann ich ihn dort unten schreien hören. Jemand zerrt ihn in ein neues Datsun-Modell, hellbraun, die Art Lastwagen, von der Duke, Friede seiner Seele, immer geglaubt hat, sie sei lächerlich. Also, ich halte die Zeitung in den Händen, und da ist jemand an der Tür. Es kommen so wenige Leute an die Hintertür, daß ich sofort weiß, das wird etwas Seltsames, und ich habe recht. Es ist dieser Kerl aus der Zeitung, der gestern aus dem Gefängnis ausgebrochen ist. Er will wissen, ob er reinkommen und mich vergewaltigen und anschließend ein bißchen aufschlitzen kann. Naja, nachdem er das gemacht hat, ist mein Kaffee kalt, also gieße

ich mir eine neue Tasse ein und will mich gerade wieder hin-
setzen, als ich Douglas, meinen Bruder aus Dill, in seinem
blauen Scout die Einfahrt hineinfahren sehe, also gieße ich
zwei Tassen ein. Douglas sieht heute Morgen ein wenig
blauer aus als vor einer Woche. Er fing vor etwa einem Jahr
an blau zu werden, bis man herausfand, daß die Ziegel in seinem Haus aus ätzendem Gift Zehnten Grades sind, oder so
etwas. Er hat einen schönen Anbau gemauert, sonst wären er
und Irene, Friede ihrer Seele, umgezogen. Aber wenigstens
trägt er heute Morgen zusätzlich einen John Deere-Hut über
dem Geschwür an seiner Schulter, das ist schon etwas besser.
Er sagt, er habe von Duke und den drei Mädchen gehört,
und fragt mich: »Was wolltet ihr denn ansehen?« Ich kann
ihn kaum hören, denn ich sehe zwei Halbstarke Dukes neuen
T-Bird rückwärts vom Rasen rangieren. Wenn sie nicht auf-
passen, fahren sie noch gegen den Briefkasten. Sie verfehlen
ihn und fahren weg; dieses Auto hatte immer das schönste
Türkis der Welt. Ich rühre ein bißchen mehr Cremora in
meinen Kaffee und wende mich meinem blauen Bruder zu.
Sein linkes Auge ist ein bißchen schlimmer geworden, tritt
neuerdings etwas stärker aus der Höhle hervor und leuchtet
häufiger. Also wissen Sie, so sehr ich dieses Cremora auch
rühre und rühre, ein bißchen bleibt immer übrig und
schwimmt obendrauf herum.

ROBLEY WILSON, JR.
Dieb

Er steht am Flugschalter, als ihm die junge Frau das erste
Mal auffällt. Ihre glänzenden schwarzen Haare sind straff zu
einem Knoten am Hinterkopf zusammengebunden – der
Mann stellt sich vor, wie sie sich lösen und bis an ihren Po
wallen –, und über der Schulter ihres Ledermantels hat sie
eine schwere schwarze Handtasche. Sie trägt schwarze Stiefel aus weichem Leder. Er müht sich, ihr Gesicht zu sehen –
sie steht vor ihm in der Schlange –, doch erst, nachdem sie
ihr Ticket gekauft hat und sich zum Gehen wendet, erkennt
er ihre Schönheit, die bleich und dunkeläugig und vollmun-
dig ist und seinen Herzschlag beschleunigt. Es scheint ihr
bewußt zu sein, daß er sie anstarrt, und sie senkt abrupt den
Blick.

Der Flugangestellte unterbricht. Der Mann wendet den
Blick von der Frau – seiner Meinung nach ist sie ungefähr
fünfundzwanzig – und kauft ein Business-Class-Ticket hin
und zurück nach einer Stadt im Osten.

Sein Flug geht in einer Stunde. Um die Zeit totzuschlagen,
betritt der Mann eine der Flughafen-Cocktailbars und bestellt sich einen Scotch mit Wasser. Während er daran nippt,
betrachtet er den Strom der Passagiere durch das Terminal
– darunter eine, wie er findet, beachtliche Anzahl hübscher
Frauen ohne Begleitung in Modezeitschriftenkleidern –, bis

er das schwarzhaarige Mädchen in dem Ledermantel entdeckt. Sie steht an einem Informationsschalter, in ein Gespräch mit einem zweiten Mädchen vertieft, eine Blondine in einem mit grauem Pelz besetzten Stoffmantel. Irgendwie möchte er die Aufmerksamkeit der Brünetten auf sich lenken, sie zu einem Drink einladen, bis ihr Flug geht, wohin sie auch immer reist, doch obwohl er einen Augenblick lang glaubt, sie schaue in seine Richtung, gelingt es ihm nicht, sich ihr aus dem Schatten der Bar bemerkbar zu machen. Kurz darauf trennen sich die beiden Frauen; keine der beiden geht in seine Richtung. Er bestellt einen zweiten Scotch mit Wasser.

Als er sie das nächste Mal sieht, kauft er gerade eine Zeitschrift, die er auf dem Flug lesen will, und merkt, daß jemand ihn schubst. Zunächst ist er verblüfft, daß jemand ihm so nahe ist und ihn berührt, doch als er sieht, wer es ist, formt er ein Lächeln.

»Viel los hier«, sagt er.

Sie schaut zu ihm hoch – Errötet sie? –, und ihr Mund verzerrt sich zu einer seltsamen Grimasse und löst sich wieder. Sie entfernt sich von ihm und mischt sich unter die Menschen des Terminals.

Der Mann ist mit seiner Zeitschrift an der Kasse, doch als er nach seiner Brieftasche in der Gesäßtasche greift, ist die Tasche leer. *Wo könnte ich sie verloren haben?* denkt er. In Gedanken beginnt er, die Kreditkarten, Scheck-, Mitglieds- und Ausweiskarten aufzuzählen; etwas wie Angst dreht ihm den Magen um. *Das Mädchen, das so dicht bei mir stand,* denkt er – und auf einmal wird ihm klar, daß sie ihm die Brieftasche gestohlen hat.

Was soll ich tun? Er hat immer noch das Flugticket, das sicher in seiner Anzugjacke steckt – er greift ins Jackett, um den Umschlag vorsichtshalber zu befühlen. Er kann fliegen, kann jemanden anrufen, man solle ihn an seinem Zielort abholen – da er sich nicht einmal einen Bus leisten kann –, seine Geschäfte erledigen und wieder nach Hause fliegen. Inzwischen aber wird er etwas wegen der verschwundenen Kreditkarten unternehmen müssen – zu Hause anrufen, seine Frau bitten, die Nummern aus der obersten Schreibtischschublade zu holen, die Kreditkartengesellschaften anzurufen –, so ein schwieriger Prozeß, alles so erstickend. Was soll er tun?

Als erstes: einen Polizisten auftreiben, ihm sagen, was passiert ist, die junge Frau beschreiben; verdammt soll sie sein, denkt er, daß sie sich ihm scheinbar so zuwandte, daß sie so dicht bei ihm stand, daß sie so hübsch errötete, als er sie ansprach – und dabei wollte sie ihn nur bestehlen. Und ihre Röte war keine Schüchternheit, sondern Angst, geschnappt zu werden; das war überhaupt das Beunruhigendste. *Verdammte falsche Dinger.* Er wird dem Polizisten die Details ersparen – ihm nur sagen, was sie getan hat, was in der Brieftasche ist. Er knirscht mit den Zähnen. Wahrscheinlich wird er seine Brieftasche nie wiedersehen.

Er überlegt gerade, ob er Zeit sparen und einen Beamten bei der Gepäckkontrolle ansprechen soll, als er voll Entsetzen – und Hochgefühl – das schwarzhaarige Mädchen sieht. (*Ebenholzgelockte Diebin*, werden die Zeitungen schreiben.) Sie sitzt vor einem Fenster des Terminals, hinter ihr rollen träge Taxis und Privatwagen in der zunehmenden Dunkelheit; sie scheint in ein Buch vertieft. Ein Platz neben ihr ist frei, und der Mann nimmt ihn ein.

»Ich habe Sie gesucht«, sagt er.

Sie wirft ihm einen Blick zu, in dem keinerlei Erkennen ist. »Ich kenne Sie nicht«, sagt sie.

»Aber sicher.«

Sie seufzt und legt das Buch beiseite. »Denkt ihr Typen denn an nichts anderes – Mädchen aufzugabeln, als wären wir streunende Tiere? Was glauben Sie wohl, wer ich bin?«

»Sie haben mir die Brieftasche geklaut«, sagt er. Er ist zufrieden mit sich, daß er »geklaut« gesagt hat, er glaubt, es klingt weltläufiger als *gestohlen* oder *genommen* oder gar *stibitzt*.

»Wie bitte?« sagt das Mädchen.

»Ich weiß es genau — am Zeitschriftenstand. Wenn Sie sie mir gleich zurückgeben, dann vergessen wir die Sache. Wenn nicht, übergebe ich Sie der Polizei.«

Sie mustert ihn mit ernster Miene. »Also gut«, sagt sie. Sie nimmt die schwarze Tasche auf den Schoß, faßt hinein und zieht eine Brieftasche heraus.

Er nimmt sie. »Moment mal«, sagt er. »Das ist nicht meine.«

Das Mädchen rennt; er stürzt hinterher. Es ist eine Szene wie im Film — Umstehende spritzen auseinander, das Mädchen schlägt Haken, um Zusammenstöße zu vermeiden; das Geräusch seines Atems ruft ihm sein Alter in Erinnerung — da hört er eine Frauenstimme hinter sich:

»Haltet den Dieb! Haltet ihn!«

Vor ihm verschwindet die Brünette um eine Ecke, und im selben Moment stellt ihm ein junger Mann in Marineuniform ein Bein. Er stürzt schwer, schlägt sich Knie und Ellbogen auf dem gefließten Boden des Terminals auf, schafft es aber, die Brieftasche, die ihm nicht gehört, festzuhalten.

Die Brieftasche gehört einer Frau, ist voller Geld und Kreditkarten von Geschäften wie Sak's und Peck & Peck und Lord & Taylor, und sie gehört der Blondine in dem pelzbesetzten Mantel — der Blondine, die er zuvor im Gespräch mit der kriminellen Brünetten gesehen hatte. Auch sie ist außer Atem, ebenso wie der Polizeibeamte bei ihr.

»Das ist er«, sagt das blonde Mädchen. »Der hat mir meine Brieftasche geklaut.«

Dem Mann fällt ein, daß er sich vor dem Polizeibeamten nicht einmal ausweisen kann.

Zwei Wochen später — die Peinlichkeit und die Aufregung sind abgeklungen, der Hausanwalt ist bezahlt, die Verwirrung in seiner Familie hat sich gelegt — findet sich die Brieftasche eines Morgens ohne Erklärung in der Post. Sie ist unversehrt, kein Geld fehlt, alle Karten sind da. Obwohl er erleichtert ist, denkt der Mann, er werde sich für den Rest seines Lebens Polizisten gegenüber schuldig fühlen und sich in Gegenwart von Frauen schämen.

SANDRA J. KOLANKIEWICZ
Isla

Nach dem Orkan waren die Korallen abgebrochen und schwammen lose um die Riffe herum. Nach ein paar Wochen wurden sie giftig und die Fische starben beim Atmen und trieben zu Hunderten wellenförmig auf den Strand zu.

Als wir eines Morgens aufwachten, lagen mindestens vierzig von ihnen auf der Seite da, leckten das Ufer mit jedem Wasserschwall, klatschten auf, verharrten einen Augenblick im Schlamm und wurden von der Strömung weiter strandabwärts getragen. An diesem Vormittag füllten wir sie in Abfallsäcke und zogen sie die Düne hinauf zu dem Haufen. Aber als der Sandstrand sauber war und wir noch herumstanden und uns unterhielten, konnten wir noch mehr kommen und mit ihren flachen Leibern auf den Wellen auf- und untertauchen sehen.

Ein paar lebten gerade noch, machten die Mäuler auf und zu und verdrehten die Augen in den runden Höhlen. Die sammelten wir ebenfalls auf, und es war uns einerlei, daß es vielleicht schmerzhafter für sie war, an Land zu ersticken. Harvey stand da, die Hände auf die Hüften gestützt, der sonnenverbrannte Bauch hing ihm über die Badehose, während er zusah, wie die Fische anschwemmten. Er weigerte sich, sie aufzuheben, während wir unsere Plastiksäcke am Ufer entlangzogen. Er beschwerte sich über den Gestank und rührte sich lediglich, um sich die Sonnenbrille zurückzuschieben. Die Stirn unter seinem Hut war mit Schweißperlen bedeckt.

Wir gaben vor dem Hain auf, wo die Strömung am stärksten war. Wir kamen gegen die Wellen nicht an, sie trugen immer noch mehr tote Fische und abgebrochene Korallenstücke heran.

Dort geht keiner spazieren außer manchmal Ponce, im Abendschein oder im Morgenlicht. Die Ich-Form ist so schwer. Ich lehne mich in meiner Hängematte zurück und sehe ihm zu, wie er langsam über den Sand zurückkommt.

Wenn man lange genug in einem Palmenhain liegt, hört man die Kokosnüsse herunterfallen, ein letzter dumpfer Aufschlag im Sand. Nichts ist so durstlöschend wie ihre Milch. Wir brechen sie mit dem Pickel auf, mit der flachen Schneideklinge, die Spitze im Sand vergraben. Wir stellen uns auf den Griff und stoßen sie wieder und wieder darauf, durchlöchern das grüne Fleisch, bis wir sie an die Nuß im Innern schlagen hören. Dann zerteilen wir sie mit dem Messer.

Ponce respektiert die Kokospalmen. Er ist der Herr des Hains, ohne daß er eine von ihnen besitzt. Sie gehören der Insel, und durch Glück oder eine Fügung des Schicksals, sagt er, lebt er auf der Insel, ein erfolgreicher Mann, der diesen Erfolg gar nicht will, der deswegen vielleicht Schuldgefühle hat; und so bleibt er in seinem Hain, fährt mit dem Boot zum Fischen hinaus und geht da am Strand spazieren, wo sonst niemand hingeht.

Niemand schreibt eine Geschichte über eine Hängematte, sagte er mir, obwohl eine Hängematte einem den ganzen Körper umhüllt, eine Maya-Hängematte wiegt einen besser in den Schlaf als jeder Liebhaber, und die Luft darunter kühlt einen besser als jedes Bett. Wenn das Seil reißt, sagte er, liegt es nicht an der Hängematte, sondern es liegt am Seil.

Als der Junge draußen vor dem Strand ertrank, war Ponce mit uns zusammen und trank Wodka. Er ging mit Maske und Flossen ins Meer hinaus, betrunken wie wir alle, die am Ufer auf- und abgingen. Er kam bald zurück und zog seine Flossen hinter sich her.

Eine Viertelstunde unter Wasser ist zu lang, sagte er zu uns auf dem Rückweg zum Hain. Der Junge ist tot.

Der Krankenwagen kam und die Fischer in ihren Booten. Taucher sprangen ins Wasser, um in den Höhlen zu suchen, wobei sie sich Zeit ließen, denn sie wußten, daß es zu spät war. Die Inselbewohner hatten die Sirene gehört, und sie kamen angelaufen, stellten sich am Strand auf und warteten mit verschränkten Armen ab. Man fand die Leiche unter eine Koralle eingeklemmt, mit geplatzter Lunge. Es war ein Junge, der gerade mit der letzten Fähre angekommen war. Sein Bruder kniete weinend im Sand.

Am ersten Tag war ich dort schwimmen gegangen. Die Strömung trieb mich auf die Felsen zu, und ich kämpfte gegen sie an, ohne mich von der Stelle zu bewegen, bis sie mich losließ.

Wir pfiffen, wenn jemand zu weit hinausging, oder wir sagten nichts. Keiner von uns dachte, das Meer würde töten, bis zu dem Jungen, der gerade angekommen war.

Heute Nacht hatte ich einen Traum, sagt Ponce, daß irgendwie auf den Schnüren einer Hängematte wie auf einem Instrument gespielt wurde. Es war wunderbar und vollkommen. Er nimmt seinen Drink und macht eine Kopfbewegung zu der roten Hängematte hinüber, die zwischen zwei Kokospalmen gespannt sanft in der salzigen Brise schaukelt.

Die Hängematte hat ein Mensch gewoben, sagt er. Aber die Musik hat der Wind gemacht.

LEONARD MICHAELS
Gekreuzte Knochen

Am Endes des Sommers, oder des Jahres, oder als er mehr mit seinem Talent anfangen konnte als im Village in einem Nachtclub mit Strip Gitarre zu spielen ... und nachdem sie sein Talent für Pflicht und Widerwillen erwogen hatte, fand sie Widerwillen auch in der eigenen Brust, und das Gerede vom Heiraten verflüchtigte sich, konkrete Details verschwammen, wurden gespenstisch, mit Myron im Bett verloren, und er machte es falsch, wenn er sie »in Arbeit nahm«, entdeckte bei ihr epileptische Dysrhythmie in den Hüften, und er fragte sie danach, und sie sagte, es täte ihr irgendwo weh, aber, sie bestand darauf, nicht im Kopf, und sie stritten sich am nächsten Morgen und am nächsten, als wären sie auf Intimes gierig, und entehrten sich durch Schreien, wurden dadurch mit den Nachbarn intim, und der Hausmeister trug ihnen Beschwerden zu, die nichts bedeutet hätten, wenn sich bei ihnen nicht alles Bedürfnis nach lauten, vollen Schlägen erschöpft hätte, jetzt aber, im Bewußtsein der Beschwerden, schleuderten sie leise messerscharfe Wörter, an der vitalen Horizontalen entlang, und später konnten sie es im verengten Bereich nicht mehr entsprechend zurücknehmen, deshalb schwärten Wunden, sprossen blasse Gewächse, wurden Gedanken, Dialoge vergiftet, und die einfache Atmosphäre ihrer Zweizimmer-Wohnung (die mit dem Blick auf die Klippen von Jersey früher so viel größer gewesen schien) wirkte jetzt zu dick, um zu atmen, oder um zum anderen hinzusehen, aber sie sagten kein Wort von Trennung, nicht einmal versuchsweise, denn was immer sie für Zweifel über den anderen hatten, ihre Zweifel über andere Andere und die Stadt — sie trieben selbst darin, zwischen unsauberen, einnächtigen Arrangements — waren zu schrecklich, und wenigstens hatten sie an einander, was sie hatten: Sarah hatte Myron Bronsky, schwermütige braune Augen, in den Händen eine Gitarre, mystisch und wild wie, sagen wir: Lorca, obwohl Myrons Hände vom getanzten, geklatschten Chassidim herkamen; und er hatte Sarah Nilsin, Blondine aus Minnesota, langknochig, arktisch schizophren in den grauen Unendlichkeiten ihrer Augen und mit Neigung für lyrische Gedichte, die von piratischen Saga-Meistern herkam. Selten, aber Gegensätze haften aneinander in den trennenden viereckigen Blocks Manhattans, und je stärker die Auseinandersetzungen verschanzter Vereinzelung wurden, desto enger klebten die beiden aneinander: wenn Sarah vom Einkaufen nicht nach zwanzig Minuten zurück war, schlug Myron mit der Faust gegen die Wand, pulverisierte dabei alle Musik in den Knöcheln, aber schlug, schlug, bis sie durch die Tür stürzte und Aufhören schrie; und er, zwanzig Minuten zu spät von der Arbeit zurück, fand Sarah in Kopftuch, Mantel und Handschuhen, das unter dem Kinn verknotete Tuch, ein kleiner Stein kündete wilde Gleichgültigkeit gegenüber dem, was die nächtliche Straße bringen konnte, denn wenn sie dort vergewaltigt und ermordet wurde, dann war das für ihn genug. Nach der Arbeit rannte er nach Hause. Wenn er einen halben Liter Milch und ein Päckchen Zigaretten kaufte, bekam sie Magenkrämpfe.

Dann kam ein Brief aus St. Cloud, Minnesota. Sarahs Vater wollte sie nächste Woche besuchen.

Sie nähte schielend bis tief in die Nacht Vorhänge, zupfte Fäden mit durchstochenen empfindlichen Fingerspitzen. Er

strich die kürzlich geschlagenen Wände. Sie kaufte Topf-
pflanzen für die Fensterbretter, rahmte und hängte drei
japanische Drucke auf und malte das Klo auf dem Flur in
dunklem, mattem Gelb. Vier Tage hintereinander bis zum
Sonnenaufgang schmirgelte er, auf den Knien, den Riemen-
boden, polierte dann, bis das Eichenholz seine schwärzeste
Maserung aufwarf, versteinerte Wirbel, und der Montag
dämmerte über Sarah, die Kleider aufbügelte — mehr als genug für die Dauer des Besuchs ihres Vaters —, und Myron,
schon zweimal rasiert, seine sämtlichen Schuhe geputzt,
drängte sie zur Eile.

In stummer Perfektion hatte die Wohnung jetzt die Atmosphäre eines ausreichend geprügelten Sklaven, lebend und
tot zugleich, und spiegelte wie ein Abbild ihrer Nerven eine
strenge, krankhafte Harmonie; aber das hätte keine Rolle gespielt, wenn die neuen Vorhänge, Bilder und heißen Fuß-
böden von dampfend geistigen Schlachten gekündet hätten,
denn Sarahs Vater war nicht so ein Geistlicher. Seine Predigten bezogen sich mehr auf Heidegger und Sartre als auf Christus, er stemmte Gewichte, rauchte zwei Päckchen Zigaretten pro Tag, fuhr einen grünen Jaguar und hatte seit dem
Tod von Sarahs Mutter in einem staatlichen Irrenhaus vor
einem Jahr in allen menschlichen Beziehungen Formen der
Liebe gesehen. Und wahrscheinlich warf er sich in diesem
Moment durch die überhöhten Kurven der Pennsylvania-
Autobahn, weiße Knöchel um das Steuerrad aus Nußbaum,
Mann und Maschine als Einheit auf Jersey zu, und dahinter
auf Liebe.

Ihrer beider Gefühl von all dem trieb sie, riß sie aus sich
heraus, zur Wohnung hin, bis nichts mehr damit überein-
stimmte, was er dort sowieso entdecken würde, und jetzt hatten sie nur noch an ihrer eigenen absoluten, physischen Existenz zu arbeiten, um neun Uhr, als Myron wegen der Hem-
den, Hosen und Jacken zur Reinigung lief, sich dann frisch
anzog, während Sarah das Bügeleisen über das Bügelbrett

schmetterte und schmierte, als sei sie mehr und mehr in die Motorik roher Arbeit eingeschlossen, und dann stand Myron hinter ihr, zündete sich eine Zigarette an, flüsterte, wie zu sich selbst, sie müsse sich beeilen, und sie drehte sich vom Bügelbrett weg, und in der gleichen Bewegung schleuderte sie das Bügeleisen, warf sich mit Nägeln und Zähnen hinterher, bevor es an der Wand explodierte, und Myron begriff natürlich sofort, daß das Bügeleisen, hätte es ihn getroffen, ihm das Fleisch verbrannt und die Knochen zerbrochen hätte, stürzte ihr mit einem Schrei entgegen, und Fäuste schlugen ihr auf den Mund, als sie Schluß bekamen, sich windend zu einem zuckenden Tier verschmolzen, das von Wänden, Tischen und Stühlen abprallte, Aschenbecher, Bücher, Lampen schossen mit Teilen von ihnen durch die Gegend, und er schlug ihr drei Zähne aus und würgte sie, bis sie sich in seinen Händen auflöste, und sie kratzte ihm das linke Auge blind — aber es bestand Hoffnung, er würde durch eine Hornhautverpflanzung wieder damit sehen können —, und sie steckten in engen Verbänden, schief und steif vor Schmerzen, eine Woche, nachdem Sarahs Vater nicht eingetroffen war, halfen sie sich gegenseitig die Treppe zum Standesamt hinauf, um eine Heiratsgenehmigung zu beantragen.

ROBERT KELLY
Rosenkranz

Hier geht ein Mann auf der Straße unter dem Halbmond. Die Bäume sind hoch und dichtbewachsen; das Licht ist schwach. In der linken Hand, die manchmal an seiner Seite schwingt und manchmal leicht über dem Herzen schwebt, zählt er die kristallenen Perlen eines Rosenkranzes. Nach einer Viertelmeile dunkler Straße kommt er an einem großen Gebäude schwer zu bestimmender Art vorbei. In einem Flügel des Erdgeschosses ist ein Zimmer hell erleuchtet; nahe einem Fenster sitzt eine Frau mit glänzendem schwarzen Haar über einige Papiere gebeugt. Der Mann bewundert das Profil, das Haar, die Ausstrahlung von Geschäftigkeit. Er mag Leute, die hart arbeiten. Er geht weiter, unterdrückt den Impuls, ans Fenster oder die Tür zu klopfen und sich mit der Frau zu unterhalten. Es muß furchterregend sein, als Frau nachts allein in einem Gebäude zu sein, wenn das Gebäude selbst allein auf dem Land steht, mit nichts im Umkreis von einer halben Meile außer Bäumen und einem Mann mit kristallenen Perlen in der Hand und dem jungen Hirsch, den er einige Minuten zuvor die vor ihm liegende Straße hatte überqueren sehen. Sie hätte Angst, wenn ich klopfte, dachte er und ging weiter.

Nun kann es aber sein, daß, bevor der Mann am Fenster vorbeiging, die Frau ihn hatte kommen sehen, daß sie zufällig aus einem dunklen Fenster in einem anderen Zimmer geschaut und diesen Mann die vom Mond vorübergehend beleuchtete Straße hatte entlanggehen sehen. Es kann sein, daß der Schimmer des Kristalls in seiner Hand ihr wie der Schimmer des Mondes auf einem Dolch erschienen war. Es kann sein, daß sie diesen leisen, schemenartigen Mörder herbeisehnte, damit er sie zerstöre, sie errette von harter Arbeit oder Einsamkeit oder ihrem glänzenden Haar. Es kann sein, daß sie am beleuchteten Fenster posierte, um seine Aufmerksamkeit zu erregen, und, noch lange nachdem er vorbeigegangen war, hoffte, er würde in den Rhododendren auf der Lauer liegen. Vielleicht trat sie zehn Minuten später tapfer, verzweifelt, aus der unverriegelten Tür und stand auf dem Rasen und sah niemanden, außer demselben Hirsch, der unter den Obstbäumen herumstöberte. Oder nicht denselben: Wer kann schon ein Tier von dem anderen unterscheiden?

LYDIA DAVIS
Die Socke

Mein Mann ist jetzt mit einer anderen Frau verheiratet, die kleiner ist als ich, ungefähr 1,50 Meter groß, kräftig gebaut, und natürlich wirkt er größer als früher und schlanker, und auch sein Kopf wirkt kleiner. Neben ihr fühle ich mich knochig und unbeholfen, und sie ist auch zu klein für mich, um ihr in die Augen zu sehen, obwohl ich versuche, mich so hinzustellen oder hinzusetzen, daß ich es kann. Ich hatte einmal eine ganz klare Vorstellung von dem Typ Frau, den er heiraten sollte, wenn er wieder heiratete, aber keine seiner Freundinnen entsprach dem, was ich mir vorgestellt hatte, und diese am allerwenigsten.

Im letzten Sommer sind sie für ein paar Wochen hierhergekommen, um meinen Sohn zu sehen, seinen und meinen Sohn. Es gab einige heikle Situationen, aber es war auch manchmal schön, obwohl natürlich auch die schönen Stunden etwas Gezwungenes hatten. Die beiden schienen eine Menge Anpassung von meiner Seite zu erwarten, vielleicht, weil sie krank war — sie hatte Schmerzen und war schlecht gelaunt, mit Ringen unter den Augen. Sie benutzten mein Telefon und andere Dinge in meinem Haus. Sie spazierten immer langsam vom Strand zu meinem Haus hoch und duschten dann bei mir und spazierten später am Abend frisch gewaschen, mit meinem Sohn in der Mitte, Hand in

253

Hand davon. Ich gab eine Party, und sie kamen und tanzten miteinander, beeindruckten meine Freunde und blieben bis zum Schluß. Ich bin ihretwegen über meinen Schatten gesprungen, hauptsächlich wegen unseres Sohnes. Ich dachte, wir alle sollten um seinetwillen gut miteinander auskommen. Am Ende ihres Besuches war ich erschöpft.

An ihrem letzten Abend wollten wir in einem vietnamesischen Restaurant mit seiner Mutter essen gehen. Seine Mutter kam mit dem Flugzeug aus einer anderen Stadt, und alle drei wollten am nächsten Tag in den mittleren Westen weiterfahren. Die Eltern seiner Frau hatten eine große Hochzeitsparty für sie arrangiert, so daß alle Leute, mit denen sie aufgewachsen war, die feisten Bauern und ihre Familien, ihn kennenlernen konnten.

Als ich an diesem Abend in die Stadt fuhr, dorthin, wo sie wohnten, nahm ich mit, was sie in meinem Haus liegengelassen hatten und was ich bis dahin gefunden hatte: ein Buch, neben der Schranktür, und irgendwo anders eine Socke von ihm. Ich fuhr vor dem Haus vor, und ich sah meinen Mann draußen auf dem Bürgersteig, wie er mich zu sich heranwinkte. Er wollte mit mir reden, bevor ich reinginge. Er sagte mir, seiner Mutter ginge es schlecht und sie könne nicht bei ihnen bleiben, und er fragte mich, ob ich sie bitte nachher mit mir nach Hause nehmen könnte. Ohne zu überlegen, sagte ich ja. Ich hatte vergessen, mit welchem Blick sie sich in meinem Haus umsehen und wie ich das Gröbste sauber machen würde, während sie zusah.

In der Halle saßen sie einander in ihren Sesseln gegenüber, diese beiden kleinen Frauen, beide schön auf ganz unterschiedliche Weise, beide mit Lippenstift, unterschiedlichem Lidschatten, beide zerbrechlich, dachte ich später, auf unterschiedliche Weise. Sie saßen hier, weil seine Mutter Angst davor hatte, nach oben zu gehen. Es machte ihr nichts aus, mit dem Flugzeug zu kommen, aber sie konnte in einem Wohnhaus nicht weiter als bis zum ersten Stock hinaufgehen.

Es war inzwischen schlimmer geworden, als es früher gewesen war. Damals konnte sie auch im achten Stock sein, solange die Fenster fest geschlossen waren.

Bevor wir zum Essen fuhren, brachte mein Mann das Buch nach oben in die Wohnung, aber er hatte die Socke, ohne nachzudenken, in seine Gesäßtasche gestopft, als ich sie ihm draußen auf der Straße gegeben hatte, und da blieb sie auch während des Essens im Restaurant, wo seine Mutter in ihren schwarzen Kleidern am Kopf des Tisches einem leeren Stuhl gegenüber saß, manchmal mit meinem Sohn spielte, mit seinen Autos, und manchmal meinem Mann und dann mir und dann seiner Frau Fragen stellte über die Pfefferkörner und andere scharfe Gewürze, die in ihrem Essen sein könnten. Dann, nachdem wir alle das Restaurant verlassen hatten und auf dem Parkplatz standen, zog er die Socke aus der Tasche und sah sie an, während er überlegte, wie sie da wohl hingekommen war.

Es war eine Kleinigkeit, aber später konnte ich die Socke nicht vergessen, denn hier war diese eine Socke in seiner Gesäßtasche in einer uns fremden Gegend weit draußen im östlichen Stadtteil in einem Vietnamesenghetto, in der Nähe der Massagesalons, und keiner von uns kannte diese Stadt wirklich, aber hier standen wir alle, und es war seltsam, weil ich immer noch das Gefühl hatte, daß er und ich ein Paar wären, wir waren lange ein Paar gewesen, und ich konnte nicht anders, als an die ganzen anderen Socken von ihm zu denken, die ich aufgesammelt hatte, steif von seinem Schweiß und an den Sohlen abgewetzt, unser ganzes Leben lang zusammen von Ort zu Ort, und dann an seine Füße in diesen Socken, wie seine Haut am Ballen durchschimmerte und an der Hacke, wo das Gewebe durchgescheuert war; wie er gewöhnlich auf dem Rücken auf dem Bett lag, die Füße an den Knöcheln überkreuz, so daß seine Zehen in verschiedene Ecken des Zimmers wiesen; wie er sich dann auf die Seite drehte, seine Füße zusammengelegt wie zwei Hälften einer Frucht;

wie er, immer noch lesend, hinunterlangte und seine Socken auszog und sie als kleine Bälle auf den Boden fallen ließ und wieder hinunterlangte und an seinen Zehen pulte, während er las; manchmal teilte er mit mir, was er las und dachte, und manchmal wußte er nicht, ob ich dort im Zimmer war oder irgendwo anders.

Ich konnte das später nicht vergessen, obwohl ich, nachdem sie weg waren, sogar noch ein paar andere Dinge fand, die sie vergessen hatten, oder die besser gesagt seine Frau in der Tasche einer meiner Jacken vergessen hatte — ein roter Kamm, ein roter Lippenstift und ein Pillenfläschen. Eine Zeitlang standen diese Dinge zu dritt auf einem Küchentresen und dann auf einem anderen, während ich dachte, daß ich sie ihr nachschicken würde, weil ich dachte, daß die Medizin vielleicht wichtig sei, aber ich vergaß immer wieder zu fragen, bis ich sie schließlich in eine Schublade tat, um sie ihr zu geben, wenn sie wieder zu Besuch kämen, weil es nicht mehr allzulange hin war, und es machte mich schon wieder ganz müde, bloß daran zu denken.

GORDON JACKSON
Billys Mädchen

Anfangs war Billy auf dem Floß, und dann war er es nicht
mehr. Sonne schien auf das blaue Wasser. Carmine suchte im
Badehaus nach ihm, am Popcornstand, wo er gerne die Zeit
mit Camille totschlug, dann unten bei der Rettungsstation.
Aber niemand hatte ihn gesehen. Wenn ich den Kerl er-
wische, sagte Carmine im Badehaus zu mir, aber ich hatte
ihn auch nicht gesehen, was konnte ich von hinter der Theke
da schon sehen, außer einem kleinen Stückchen offenes Wasser, die Sonne leuchtend auf dem großen See, Kiefern in der
Ferne. Ab und zu schlenderte auch mal die eine oder andere
Tunte vorbei, aber Billy hatte ich überhaupt nicht gesehen,
er konnte gut noch irgendwo da draußen sein und sich zwischen den großen Schwimmtanks unter den Brettern verstek-
ken und dann später, wenn seine Pause vorbei war, wieder
auftauchen, den Rechen in der Hand, wieso, Mr. D'Angelo,
ich hab' den Bereich da hinten saubergemacht, wie Sie's mir
gesagt haben. Das sähe ihm ähnlich.

Aber nach einiger Zeit riefen sie den Sheriff, und zwei
Jungs gingen hinter mir ins Badehaus und in den Lager-
raum, wo sie die Taue aufbewahren, diese Haken so groß wie
dein Kopf. Das war am späten Nachmittag. Die Jungs des
Sheriffs waren draußen in ihrem kleinen Boot und tuckerten
um das Floß herum, Taue über das Heck gehängt, als Billys

257

Freundin diesen Abend zum Schwimmen vorbeikam. Als es völlig dunkel war, schalteten sie Lampen an und machten weiter.

Der macht nur wieder Blödsinn, wie immer, sagte Billys Freundin zu mir. Sie saß auf dem Rand meiner Theke, ließ die Beine baumeln, sah verdammt gut aus — und wußte es auch. Zu dem Zeitpunkt hatte sich der Strand schon geleert. Wir gingen hinter die Reihen der Drahtstühle und machten uns dran. Kein Mensch war da, es war dunkel, und irgendwie sanken wir auf einem Stapel feuchter Handtücher nieder. Sie schob sofort ihre Zunge in meinen Mund. Die Handtücher verströmten einen sauren Geruch. Mir fiel auf, daß ihr Badeanzug noch feucht an den Rändern war. Draußen auf dem See ging wieder der Motor aus. Sie hatten immer mal wieder unterbrechen müssen, weil sich irgendwas in den Seilen verfangen hatte, Algen oder ein altes Stück Holz. Aber diesmal war es wirklich Billy, wie ein großer Hecht, der den Kampf aufgegeben hat — direkt durchs Auge gehakt, sagte der Hilfssheriff. Zu dem Zeitpunkt war ich ordentlich tief in Billys Freundin drin — und ihr gefiel's.

PAT RUSHIN
Lichtgeschwindigkeit

Dinge gehen schief.

Nehmen Sie zum Beispiel Constantine Muzhikovsky. Er hatte alles, was man sich wünschen konnte. Eine gutgehende Anwaltspraxis. Ein hübsches, separat stehendes Häuschen am Stadtrand. Einen niedlichen kleinen Gemüsegarten nach hinten heraus, der ihm viel Freude machte, wenn der Frühling kam. Eine gutaussehende, hingebungsvolle Frau. Kinder, die erwachsen und aus dem Haus waren. So wie Muzhikovsky die Dinge sah, war es an der Zeit, langsamer zu treten und ein ruhiges, geregeltes Leben zu genießen.

Und dann — peng.

Eines Abends, als sie im Bett lagen und sich die Johnny-Carson-Show ansahen, sagte Muzhikovskys Frau, es sei aus. Johnnys letzter Gast, ein religiöser Spinner, der Reklame für ein Buch machte, schwadronierte weiter.

»Hast du mich gehört?« fragte Muzhikovskys Frau.

»Ja«, sagte Muzhikovsky. Er starrte auf den flimmernden Fernseher. »Was?« sagte er.

Ein Blinder konnte es sehen, versicherte ihm Johnnys Gast. Die Zeichen, die Vorbedeutungen: Alle verkündeten sie die bevorstehende Wiederkunft der strahlenden Herrlichkeit unseres Herrn und Erlösers, und ob. Johnny nickte weise mit dem Kopf; klappte dann, als sein Gast nicht hinsah, die Kinnlade hinunter, mimte verblödete Leichtgläubigkeit.

Das Publikum brüllte.

»Ich habe gesagt, daß ich die Scheidung will.«

Ihre Stimme klang blechern, brüchig, eine Spur unwirklich. Muzhikovsky drehte sich zu ihr um. Sie saß verkrampft neben ihm, die kleinen Brüste hinter verschränkten Armen verborgen, die Ellbogen in starren Winkeln auf den Bildschirm gerichtet. Ihr spitzes Kinn zuckte; schmale Lippen preßten sich fest aufeinander.

»Was?« sagte er.

Sie schüttelte den Kopf. »Du hörst mir nie zu. Ich habe gesagt, daß ich die Scheidung will.«

Muzhikovsky klappte den Mund auf, machte ihn wieder zu. »Wann?« sagte er schließlich, weil er nicht wußte, was er sonst sagen sollte.

Sie drehte den Kopf, silberne Locken glänzten im Schein des Fernsehers. Fluoreszierende Tränen flimmerten über ihre Wangen. »So bald wie möglich.«

Muzhikovsky blinzelte. »Wieso?«

»Ich halte es nicht mehr aus. Du machst mich wahnsinnig.« Ihre Stimme war hoch und angespannt. »Ich liebe dich nicht.«

Muzhikovskys Kopf fühlte sich plötzlich ganz leicht an. Er starrte auf den grellen Bildschirm vor sich, versuchte, einen Sinn in das schwindelerregende Vorbeirasen leuchtendbunter Bilder zu bringen. Der Bildschirm flimmerte; die Szene wechselte, wechselte erneut. Muzhikovsky konnte nicht Schritt halten.

»Hast du mich verstanden?« fragte die Stimme neben ihm.

»Du bist müde«, hörte er sich selbst sagen. »Versuch zu schlafen. Wir reden morgen darüber.«

Aber am nächsten Morgen wurde Muzhikovsky von den Nachrichten in seinem Radiowecker geweckt, und im Vergleich dazu verblaßte jeder Gedanke an die Episode von letzter Nacht. Es war unglaublich. Er zog sich an und ging in die Küche. Seine Frau schenkte ihm Kaffee ein, legte ihm die Zeitung hin. Schlagzeilen bestätigten, was das Radio behauptet hatte.

Die Lichtgeschwindigkeit war größer geworden.

Muzhikovsky trank einen hastigen Schluck, verbrannte sich die Zunge, überflog die Einzelheiten. Es war spät in der Nacht festgestellt worden. Wissenschaftler in aller Welt erzielten dieselben Ergebnisse. Die Lichtgeschwindigkeit, bis zu diesem Augenblick bei 299 792,458 Kilometer pro Sekunde konstant, beschleunigte sich: 301 561,5 km/s letzte Nacht, über 304 000 km/s bei Drucklegung. Der Präsident, den man in den frühen Morgenstunden geweckt hatte, hatte die Nationalgarde aufgerufen, um Aufruhr und Plünderung zu vermeiden. Der Papst hatte eine Stunde weltweiten Gebets gefordert.

Muzhikovsky saß wie betäubt. Seine Frau starrte aus dem Fenster. Er konnte die Besorgnis auf ihrem Gesicht sehen, aber im großen und ganzen nahm sie die Nachricht gefaßt auf. Das war ihr Stil.

Muzhikovsky faltete die Zeitung ordentlich zusammen. »Was tun wir jetzt?« sagte er. »Bewahren wir die Ruhe, brechen wir in Panik aus, oder was?«

Seine Frau servierte ihm eine Scheibe vertrockneten, verbrannten Toast. Sie verschränkte die Arme, stand und starrte ihn an. Ihre Haltung würde eine fatalistische sein, wußte er. Er hatte schließlich nicht dreißig Jahre mit dieser Frau gelebt, ohne ihre Reaktionen kennenzulernen. Ihre Antwort würde ihn nicht überraschen.

»Es gibt nichts zu tun«, sagte sie. »Es ist vorbei.«

Muzhikovsky rief sein Büro an, sagte seiner Sekretärin, daß er nicht kommen werde.

»Sie haben heute Morgen einen Termin«, sagte sie.

»Sagen Sie ihn ab.«

»Aber er ist mit dem Vertreter der Vereinigten Beleuchtungs- und Elektrizitätswerke. Sie haben nächste Woche eine Anhörung über deren geplante Gebührenerhöhungen.«

Muzhikovsky lachte bitter. »Es ist vorbei. Verstehen Sie denn nicht? Es spielt keine Rolle mehr.«

Er schaltete den Fernseher im Wohnzimmer an. Sondersendungen füllten die Frequenzen. Letzten bestätigten Berechnungen zufolge hatte die Lichtgeschwindigkeit 311 218,725 km/s erreicht. Carl Sagan stand vor einer Tafel mit der Gleichung $E=mc^2$. Er lächelte beruhigend, redete eine ganze Weile — Muzhikovsky verstand nicht, was er sagte: Die Stimme knisterte und summte — und malte dann einen sorgfältigen Kreidestrich durch das Gleichheitszeichen.

Soweit also zur Relativität. Soweit also zu einem logischen, geordneten Universum.

Muzhikovsky fuhr sich mit Fingern durch schütter werdendes Haar. Er konnte seine Frau oben herumhantieren hören. Schranktüren wurden geöffnet und geschlossen; Kleiderbügel klapperten und klirrten. Muzhikovsky schüttelte den Kopf. Die unveränderlichste Konstante, die die Menschheit kannte, hatte sich verändert, physikalische Gesetze verloren ihre Gültigkeit, wo man nur hinsah, alle etablierte Existenz würde notgedrungen um sie herum zusammenbrechen, und seine Frau machte Hausputz. Er mußte lächeln. Sie bewahrte immer ein wunderbares Gespür für Ausgewogenheit, Pflichterfüllung, Beobachtung von Details: eine Eigenschaft, für die er sie immer geliebt hatte.

Und sie hatte recht. Es blieb einem nichts weiter übrig, als mit dem weiterzumachen, was man immer gemacht hatte. Muzhikovsky dachte daran, den Garten zu jäten und zu gießen, aber als er aufstand, erschien auf dem Bildschirm die neueste Messung: 359 028,025 km/s. Er sah aus dem Fenster, blinzelte in den hellen, dunstigen Himmel, setzte sich wieder. Kein guter Tag, um draußen in der Sonne zu sein.

Der Vormittag ging schnell vorüber, der Fernseher ein Kaleidoskop widersprüchlicher Fragen, Theorien, Erklärungen. Evangelisten predigten Apokalypse. Ärzte verordneten Vorsicht. Wissenschaftler kratzten sich am Kopf, zuckten die Schultern, plapperten hilflos von Leptonen und Quarks und anderen geheimnisvollen Entitäten der verschiedensten Geschmacksrichtungen und Farbschattierungen. Vielleicht, sagte ein Physiker, war das Ganze ein natürliches elektromagnetisches Phänomen, das sich in regelmäßigen Abständen wiederholte, in der Art der Eiszeitalter der Erde. Vielleicht, argumentierte ein anderer, hatten sie die ganze Zeit über falsch gemessen.

Wer konnte das schon sagen? Laien und Wissenschaftler wußten sich gleichermaßen keinen Rat mehr. Jede Meinung war so gut wie jede andere.

Während er saß und schaute und darauf wartete zu erfahren, wie schnell Licht sich denn nun wirklich bewegen konnte, formulierte Constantine Muzhikovsky seine eigene Hypothese. Dinge verändern sich. Das ist alles. Dinge, auf die man sich verläßt. Dinge, die man als selbstverständlich hinnimmt. Dinge, von denen man nie gedacht hätte, daß sie sich verändern könnten. Sie verändern sich.

Und, dachte Muzhikovsky, es gab nichts, was er tun konnte, um diese willkürlichen Veränderungen zu verändern. Nichts, außer seine Haltung der Veränderung gegenüber ändern.

Muzhikovskys Frau stand vor ihm, verstellte ihm den Blick auf den Bildschirm. Sonnenlicht streifte durch das Fenster hinter ihr, umgab sie mit einem schimmernden, silbernen Heiligenschein.

»Was tust du?« fragte sie.

Muzhikovsky überschattete seine Augen mit der Hand, lächelte. »Nichts. Ich versuche, die Sache so ruhig zu nehmen wie du, nehme ich an.«

»Und wie geht es dir dabei?«

Er schüttelte den Kopf. »Es ist nicht leicht. Man erwartet, daß die Dinge so weitergehen wie immer, und auf einmal ist etwas, was man immer als gegeben hingenommen hat . . .« Er hielt inne. Sie biß sich auf die Lippen, den Tränen nahe. »Es tut mir leid«, sagte Muzhikovsky. »Da es nichts gibt, was wir dagegen tun können, hat es wahrscheinlich keinen Sinn, die Dinge breitzutreten.«

Sie schaltete den Fernseher aus. Muzhikovsky erhaschte einen Blick auf den neuesten Stand, bevor der Bildschirm verlosch: 374 243 999 km/s, und steigend, immer noch steigend, schneller und schneller werdend. Wo würde es aufhören? Würde es überhaupt aufhören? Was würde passieren, wenn es nicht aufhörte? Würde das Universum sich einfach selbst aus der Welt fasern?

Wer konnte das sagen?

»Es tut mir leid, daß es so kommen mußte«, sagte seine Frau. »Ich weiß, daß es ein Schock gewesen ist.«

»Schock«, echote Muzhikovsky. »Ja.«

Aber man durfte den Bezugsrahmen nicht verlieren, unter keinen Umständen. Ein letztes Quantum an Kontrolle. Er saß in seinem eigenen Haus. Hinter dem Haus wuchs ein Garten. Seine Frau war da, sprach mit ihm, tröstete ihn.

»Ich tue es nicht einfach aus einer Laune heraus«, sagte sie. »Ich möchte, daß du das weißt. Ich habe seit Jahren daran gedacht, aber da waren die Kinder. Und wahrscheinlich auch die Gewohnheit. Ich habe immer gehofft, daß die Dinge besser werden würden.«

»Was?« sagte Muzhikovsky. Sie saß neben ihm auf der Sessellehne und berührte seine Hand. Ihre Finger fühlten sich heiß an.

»Vielleicht bin ich nicht fair«, sagte sie. »Aber ich kann einfach nicht weitermachen, das ist alles.«

Muzhikovsky starrte auf den leeren Bildschirm. Er schien heller zu werden. Langsam zuerst, dann schneller und schneller.

»Verstehst du?« sagte sie, umfaßte seinen Arm.

Er löste den Blick vom Fernseher, sah zu ihr hoch, erstaunt über ihre plötzliche Eindringlichkeit, aber das Gleißen hinter ihr stach ihm in die Augen, ließ seinen Blick verschwimmen.

»Meine Koffer sind gepackt. Ich habe ein Taxi bestellt. Die Einzelheiten können wir später klären.« Sie weinte nun. »Sag bitte, daß du verstehst, warum ich das hier tue.«

Die Dinge waren viel zu hell. Alles ging schneller und schneller. Muzhikovsky konnte nicht denken, konnte sie nicht mehr ansehen. Er senkte den Blick, blinzelte.

»Daß du was tust?« sagte er.

Ihr Griff um seinen Arm wurde fester. Er hörte ein Schluchzen; sein Herz schlug schneller. Er tätschelte ihre Hand.

»Würde es helfen, wenn wir darüber reden?« sagte er.

PHILIP F. O'CONNOR
Geralds Gesang

Meine Aktien sind gefallen, meine Aktien sind in Keramik, und meine Aktien sind gefallen. Die Soldaten zerstören alle Keramiksachen, wo sie kämpfen, meine Aktien sind von der Firma, die diese Keramik importiert, andere Sachen sind oben, aber meine Aktien sind im Keller. Im Keller, wegen des Krieges in diesem Land, wo die Keramik ist.

Einst sagte ich, die Jungs geben ihr Leben, also sollte ich mich nicht beschweren. Ich habe den Krieg nicht angefangen, ich mochte den Krieg nicht, ich habe mein Geld in Keramik gesteckt, nicht in Munition, aber ich sollte mich nicht beschweren. Die Jungs, die kämpfen, haben ein Recht, sich zu beschweren, aber ich sollte mich nicht beschweren. Es hat nicht geklappt.

Ich habe meine Mutter, an die ich denken muß. Ich lebe mit ihr zusammen, ich kaufe ihr Geschenke, sie ist klein und blaß und bewegt sich mit einem Quietschen fort. Sie macht sich Sorgen, daß ich nichts haben werde, wenn sie stirbt. Sie sagt, *wie steht's mit der Keramik*, ich sage *im Keller*, sie bückt sich und sie pfeift und sie sagt, *Oh Gerald*.

Keramik sah gut aus, Keramik hatte Zukunft, Keramik war eine sichere Sache. Ich habe mein ganzes Geld, das Geld, das mein Vater mir hinterlassen hat, in Keramik gesteckt. Keramik ist jetzt auf einen Dollar gefallen, ist schon fast verschwunden.

Oh Gerald.

Oh Mutter.

Ich wollte etwas tun, ich wollte an die Börse schreiben, ich wollte an die Zeitung schreiben, ich wollte an den Präsidenten schreiben. Er ist nicht gut, dieser Krieg, er ist für keinen von uns gut, aber was kann ich tun, was kann ich sagen, ich kann mich bloß sorgen, und was ändert das?

Oh Mutter.

Oh Gerald.

Die Menschen können einander lieben, es war in der Hoffnung, die Menschen liebten einander, daß ich Keramik gewählt habe, Keramik könnte uns von anderen Menschen wissen lassen, in Keramik findet man Zivilisation, ich war hoffnungsvoll, als ich mein Geld hineinsteckte, ich dachte an arme Familien, die besser essen würden wegen des Marktes für ihre Keramik. Ich habe nicht allein deshalb investiert, um Profit zu machen. Wer dies tut, wäre voll der Sünde.

Oh Gerald.

Oh Mutter.

Wir schauen sonntags in die Geschäfte hinein, meine Mutter und ich, wir schauen in die Fenster und suchen Sachen füreinander aus. Meine Mutter ist nicht gut zu Fuß, ich mache mit ihr eine Teepause, sie sagt: *Gerald, du wirst göttlich aussehen mit dieser Krawatte.* Oh, mein Herz ist schwer. Oh, meine Seele ist schwer. Bald wird es keine Krawatten mehr geben. *Es ist der Krieg, Mutter, ich habe alles in Keramik gesteckt, und jetzt haben wir den Krieg.*

Der Krieg der Krieg.

Oh Mutter.

Der Krieg nimmt alles weg.

Ich wollte kein Soldat sein, ich hätte niemals Soldat sein können. Ihr Cousin half uns, er war bei der Musterungskommission, es war nicht unfair, sie wurde alt, ich hätte nicht zur

Armee gekonnt, wo meine Mutter doch alt wurde, ich ging nicht. Ich blieb zu Hause und wir spielten Schach. Sie sagte, *was wirst du mit dem Geld deines Vaters tun?* Ich sagte, *es in Keramik stecken.* Sie sagte, *bist du sicher, daß das klug ist?* Ich sagte, *Keramik kann nicht verlieren.*

Oh der Krieg der Krieg. Was soll ich nur tun?

Der Präsident sagte, wir müssen dort sein, ich glaubte ihm, dann sagte der Staatssekretär, wir müssen dort bleiben, und ich glaubte ihm, dann sagte unser Kongreßabgeordneter, wir müssen das zu einem erfolgreichen Abschluß bringen, oder wir verlieren unser Gesicht vor der ganzen Welt, und ich glaubte ihm. Ich glaubte ihnen allen. Aber Keramik ist im Keller, und meine Mutter wird älter.

Gerald, du mußt etwas unternehmen.

Was kann ich tun?

Du mußt etwas unternehmen. Ich werde krank vor Sorge, wenn du nichts tust.

Was kann ich tun?

Laß mich jetzt nicht im Stich.

Was kann ich tun?

Oh Gerald.

Oh Mutter.

Sie warf ihre Teetasse. Sie traf mich an der Stirn. *Tu etwas, du dummer Junge,* sagte sie, *tu etwas.*

Ich rief unseren Kongreßabgeordneten an und telegraphierte dem Staatssekretär und schrieb dem Präsidenten einen Brief. Sie alle sagten mir auf die eine oder andere Art, daß der Krieg nicht gestoppt werden kann. Ich sagte zu ihr, *sie können ihn nicht stoppen.* Ich sagte, *wenn man mal drinsteckt, ist es schwer, wieder rauszukommen. Ich weiß das von der Keramik.*

Du bist genauso dumm wie die Regierung, sagte sie.

Niemand hätte das vorhersehen können.

Genauso dumm wie die Regierung.

Es tut mir leid, Mutter.

Was wolltest du überhaupt mit Keramik?

Ich wollte Menschen in anderen Ländern helfen.

Laß die Hurensöhne sich selber helfen.

Es tut mir leid, Mutter.

Zu deines Vaters Zeit haben wir sie sich selbst helfen lassen. Es war besser.

Ja, Mutter.

Oh Gerald, weshalb können sie diesen dummen Krieg nicht stoppen? Ich wünschte, sie würden es tun.

Wir werden arm, wenn sie den Krieg nicht stoppen.

Ja, Mutter.

Ich ging zu meinem Börsenmakler. Ich sagte, *was kann ich tun?*

Er sagte, *sie hätten nicht in Keramik investieren sollen.*

Ich sagte, *aber sie haben mir gesagt, ich soll es tun.*

Er sagte, *auch Börsenmakler machen Fehler. Wir sind auch nur Menschen.*

Ich sagte, *steckt ihr Geld in Keramik?*

Er sagte, *mein Geld steckt in Munition. Ich hatte Glück.*

Ich sagte, *was kann ich tun?*

Er sagte, *warten und hoffen. Wenn Keramik steigt, verkaufen wir und stecken das Geld in Munition.*

Keramik stieg nicht.

Meine Mutter trat gegen den Kaffeetisch. Sie sagte, *ich habe immer gut gelebt. Ich habe nicht die Absicht, jetzt anders zu leben. Ich bin alt. Meine Arthritis wird schlimmer. Wie konntest du mir das antun, Gerald?*

Es tut mir leid, Mutter.

Sie spuckte mich an. Sie fuchtelte mit ihren Armen in der Luft. *Wie kann jemand nur so dumm sein?* Sie fluchte und versuchte aufzustehen. Ich glaube, sie wollte mich angreifen. Sie fiel zurück. Sie fiel beinahe zu Boden.

Nimm es leicht, Mutter.

Wer kann es leicht nehmen, auf dem Weg ins Armenhaus?

Oh Mutter.

Ich bin an Luxus gewöhnt, Gerald, und du nimmst ihn mir.

Oh Mutter.
Oh Gerald.

Sie haben den Krieg nicht gestoppt, meine Keramik ist unten auf dreißig Cents, ich habe mir angewöhnt, nicht direkt nach meiner Arbeit in der Bibliothek nach Hause zu gehen, ich habe mir angewöhnt, auf einen Drink einzukehren, ich trinke noch einen und noch einen, und dann mache ich mir Sorgen, daß meine Mutter aus ihrem Stuhl gefallen ist, und ich gehe nach Hause. Sie ist immer wach, sitzt, steif aufgerichtet, starrt auf meine Hemdbrust, sagt *Gerald, du warst immer ein Schwachkopf.*

Ich kann die Blicke nicht ertragen, die sie mir zuwirft, deshalb trinke ich, ich habe nicht versucht, mein Geld zu verlieren, ich habe den Krieg nicht verlangt, jetzt ist es zu spät, mein Geld noch zurückzubekommen, ich habe das Gefühl, ich versinke, wir versinken alle, ich will nicht versinken, dies ist mein Leben und ich will es leben, ich verstehe den Krieg nicht, Politik langweilt mich, Reden langweilen mich, ich will interessantere Dinge, ich mag Bücher, ich lese über Keramik, wenn im Lesesaal nicht viel zu tun ist, früher las ich gerne über Keramik, jetzt wird mir schlecht davon, aber ich interessiere mich dafür, ich lese darüber, Keramik wird überall auf der Welt hergestellt, in verschiedenen Ländern gibt es verschiedene Arten Keramik, Keramik ist eines der ältesten Produkte, mexikanische Keramik ist sehr hübsch, meine Mutter ist alt und dem Sterben nahe, ich habe diesen Krieg nicht angefangen, es war ein glückliches Land vor dem Krieg, die Menschen konnten ihren Interessen nachgehen, meines war Keramik, ist es immer noch, es macht mir nicht mehr so viel Spaß wie früher, der Krieg macht es weniger interessant, der Krieg macht meine Mutter reizbar, der Krieg nimmt mir mein Geld weg, wir haben Schwierigkeiten, Laufburschen für die Bibliothek zu finden, sie gehen alle in die Armee, warum müssen sie gehen, warum müssen wir kämpfen, wer weiß, warum wir kämpfen, wer weiß, was an diesem kleinen Land so wichtig ist, was ist geschehen, daß wir es nicht wissen, was ist geschehen, daß der Kongreßabgeordnete und der Senator und der Präsident uns nicht helfen können, warum ist Krieg, wer sind diese Leute, die wir bekämpfen, was wollen sie von uns. Ich hätte weiter in ihre Keramik investiert, sie hätten mit dem Verkauf ihrer Keramik hierzulande viel Geld machen können. Haben sie sie in einem anderen Land verkauft, bekämpfen wir sie deswegen?

Es ist Krieg und ich verstehe es nicht, es ist Krieg und ich verstehe es nicht, es ist Krieg und ich verstehe es nicht.

Oh Mutter.

Oh Gerald.

CHARLES JOHNSON
Bewegte Bilder

Du sitzt im Neptun-Theatre und wartest auf das langsame Verlöschen der Lichter an der Decke mit so etwas wie Respekt, vielleicht Ehrerbietung, denn das amerikanische Filmtheater ist, wie jeder weiß, die neue Kathedrale, deren Geschichten besser in Erinnerung bleiben als Legenden, Totems oder Mythologien, deren Regisseure populärer sind als Romanciers, einflußreicher als Heilige – genug Menschen, so hat man dir gesagt, haben die Abenteuer des James Bond gesehen, um ganz Argentinien damit zu bevölkern. Vielleicht hast du diesen Film geschrieben. Vielleicht nicht. Egal, du gehst hin wie alle andern, als Suchender, der im Dunkel nach Licht tastet, hoffst, daß etwas Magisches von oben herabgestrahlt wird, und gleich, wie schlecht diese Matinee ist, wie albern, etwas Tiefes, womöglich auch etwas, worüber laut zu reden zu gefährlich wäre, wird mit dir und den andern geschehen, bevor dieses Drama bis zum letzten transparenten Bild abgelaufen ist.

Natürlich hast du dein Leben vor der Tür gelassen. Wie jedes Leben ist es eine chaotische Angelegenheit, kaum so geordnet wie die Kunst, manche nennen es auch das Leben auf der Überholspur –: das Frühstück koffeinfrei und süß, der Verkehr in die City Stoßstange an Stoßstange, die Arbeitsessen und ein halsbrecherischer Terminplan, mit dem man nicht vorankommt, sondern immer nur auf der Stelle tritt, was komisch ist, weil du in den Sechzigern mit Methadon groß geworden bist und alles verachtet hast, in dem Wissen, daß deine eigene Ära (Wassermann) zu was Feinerem bestimmt war. Aber egal. Draußen, irgendwo in der Stadt, hast du für neunzig Minuten den öden, immergleichen Job beiseite gelegt, der dich selbstverständlich in punkto Talent, Sensibilität und Ausbildung (Promotion in Englischer Philologie) unterfordert, ebenso die einstmals schöne Frau — oder Ehefrau —, ein ehemaliges Model (lokale Ebene), Collegetänzerin oder Gelegenheitsschauspielerin namens Megan oder Daphne, die dich satt hat, oder du sie, die jetzt von Scheidung und Selbstfindung redet, ebenso die Kinder aus einer früheren, beängstigend kurzen Ehe, die du nicht verlieren willst, die Hypothek, die Alimente, die Steuererklärung, das alternde, vom Gin aufgeschwemmte Gesicht, das einst dem eines Rockstars ähnlich sah, dir nun aber aus dem Badezimmerspiegel finster entgegenblickt, die junge Frau von der Arbeit, Jahrgang 1960, die sich nicht an John Kennedy erinnern kann und die dich nach der Weihnachtsfeier in ihrem geräumigen City-Loft ins Bett zog, vielleicht aus Mitleid, weil deine Mutter, Gott segne sie, starb und dir tausend Dollar Schulden auf das alte Familienhaus hinterlassen hat — das alles ist glücklicherweise auf Eis gelegt, als der Film beginnt: zuerst der eisige, sternenüberwölbte Berggipfel oder der brüllende Löwe oder die Scheinwerfer, in denen die Häuserspitzen einer Hollywood-Skyline baden: stabile Markenzeichen in einer Welt im Fluß, denkst du, todsichere Zeichen, daß, was immer folgt — Tragödie oder Farce —, von Leuten produziert ist, die gestandene Traumhändler sind. Mehr vielleicht: Herren über Visionen, Genies der epistemologischen Mogelpackung.

Wenn du diesen Film geschrieben hast, was möglich ist, dann schaust du nach deinem Namen im Vorspann und runzelst womöglich die Stirn bei den Namen des Teams, die dich alle an irgendeine Katastrophe während der Produktion erinnern, erst im Studio, dann später am Drehort, fünf Winterwochen Kuhdörfer in Oklahoma, was schlimmer war als auf dem Mond leben, am Tag kochend heiß und die Nächte eiskalt. Und dennoch, für dich war es ein Wunder, höhere Gewalt, als der Regisseur deinen Roman gelesen hatte, anrief, dir das Projekt – eine historische Schnulze – anbot, dich dann geduldig durch die ersten acht Entwürfe geleitet hat, anfangs mißtrauisch (da lag echtes Geld drin, das war keine Lyrik) deinem langweiligen Dichteranspruch auf Tiefsinn gegenüber, und du gleichermaßen mißtrauisch ihm gegenüber mit seinen bisherigen Unterhaltungsshows, seiner Besessenheit nach »alles immer schön sexy«, seiner Vorliebe für Laurel und Hardy-Filme. Und dafür hast du eine Dissertation über Derrida geschrieben? Aber trotzdem hast du zugehört. Er war gut, gabst du zähneknirschend zu. Im Gegensatz zu dir – mit deinem Dr. phil. – wußte er, was Entertainment bedeutete. Du hast gelernt. Mit seiner Hilfe wurdest auch du gut. Du hast dich daran geweidet. Und Freunde verloren. »Ein Film?« sagten deine Dichterfreunde, »das ist ja prima, jetzt läuft's für dich«, und dann mieden sie dich, als hättest du Aids. Was *tatsächlich* lief, war folgendes:

Du legtest den Roman, das Magnum Opus, auf Eis, für Knete, die vom Schriftstellerverband (West) kontrolliert wurde, stürztest dich auf schnelle und schmierige Drehbücher, die Sofortbefriedigung knapper Termine und fetter Schecks, weil das Opus mit seiner Komplexität und der Aussicht auf Kritikerlob, das Opus mit seinen Langstreckenanforderungen und nicht der geringsten finanziellen Anerkennung unmöglich war, und überhaupt, du hattest sie nicht mehr, eigentlich nicht, die Gabe des Erzählens und der Sprache, während die Drehbücher dagegen einfach waren, wie Kurzschrift, und bald – viel früher, als du dachtest – waren Filme mit einer kürzeren Lebensdauer als die einer Eintagsfliege das einzige, was du noch konntest. Man lebt

davon, sagst du. Nichts währt ewig. Und du machtest
weiter.

Der Vorspann kriecht über eine Montage des Landlebens
von Oklahoma nach oben, und auch darin liest du eine Geschichte, noch bevor der Film beginnt. Für das Publikum
sind die Schauspieler Stars, die neuen Olympier, du aber, ja,
du kennst sie, der da — die männliche Hauptrolle —, der alles spielen kann, der ein Brando sein könnte, der aber vor
dieser Rolle zwei Jahre lang keine Arbeit gesehen hatte und
sich damit über Wasser hielt, daß er einem Comicschurken
in *Die Schlümpfe* seine Stimme lieh; die da — die weibliche
Nebenrolle —, die die ganze Skala der Gefühle drauf hat, deren letzte nennenswerte Vorstellung aber in einem Werbefilm
für Rolaids war, du kennst sie alle; alle, du eingeschlossen,
kämpfen um ihr Leben in einer Stadt, in der die Luft so vergiftet ist, daß ein Jogger nach einem Dreikilometerlauf
schwarz spuckt; sie scheitern und versuchen verzweifelt, die
Fassade des Erfolgs intakt zu halten, diese Schauspieler, be-
handeln dich manchmal mies, weil dein Honorar höher war
als ihres, sogar höher als das des Produzenten, obwohl der
eigentlich nie gehässig war — nein, der war reicher als ein
mittelalterlicher König, ein komplexer Mann von beacht-
lichem Charme und Gerissenheit, einer, den man wegen seines Horatio Alger-Waisenjungen-Erfolgs bewunderte und
gleichzeitig fürchtete, weil er am Altar der Macht opferte.
Nie wirst du den Abend vergessen, als er dich nach einer langen Konferenz zu sich nach Hause einlud, dir einen Scotch
einschenkte und dann aus einer Schublade seines Schreib-
tischs einen Umschlag holte, den Inhalt auskippte und du
vielleicht fünfzig Schnappschüsse von schönen nackten
Frauen auf seinem Blatt sahst — alles zweitklassige Schau-
spielerinnen, obwohl die weibliche Nebenrolle auch dabei
war —, und er ließ dich dabei nicht aus den Augen, während
er lächelnd an seinem Glas nippte und dich fragte: »Haben

Sie schon mal mit so einer Frau geschlafen?« Nein, hast du nicht. Und, nein, getraut hast du ihm auch nicht. Du wandtest dich nicht ab. Aber das tat ja sowieso keiner in dem Geschäft, und in mancher Hinsicht war er auch, das wußtest du, besser als die meisten andern.

Du warst Kompromisse eingegangen, hattest Boden preisgegeben, ein paar künstlerische Punkte gemacht, aber im wesentlichen warst du auf die Vorstellungen des Produzenten eingegangen — es *war* seine Show —, und dann übernahm er die kleine Armee schlecht bezahlter Schauspieler und Produktionsleute, du bist ihnen in Oklahoma nachgezockelt, hast versucht, ein Schriftstellergesicht zu machen mit deinem Panama-Hut auf dem Kopf und dem Notizblock in der Hand, bereit, Szenen umzuschreiben, hast die Ödnis von acht oder neun Aufnahmen für schwierige Szenen überstanden, die Streitereien, die Ausfälligkeiten, die schlechte Essensversorgung und die mitternächtlichen Affären, hast mitangesehen, wie sich dein Drehbuch auf jeder Interpretationsebene — Regisseur, Schauspieler — veränderte, bis es unkenntlich war, etwas völlig Neues, dem Team zum Ruhme. Nicht dir. Ob hier einer eine Ahnung hat, wie schlimm das Ding in der Rohfassung wirklich war? Welch ein Wunder es ist, daß die Einstellungsfetzen, die widerstreitenden Ideen, die Filmschnipsel tatsächlich zusammenhängen? Verstohlen blickst du im Publikum umher, die Gesichter sind vom Schein der Leinwand erleuchtet. Keiner hat eine Ahnung. Du hast es wieder einmal geschafft, sie reinzulegen, du alter Fuchs.

Gleich, ob der Film von dir ist oder nicht, er zieht dich in sich hinein, windet sich in deiner Wahrnehmung wie eine Forelle. Die Geschichte auf der schmalen Leinwand beginnt mit einem einführenden Panorama einer Farm in Oklahoma, zeigt dann in Nahaufnahme das Gesicht eines großen flachsblonden Jungen mit braunen Sommersprossen namens Bret und verharrt schließlich in einer Doppeleinstellung von Bret und seiner blonden, vollbusigen Freundin Bess. Mit so einem Schema kann nichts schiefgehen. In der einführenden Begräbnisszene vor einer winzigen, weiß getünchten Kirche konzentriert sich die Kamera auf Bret, dessen Vater gestorben ist. Unser Held muß sein Glück in der Stadt versuchen. Für Bess ist es schrecklich, daß er geht. Überblendung zum Friedhofstor. Als sie den Friedhof verlassen und der Sarg abgesenkt wird, drückt sie ihm die Hand, und etwas in dir zittert, das Untergangsgefühl, das du beim Begräbnis deiner Mutter hattest, das unwiderstehliche Gefühl von Verlassensein. Kein Mädchen war bei dir, aber du wünschtest zu Gott, daß eine dagewesen wäre, die, Sandra hieß sie, aus der Highschool, die ums Verrecken nichts von dir wollte, die Basketballspieler komischen kleinen Schlappschwänzen und Clowns vorzog, und genau so einer warst du damals, ein Waschlappen für die, die dich kannten, aber das alles legst du in Bret und Bess, den Schmerz des elterlichen Verlusts, die hoffnungslose, stille Liebe, die nie sein wird, die die Leinwand so gründlich überzieht, daß, als Bess Bret küßt, deine Nase mit Tränen und Rotz verstopft ist, und dann ziehst du dein Taschentuch hervor, trompetest schamlos, das Wasser läuft dir aus den Augen, du — ja, auch du — bist in einem Kreislauf aus Gefühlen (deinen) eingeschlossen, die ihre Bilder geborgt, verstärkt und dir dann zurückgegeben haben, nicht weil die Bilder oder Eindrücke traurig wären, sondern weil im Grunde alles, was du während dieser letzten paar Minuten durchlebt hast, das Arbeiten deines eigenen Nervensystems ist. Du hast die Trauer und die Befriedigung die ganze Zeit aus deinem Innern selbst dazugegeben. Aber nicht einmal das ist die wahre Magie des Films.

Als Bret davonreitet, erinnerst du dich, wie du in dem winzigen Schneidezimmer des Studios inmitten von Filmstreifen saßt, die wie Strümpfe in einem Badezimmer hingen, und der Cutter, ein dicker, freundlicher Mann namens Coates, deine Neugier ertrug und dich in seinen Projektor linsen ließ, während er die erste Spule zusammenklebte, in dem Glauben, er schulde es dir, einem halbberühmten Drehbuchautor. Jedes Einzelbild, so erinnerst du dich, war ein erstarrtes Bildnis, gleich einem individuellen Gedanken, in sich vollkommen, ohne eine Verbindung zu den andern, als stünde die Zeit still; doch dann, als der Projektor beschleunigte, wurden die Bilder schneller, jagten einander, drängten voran und schufen eine lineare, stetige Bewegung, die deine Wahrnehmung überholte, und presto: eine sinnliche, pralle Welt brach hervor und nahm eine solche nervenzerfetzende Wirklichkeit an, daß du dir die Augen zuhieltest, als die Cembalo-Musik einsetzte und Bret in eine abgedunkelte Oklahoma-Scheune trat, die man nur von seinem Blickpunkt aus sah – oh ja, zuweilen reagierte selbst dein Körper, die Schweißdrüsen liefen auf Hochtouren, doch damals war Mittag, und Coates wollte in die Cafeteria, einen Kaffee trinken, und knipste den Projektor aus; die Bilder liefen weniger schnell, kamen langsam zum Stehen, das Drama verschwand wieder in Einzelbildern, und als du den Mantel überzogst, sahst du die nervenaufreibende, herzklopfende Vision als das, was es wirklich war: die Illusion der Geschwindigkeit.

Aber ist das nun die Magie des Films? Während du dich in den Sitz zurücklehnst, merkst, daß dein rechtes Bein einschläft, glaubst du es, denn der Film kann dich nicht mehr zum Narren halten. Du läßt es nicht mehr zu, daß deine Gefühle ihn verklären. Alles, was du nun mit gottgleicher Distanz siehst, sind deine Entscheidungen, die Zeilen, die rausfielen, und das Mikrophon, das in der Ecke einer Einstellung gerade so zu sehen ist. Dennoch verschafft es dir Befriedigung, wenn das Publikum bei den witzigen Stellen laut auflacht und flennt, als Bret schließlich doch nach Hause reitet, um Bess zu heiraten (bei den Dreharbeiten konnten sie einander nicht ausstehen), und, was du nicht mehr kannst, an einen Traum glaubt, der von beschleunigter Symbolik gesponnen wird. Da kommt man sich fast schon überlegen vor, wie wenn man weiß, wie Uri Geller seine Löffel verbiegt.

Und dann ist es vorbei, das Kino leert sich, die 90-Minuten-Illusion ist vorüber. Du trottest mit den andern hinaus, verblüfft darüber, daß so viel auf die *tabula rasa* des Big Screen projiziert werden kann — Trauer, Leidenschaft, Feuer, Tod —, doch am Ende bleibt sie unberührt. Du ziehst dir den Mantel über, die Bilder glimmen in deinen Gedanken nach, du trittst hinaus auf die Straße. Deine Augen, noch nicht ganz auf der Höhe, brauchen eine Weile, um sich auf das frühabendliche Licht einzustellen, auf den Verkehrslärm und alles um dich herum, während du zu deinem Fiat gehst, dich gut fühlst, die Dinge auf der Straße zunächst so plan und dimensionslos wie Requisiten auf der Bühne. Und dann bleibst du stehen.

Du stellst fest, daß der Fiat aufgebrochen wurde. Das Handschuhfach ist durchwühlt, und da bewahrst du doch dein Scheckbuch auf, einen Ersatzhausschlüssel, und — wie du dich erinnerst — auch den Bericht, der morgen punkt neun fällig ist, hast du da hineingelegt. Das Handschuhfach, wie sieht es aus? Wie ein Teil deines Körpers, ja? Eine Wunde? Ein zerknülltes Foto von deiner Frau, die dich gebeten hat auszuziehen, damit sie das Haus haben kann, fällt dir entgegen, dann noch eins von den Kindern, die nicht die geringste Ahnung haben, wie leer du dich jeden Morgen beim Aufstehen fühlst, um dann ihr Leben mit einem Job zu finanzieren, der ein schlechter Witz ist bei deinen Fähigkeiten, wo du immer auf Hochtouren laufen mußt und mindestens vier Konkurrenten darauf warten, daß du Platz machst, auf die Schnauze fällst oder stirbst, und die Ungerechtigkeit all dessen, was du in dem schmalen Bereich der Strahlung siehst, die du Vision nennst, in der Geschwindigkeit der Erkenntnis, ist notwendig und hinreichend dafür — wie einige Logiker behaupten —, daß du wieder und wieder mit den Fäusten auf den Fiat hämmerst. Du steigst ein, setzt dich, drehst wütend den Anlasser, was, wie jeder in Hollywood dir sagen kann, ein Verhalten ist, das einem tödlichen Dreifachtalent wie dir nicht zukommt: Produzent, Star und Regisseur in der längsten, großartigsten Show von allen.

DAVID ORDAN
Jeden Moment müßte Mutter zur Türe hereingestürzt kommen

Mutter starb, als sie gerade dabei war, mir ein Sandwich zu machen. Wenn ich gewußt hätte, daß es sie umbringen würde, hätte ich sie niemals darum gebeten. Es hat sie doch vorher nie umgebracht, mir ein Sandwich zu machen, warum also jetzt so plötzlich? Mein Vater hat es auch nicht verstanden. Aber wir reden eigentlich nicht so viel darüber. Manchmal versuchen wir es. Manchmal sitzen nur wir beide beim Abendbrot, und beinahe ist alles gut.

Aber nur manchmal.

Meistens ist es anders. Meistens mache ich solche Dinge, wie zum Beispiel, zu vergessen, ihren Platz am Tisch freizulassen. Und dann wissen wir nicht, was wir tun sollen. Dann versuchen wir nicht einmal zu reden. Drei Teller. Drei Gläser. Die Küche strahlt. Eine helle, strahlende Küche, hat Mutter immer gesagt. Und da sind wir nun — mein Vater, ihr Platz und ich. Und jeden Moment müßte Mutter zur Türe hereingestürzt kommen, vollgepackt mit Tüten und Päckchen, in meinem großen Wintermantel, der sie an den Schultern und Hüften viereckig aussehen läßt, ihr Gesicht lächelnd und verschrumpelt wie eine Pflanze.

Ich hätte es besser wissen müssen.

Ich hätte über diese Dinge bescheid wissen müssen.

Komm schon, Mutter, das ist doch nicht dein Ernst?

Bringt es dich denn um, mir ein Sandwich zu machen? Bringt es dich wirklich um? Erinnerst du dich noch, wie du immer mit mir gespielt hast? Erinnerst du dich? Und dann schlich ich mich hinter sie, löste ihre Lockenwickler und strich mit meinen Fingern durch ihr Haar, bis sie sagte, schon gut, schon gut, und was für eines ich haben wollte? Dann stand sie auf, drehte sich zu meinem Vater hin und öffnete ihren Bademantel, damit er einen Blick riskieren konnte, nur um zu sehen, ob das alte Interesse noch wach war. Aber ich glaube, das war es nicht. Was? sagte er. Er hat das vorher nie gesehen? Mach das Sandwich, sagte er. Und er ließ seinen Körper wie Pudding in den Sessel fließen.

Das war alles. Das war das letzte, was er zu ihr sagte. Mutter drehte den Fernseher lauter, ging in die Küche, und als nächstes bekamen wir mit, daß sie um Hilfe rief.

Also, mein Vater wußte auch nicht besser als ich, was los war, und so stand er von seinem Sessel auf, schleppte sich durch das Zimmer — achtete sehr darauf, mit seinen Füßen den ganzen Weg lang über den Teppich zu schlurfen, damit er sie dieses Mal wirklich schockieren könnte —, und das war dann alles. Mutter lag tot auf dem Boden der Küche, ihr Bademantel an der Taille offen.

Und ich dachte, also, Mutter liegt da und ist tot, was jetzt? Niemand denkt darüber nach. Niemand denkt darüber nach, was eigentlich passiert, wenn man seine Mutter einfach so tot vorfindet, auf dem Küchenboden. Aber ich sags, wie es ist, dann geht der Spaß erst richtig los. Dann muß man nämlich Mund-zu-Mund-Beatmung an ihr versuchen — an der eigenen Mutter, Herrgott nochmal —, und man weiß, daß, wenn sie wieder zu sich kommt, sie einem alles übers Gesicht spuckt, weil das nun mal passiert, aber, trotzdem, man betet darum, denn wenn sie es nicht tut, dann ist alles vorbei. Dann muß man nämlich einen Krankenwagen rufen und darauf warten, daß sie ein Laken über ihren Kopf werfen, damit sie sie einem wegnehmen können. Dann muß man dasitzen und zusehen, wie sie ihre Hände überall auf ihren Körper legen, und weiß, daß sie einem nie glauben werden, man hätte auch nur versucht, sie zu retten. Dann sehen die Nachbarn das rote Blinklicht in deiner Einfahrt und fragen sich, was für ein mißratener Sohn du bist, daß du deine Mutter nicht retten konntest. Dann muß man sein ganzes Leben leben, und das Ganze ist dann bloß noch eine einzige Entschuldigung nach der anderen, dafür, daß man sie nicht retten konnte. Was tut man denn? Wir wußten es nicht, also breitete mein Vater sie auf der Couch aus, und wir warteten. Wir warteten und schauten Fernsehen.

Er lief.

Aber wie ich schon sagte, wir reden nicht viel darüber. Wie können wir auch? Mutter hat immer das Reden besorgt. Das hat sie immer gesagt. Sie sagte immer: »Jungs, was würdet ihr ohne mich machen?« Und da sind wir nun, ohne sie. Mein Vater und ich wüßten noch nicht einmal, wie wir miteinander reden müßten, wenn man uns dafür bezahlen würde, also versuchen wir es erst gar nicht. Jedenfalls nicht sehr. Was soll ich auch sagen? Was macht dein Liebesleben? Wie ist das, alleine zu schlafen? Das will er nicht. Das will er überhaupt nicht. Er will mich aus dem Haus haben. Aber das will er eigentlich auch nicht richtig, wissen Sie. Was würde er denn dann tun? Sechs Zimmer können zu viel sein, wenn man nicht aufpaßt. Manchmal sage ich ihm das beim Abendbrot. Ich sage ihm, wie sehr er mich braucht. Wieviel ihm alles bedeutet. Aber nichts bedeutet ihm etwas. Die Küche bedeutet ihm etwas, der Bademantel, die Dinge, die ich tat, um seine Frau zu retten. Meine Hände. Ihr Körper. Meine Lippen. Ihr Mund.

»Sag mir«, sagt er, »willst du deine Mutter so in Erinnerung behalten?«

BARRY CALLAGHAN
Die schwarze Königin

Hughes und McCrae waren anspruchsvolle Männer, die sehr stolz waren auf ihr altes Haus im Kolonialstil, die reinen, einfachen Linien und Stuckwände und den blaßblau gestrichenen Lattenzaun. Sie waren umgeben von Häusern, die in kleine Lagerhäuser umgewandelt waren, Lastwagenparkplätzen, dort, wo man Häuser abgerissen hatte, und, am Ende der Straße, einer Schule voll von Ausländerkindern, aber das machte ihnen nichts aus. Es gab ihnen das Gefühl der Belagerung, des Festhaltens an etwas, das wichtig war, einem ramponierten Überrest von gutem Geschmack in einer Gegend voller Abfall, überlaufen von olivhäutigen Kindern ohne Zuhause.

McCrae trug sein Haar etwas zu lang, jetzt, da er allmählich grau wurde, und während Hughes mit seinem sorgsam gestutzten Schnurrbart ein ernsthafter Mann zu sein schien, der nur für seine Arbeit lebte, das Entwerfen von Kleidern, trug McCrae Stöckelabsätze und lackierte sich die Fingernägel. Als sie sich vor zehn Jahren kennengelernt hatten, hatte Hughes gesagt: »Lauf weiter so rum, und du brauchst jemanden, der dich vor einem blauen Auge bewahrt.« McCrae kümmerte sich um das Kochen und fuhr den Wagen.

Aber neuerdings vertrugen sie sich nicht so recht. Hughes gab seiner Schleimbeutelentzündung die Schuld dafür, aber sie waren beide in aller Stille darüber beunruhigt, wie alt sie auf einmal geworden waren, wie schlaff in den Oberschenkeln, und die Füße, wenn sie morgens duschten, schienen knochiger, die Zehen länger, die Nägel gelb und hart, und was sie wollten, war Zärtlichkeit, sich beinahe unter Tränen hingeben zu können, voll von einem Mitleid für sich selbst, das nicht heruntergespielt oder verlacht würde, und wenn sie allein in ihren separaten Schlafzimmern standen, wollten sie diese Zärtlichkeit voneinander, doch wenn sie vor dem Schlafengehen ihren Tee tranken, aus hübschen grün-weißen Limoges-Tassen, wie sie es schon seit Jahren taten, und einer des anderen Hand berührte, dann zogen sie sich plötzlich beide in eine unausgesprochene, lächelnde Unnahbarkeit zurück, als wäre eine Grenze der Privatsphäre überschritten worden. Keiner von beiden konnte die dünner werdenden Handgelenke und die kleinen Säckchen dunkler werdenden Fleisches unter dem Kinn ertragen. Sie sprachen davon, mit jüngeren Leuten zusammen zu sein, und witzelten sogar ein wenig darüber, einen jungen Mann mit nach Hause zu bringen, aber das wäre ein solcher Verrat an all dem gewesen, wovon sie glaubten, es würde sie von anderen unterscheiden, an allem, wovon sie glaubten, es hielte sie zusammen, daß sie schmollten und gegeneinander stichelten, und obwohl eigentlich nichts ihr Leben offensichtlich verändert hatte, waren sie dauernd gereizt, Hughes noch mehr als McCrae.

Eine ihrer Lieblingsbeschäftigungen war das Sammeln von Briefmarken, seltene und von druckfrischer Qualität, ohne Falten oder Schmutzflecken an der Gummierung. Ihre Sammlung, die sorgsam in ein blaues, ledergebundenes Buch mit sieben kleinen Plastikfensterchen pro Seite eingefaßt war, war mehrere tausend Dollar wert. Sie hatten viele angenehme Abende zusammen auf dem Directoire-Sofa damit verbracht, die alten ockerfarbenen und karminroten Briefmarken zu ordnen und zusammenzustellen. Sie stimmten darin überein, daß es beinahe etwas Sinnliches an sich hatte, ein perfekt erhaltenes Stück Vergangenheit in Händen zu halten, unbefleckt, so, als ob nicht alles sich verändern müsse, nicht durch Niedergang und Zerfall zerrüttet enden müsse. Ihnen mißfielen die neuen Briefmarken, sie lehnten sie als roh ab und wollten sie nicht in ihrem Album haben. Die Seiten für die letzten Jahre blieben leer, und das gefiel ihnen; die Leere war ihre Aussage über sich selbst und ihre Wertbegriffe, und Hughes pflegte zu sagen, wenn er eine Briefmarke zwischen seine Pinzette geklemmt ans Licht hielt: »Solche Grobheiten sind nichts für uns.«

Eines Nachmittags gingen sie zu den Briefmarkenläden in der Nähe der Adelaide- und der Richmond-Straße und sahen eine Briefmarke, hinter der sie schon sehr lange her waren, eine große und elegante schwarze Marke, die Königin Victoria in ihrem Witwengewand zeigte. Sie war selten und teuer, eine Marke von einem nicht zugestellten Brief aus der Jahrhundertwende. Sie standen Seite an Seite über die gläserne Verkaufstheke gebeugt und bewunderten sie, ihre Hände über dem Glas ausgebreitet, doch als McCrae, dessen lakkierte Fingernägel das fluoreszierende Licht über ihm einfingen, sagte: »Also ich hätte sie wirklich gerne, dieses süße, alte, schwarze Schätzchen«, schaute der Besitzer, der ihnen schon seit mehreren Jahren Briefmarken verkaufte, auf und feixte, und Hughes schnaubte plötzlich: »Du alte Tunte, ich wüßte nur zu gern, warum du nicht aufhörst, in diesen gottverdammten Stöckelschuhen herumzulaufen, hä? Warum eigentlich nicht?« Er ging nach draußen und ließ McCrae bloßgestellt und verletzt zurück, und als der Besitzer sagte: »Was war denn los?«, schrie McCrae: »Leck' mich am Arsch«, und stolzierte nach draußen.

Für den ganzen Rest der Woche waren sie zu Hause sehr nachsichtig miteinander, zeigten einander jede Art von Entgegenkommen, versuchten jeden Streit vor Muttertag, gegen Ende der Woche, zu vermeiden, da sie ihr jährliches Abendessen für Freunde, drei weitere männliche Paare, zu halten gedachten. All die Jahre war dies immer ein eleganter, etwas spöttischer Abend gewesen, der oft bittersüß endete und sie in dem Gefühl gegenseitiger Vertrautheit und Geborgenheit zurückließ.

McCrae, der ein weißes Leinenhemd mit gestärkten Manschetten und Manschettenknöpfen aus Perlmutt trug, arbeitete den ganzen Sonntagnachmittag in der Küche, und durch das Fenster konnte er den Holzapfelbaum in voller Blüte stehen sehen, und er dachte daran, wie er in früheren Jahren zu planen begonnen hätte, etwas Gelee einzukochen und in die alten Einmachgläser, die sie im Keller aufbewahrten, abzufüllen, aber statt dessen fuhr er mit gesenktem Kopf unablässig fort, den Schweinelendenbraten zu füllen und zuzubinden. Dann, am frühen Abend, hörte er Hughes an der Tür, und Gelächter drang aus dem vorderen Zimmer, und jemand rief: »Was machst du mit einem Elefanten, der drei Eier hat... du weißt es nicht Dummchen, also du führst ihn spazieren und machst dich an die Giraffe ran«, und es ertönte heulendes Gelächter und das Klirren von Gläsern. Es war jedes Jahr dasselbe gewesen, acht Männer, die sich zu einem guten Mahl mit teuren Weinen zusammensetzten, während der Tisch unter den antiken, geschnitzten Holzkandelabern mit ihrem besten Silber gedeckt war.

Als er die gesamte Rohkost vorbereitet hatte, den Blumenkohl, die Karotten, die Avocados und die fingergroßen Miniatur-Maiskölbchen, und die Porzellanschüsseln mit hausgemachter Tunke in die Mitte eines Zinntabletts plaziert hatte, starrte McCrae einen Moment lang auf sein Spiegelbild im Fenster über der Spüle und nahm dann eine Plastikhülle aus der Besteckschublade. Die Hülle enthielt die Briefmarke von dem nicht zugestellten Brief. Er beleckte sie überall und klebte sie sich auf die Stirn, und dann zog er das Jackett seines holzkohlebraunen Samtanzuges an, nahm das Tablett und trat hinaus ins vordere Zimmer.

Die anderen Männer, die im Kreis um den Kaffeetisch sa-

ßen, blickten auf, und einer von ihnen kicherte. Hughes rief:
»Oh mein Gott.« McCrae sagte, als sei überhaupt nichts
passiert: »Meine Lieben, es ist Zeit für die Crudités.« Er war
auf Seidenstrümpfen, und als er das Tablett herüberreichte,
blinzelte er Hughes zu, der dasaß und auf die schwarze Königin starrte.

CRAIG McGARVEY
Gefühl der Ehrfurcht, des Erstaunens

Mutter hätte mein Magazin gefunden. Wenn für die endgültige Form der Erfahrung auch Vater verantwortlich ist, meine Mutter hat sie initiiert. Hätte ich das Magazin sorgfältig versteckt, sie hätte es gefunden.

Ich versteckte es nicht sorgfältig. Zweite Schreibtischschublade rechts, zweite von oben, mit dem Cover nach oben in einem Stapel *Illustrierte Klassiker*-Comic-Hefte und mit einem dreißig-sechzig-neunzig Grad anzeigenden Geometriedreieck beschwert. Eine leichte Sache für Mutter, die meine erste prophylaktische Maßnahme schon durch den Druck, den es auf das versteckte Banknotenfach meiner Brieftasche ausübte, durchschaut hatte.

Es war die Art Magazin, die jedes Ladenregal anbietet. Es bedeutete weder eine große Herausforderung, es sich zu verschaffen, noch wäre es schwer zu ersetzen gewesen. Den Glanz hatten Daumenabdrücke längst von den Seiten gewischt. Und doch war es ein geheimer Schatzvorrat, der einen Großteil meiner Aufmerksamkeit beanspruchte. Ein Hausaufgabenabend an meinem Schreibtisch war stets von Sicherheitspausen unterbrochen. Mitten im Satz legte ich den Stift nieder, öffnete die Schublade, überprüfte die Lage des Dreiecks, nahm sorgsam meine *Ivanhoe*-Ausgabe heraus.

Ich erinnere mich, wie ich im Dunkeln aufstand, um mich zu vergewissern. Einmal ging ich, unter dem Vorwand von Frostbeulen, von einem Schlittennachmittag weg, um durch den Schnee nach Hause zu rennen.

Ich erwartete von meiner Mutter keine Tränen deswegen. Ich erwartete jedoch ganz bestimmt von ihr, daß sie das Beweismaterial beschlagnahmen würde. Ich dachte über die Art und Weise nach, wie sie das Magazin entdecken würde, beobachtete ihre Reaktion darauf. Nachts in meinem Bett ließ ich sie es unter ihre Schürze stecken und in ihr eigenes Zimmer tragen, wo sie die Bilder der Frauen betrachtete und was diese mit sich anstellten, langsam darüber las, was die Männer und Frauen miteinander machten. Es war in einer dieser Nächte, daß ich erkannte, daß sie mein Magazin schon gefunden hatte. Falls sie es gelesen hatte, hatte sie es wieder ordentlich in die Schublade zurückgelegt.

Viele Tage lang danach maß ich dem Verhältnis zu meiner Mutter besondere Bedeutung bei. Ich beobachtete sie mit großem Interesse und sah in jeder ihrer Handlungen eine Bedeutung, die ich nicht vollständig verstehen konnte. Ob sie mich nun in die Schule fuhr oder darauf bestand, daß ich zu Fuß ging, sollte sie verärgert sein oder zufrieden, konsequent oder inkonsequent, jede Veränderung, oder deren Abwesenheit, hatte ihre Wichtigkeit. Eines Frühlingsmorgens wurde ich aus dem Spanischunterricht geschickt, um eine Nachricht von zu Hause aus dem Büro abzuholen. Ich hatte mein Mittagessen vergessen, und Mutter machte sich extra den Weg, um es bei der Schulsekretärin abzugeben. Auf meinem Rückweg in die Klasse durch die engen, dickgewachsten Korridore, kühl und leer jetzt, mitten in der Stunde, öffnete ich die Tasche und las die einfache Nachricht, die sie meinem Mittagessen beigelegt hatte. »Für meinen vergeßlichen Sohn.« Es war ein Riegel meiner Lieblingsschokolade dabei. Wieder im Spanischunterricht plazierte ich sie in den Stuhl an meinem Schreibtisch. Ihre langen Beine waren in Richtung meines ungemachten Bettes überschlagen. Meine zweite Schublade stand seitlich von ihr heraus, und das Magazin lag aufgeschlagen in ihrem Schoß und bot in höchstem Glanz alle Geheimnisse dar, die es nur aufzudecken fähig war.

Tage sammelten sich an, Wochenenden drohten und verstrichen, und mein Verständnis der Situation wurde komplexer. Ich erwartete den Auftritt meines Vaters. Er würde sich irgendwie unsicher und unwohl fühlen, das wußte ich. Sein Klopfen würde zweimal kommen, während ich an meinen Hausaufgaben saß. Er würde die Ärmel hochgekrempelt haben, und er würde eine Zeitung bei sich haben oder ein zusammengerolltes Magazin, mit dem er ab und zu wie mit einem Schläger ausholen, oder an dem er entlangschauen würde wie an einem Gewehrlauf, oder das er sachte auswerfen würde, als angelte er an einem wilden, klaren, kalten Bach. Er hatte die Angelegenheit mit der prophylaktischen Maßnahme zu einer neuen Statusfrage erhoben. Man mußte mich bei meinem Bedürfnis zu experimentieren verstehen. Man mußte mir gratulieren, daß ich mich schützte. Vielleicht könnte ich jedoch besser auf die Sicherung meiner Privatsphäre achten.

Vater würde eintreten, das wußte ich. Doch tat er es nicht. Das Sturmfenster an meinem Schreibtisch wurde durch Fliegengitter ersetzt; Nacht für Nacht war die Dunkelheit zögerlicher damit, mein Schlafzimmer auszufüllen. Immer noch lag das Magazin perfekt arrangiert in seinem Versteck. Und während die warmen Abende vergingen, war ich gezwungen, die Möglichkeit in Betracht zu ziehen, daß Mutter ihm ihre Entdeckung vorenthalten hatte.

Meine eigene Entdeckung komplizierte die Affäre erheblich. Wenn wir drei uns bei Tisch trafen, war jede Frage zweischneidig. Jedem Zwischenspiel, ob es nun Geschichtsarbeiten oder Kartoffelbrei betraf, wurde ein verwirrendes System von Motivationen zugewiesen. Meine Einschätzung der Auffassungsgabe meiner Eltern änderte sich laufend. Ich wurde ehrfürchtig angesichts ihrer Gesten von Würde und Haltung.

Es war beim Abendbrot, als Vater sich schließlich zu sprechen anschickte. Die Sonne breitete sich in Streifen über den Tisch aus, die in einem Winkel über Mutters Brust und Gesicht fielen. Hatte er uns, fragte er, von Miss Kalfeon, seiner Lehrerin in der siebten Klasse erzählt. Ich beobachtete Mutter; sie nickte und lächelte.

Miss Kalfeon kaute Kaugummi während des Unterrichts und trug einen Stift hinter dem Ohr. Sie war verschroben und flink, solide in Mathe, brillant in Literatur. Sie sah nicht schlecht aus. Eine Mähne bronzefarbener Haare wirbelte gegen ihre Schultern, ihre Beine waren lang und fest.

Wenn sie unterrichtete, stand sie auf eine Art da, die Vater noch immer vor Augen hatte. Die Füße vor der Klasse weit gespreizt, Knie zusammen, ihr starker Rücken gebogen, die Finger gestreckt an den Hüften.

Mutter fing an abzuräumen und fragte, ob es denn da nicht ein Buch gegeben habe. Ja. Für Miss Kalfeon war es das berühmteste Buch der englischen Sprache, das wichtigste kreative Werk des modernen Geistes. Es war groß und alt und abgegriffen, und sie drehte es in ihrer Hand als sei es etwas von großem Wert und großem Erstaunen. Sie sagte, es fasse die Gedanken in wunderbare Worte, die einfache Leute über sich selbst und andere während eines Tages haben. Manchmal waren, wie sich mein Vater und seine Klassenkameraden vorstellen konnten, diese Gedanken ganz schön scharf. Vater konnte den letzten Abschnitt nicht lesen, ohne an Miss Kalfeon zu denken.

Mutter nannte den Titel des Buchs. Sie stand an der Spüle, wiegte sich langsam, die Arme in die Taschen ihrer Schürze gestreckt. Die Streifen des Sonnenlichts, das tief durch den Raum schien, huschten und wanden sich auf ihrem Körper entlang. Sie lächelte. Gab es da denn nicht ein Bild, fragte sie. Ja.

Wenn es Frühling wurde, mottete Miss Kalfeon ihre Nylonblusen ein und trug ärmellose Baumwollblusen in grün und gelb. Manchmal, an ihrem Schreibtisch oder wenn sie sich an der Tafel herumdrehte, konnte Vater das Weiß ihrer Unterwäsche an ihrer Brust sehen. Er hatte damit angefangen, sie zu zeichnen. Allein in seinem Zimmer, in den Arbeitsnischen der Bibliothek, gelegentlich an seinem Tisch im Klassenzimmer, zeichnete er Miss Kalfeon, wie er sie sich ohne ihre Baumwolle und Seide vorstellte. Wenn auch nicht ganz akkurat, so war seine Vorstellung von weiblicher Anatomie doch sehr phantasievoll. Viele der Posen, die er sich für sie ausdachte, waren schändlich, einige klein und geistlos, doch keine fing das Gefühl eines sie umgebenden Geheimnisses besser ein als ihre Unterrichtshaltung. Eines Tages war Vater hinten im Klassenzimmer sehr stark mit einem Bild beschäftigt, als er aufschaute und Miss Kalfeon über ihm stehen sah. Er wurde rot. Sie griff nach unten und drehte die Schreibunterlage zu sich hin. Sie lächelte und berührte leicht seine Schulter und ging nach vorne.

Mutter fragte, ob er wisse, wo sie jetzt sei. Ja, sagte er, vor der Klasse, in ärmellose Baumwollblusen gekleidet, ihre bloßen Beine fest auf den gewachsten Boden plaziert.

An meinem Schreibtisch am selben Abend konnte ich mich nicht auf die Hausaufgaben konzentrieren. Ab und zu öffnete ich vom Impuls getrieben meine zweite Schublade, und als die Dunkelheit schließlich den Raum übernahm, lag ich im Bett und machte mir ein Bild von Miss Kalfeon.

Blinde Kuh

Sie wußte, das da draußen im Feld waren bloß Jungen, die
herbeischlichen, um zuzuschauen, wie sie sich hier das erste
Mal mit Wein vollaufen ließen. In dem kleinen Schuppen
stand ein Radio und dudelte von der Verheißung schwarzer
Liebe, schwarzer Lippen. Jesse beobachtete Sally, wie sie ihr
Haar mit Granatapfelsirup färbte, sich den klebrigen Saft auf
den Arm tupfte. Die Party lief in einem Schuppen, der unterhalb des Hauses stand, in dem sie wohnte; es war ein Stück
hügelabwärts neben einem hohen Grasfeld, in dem die
schwarzen Schlangen platt wie Gürtel herumlagen. Die
Ripple-Flaschen waren leer, und Jesse gab Pornostories zum
besten, in denen diverse Erwachsene vorkamen, und alle
lachten sie über Miss Hicks, die Hauswirtschaftslehrerin,
und ihre feuchten Hände mit den kleinen Grübchen, mit denen sie sie immer anfaßte. Es wurde dunkel draußen, und die
Geschichten wurden immer schauriger. Schließlich erzählte
sie ihre Lieblingsgeschichte; die von dem Mädchen, das ganz
allein bei ihrem Freund im Auto saß; die beiden parkten irgendwo am Straßenrand. Eine Nacht wie heute, der Wind
heulte, und dann fängt's an zu regnen, es regnet Backsteine.
Bitte laß uns losfahren, fleht das Girl zu ihrem Freund; es
hört sich an, als würde draußen was am Auto rumkratzen. In
Gottes Namen, brummelt er und fährt mit quietschenden

Reifen los. Zu Hause angekommen, sehen sie, daß sich ein übergeschnappter Amputierter mit seinem Armhaken an der Autotür verfangen hat. Jesse beschrieb sein gelbes Gesicht, schauderhaft, und seinen fleckigen Armstumpf. Sie malte aus, wie er zuvor schwer atmend im Gras kauerte, sehnsüchtig nach etwas Ausschau hielt. Sie hatte förmlich den Geruch in der Nase, den er ausströmte, wie rohes Gemüse; ein verstoßener, blutender Cowboy mit strohgelbem Haar, und sie schweifte ab. Das Seufzen im Dunkeln und die Falsettstimmen. Nein, nein, bitte nicht. Ringsum nervöses Lachen. Sally spähte zum Fenster des Schuppens hinaus. Das Gras bewegt sich, sagte sie, da krabbelt was. Aber nein, da ist doch überhaupt nichts. Doch, es kommt näher; und beim letzten Wort hob sich ihre Stimme. Das sind doch bloß die Jungen, die uns Angst einjagen wollen. Aber Sally jammerte, fuchtelte mit ihren Armen in der Luft herum. Lag auf den Knien und klammerte sich an Jesses Beine, jammerte zwischen ihren Schenkeln. Schon gut jetzt, ich bring dich hinauf zum Haus. Sally war ganz steif, ihre Nägel gruben sich ins Fleisch. Sie rührte sich nicht von der Stelle. Jesse band ihr ein Halstuch um die Augen und führte sie, wie man ein Pferd durchs Feuer führt, den Hügel hinauf zum Haus, wo ein einzelnes elendes Licht hinter einem Fenster glomm. Aus dem Feld rannten schreiend Jungen davon.

STEPHEN DIXON
Die Unterschrift

Meine Frau stirbt. Nun bin ich allein. Ich küsse ihre Hände und verlasse das Krankenzimmer. Ein Pfleger läuft mir auf dem Korridor nach.

»Werden Sie jetzt die Bestattungsformalitäten regeln?« sagt er.

»Nein.«

»Was sollen wir dann mit der Leiche machen?«

»Verbrennen Sie sie.«

»Das ist nicht unsere Aufgabe.«

»Geben Sie sie der Forschung.«

»Dazu müssen Sie eine Vollmacht unterschreiben.«

»Geben Sie sie mir.«

»Wir müssen sie erst fertigmachen. Warten Sie doch noch im Besucherzimmer.«

»Ich habe keine Zeit.«

»Und ihre Waschsachen und das Radio und die Kleider.«

»Ich muß gehen.« Ich drücke den Liftknopf.

»Das können Sie doch nicht machen.«

»Und ob.«

Der Lift ist da.

»Doktor, Doktor«, ruft er zu einer Ärztin hinüber, die im Stationszimmer Akten durchsieht. Sie steht auf. »Was gibt es, Pfleger?« sagt sie. Die Lifttür schließt sich. Sie geht auf

mehreren Stockwerken auf, bevor der Lift in der Empfangs-
halle ankommt. Ich eile zum Ausgang. Neben der Drehtür
sitzt ein Wachmann. Er sieht aus wie ein gewöhnlicher Stadt-
polizist bis auf sein Haar, das bis über die Schultern fällt,
und er trägt außerdem einen Bart. Die meisten Polizisten
tragen keinen; alle wahrscheinlich. Er bekommt auf seinem
tragbaren Funkgerät gerade einen Anruf, als ich in eine der
vier Drehtürkabinen trete. »Laslo«, spricht er hinein. Ich bin
draußen. »He Sie«, sagt er. Ich drehe mich um. Er nickt und
deutet auf mich und winkt mich zurück. Ich überquere die
Straße, um zur Bushaltestelle zu gelangen. Er kommt heraus
und steckt sein Funkgerät in die hintere Hosentasche und
geht auf mich zu, während ich auf den Bus warte.

»Die brauchen Sie oben noch mal, ein paar Papiere unterschreiben«, sagt er.

»Zu spät. Sie ist tot. Ich bin allein. Ich habe ihre Hände
geküßt. Sie können die Leiche haben. Ich möchte nur weit
weg von hier sein und zwar so schnell wie möglich.«

»Ich soll Sie aber zurückbringen.«

»Das können Sie nicht. Dies ist eine öffentliche Straße.
Wenn Sie mich zurückbringen wollen, brauchen Sie einen
Polizisten, und selbst dann glaube ich nicht, daß er oder sie
das Recht dazu hätte.«

»Ich werde einen rufen.«

Der Bus kommt. Die Tür geht auf. Ich habe das Fahrgeld
passend. Ich steige ein und stecke die Münzen in den Auto-
maten.

»Nehmen Sie diesen Mann nicht mit«, sagt der Wachmann zum Busfahrer. »Er muß noch mal ins Krankenhaus
rüber. Irgendwas mit seiner Frau, die da Patientin war oder
ist, ich weiß allerdings nicht genau, warum er noch mal hin
soll.«

»Ich habe nichts getan«, sage ich zu dem Fahrer und
nehme ganz hinten Platz. Eine Frau vor mir sagt: »Warum
fährt er nicht? Die Ampel ist doch nicht auf Rot.«

»Hören Sie mal«, sagt der Fahrer zu dem Wachmann, »wenn Sie keine genaue Anklage oder einen Haftbefehl gegen diesen Typ haben, fahre ich jetzt besser los.«

»Würden Sie bitte diesen Bus wieder in Gang setzen?« sagt ein Fahrgast.

»Ja«, sage ich mit verstellter Stimme, damit sie glauben, nicht ich wäre es, sondern ein anderer Fahrgast, »ich habe eine wichtige Verabredung, und durch Ihr Gebummel und Getrödel habe ich mich bereits um zehn Minuten verspätet.«

Der Fahrer wendet sich achselzuckend an den Wachmann.

»Rein oder raus, mein Freund, aber wenn Sie keine Amtsperson auftreiben können, die den Bus aufhält, muß ich meine Tour beenden.«

Der Wachmann steigt ein, bezahlt und setzt sich neben mich, während der Bus losfährt.

»Ich muß bei Ihnen bleiben und Meldung machen, wenns recht ist«, sagt er zu mir. Er drückt einen Knopf an seinem Funkgerät und sagt: »Hier Laslo.«

»Laslo«, sagt eine Stimme. »Wo zum Teufel sind Sie?«

»In einem Bus.«

»Was tun Sie denn da? Sie sind noch im Dienst.«

»Ich bin bei dem Mann, den ich an der Tür aufhalten sollte. Also, er ist rausgegangen. Ich habe versucht, ihn draußen anzuhalten, aber er sagte, dazu bräuchte ich einen Polizisten, weil es eine öffentliche Straße sei.«

»Sie hätten ihn doch vorn auf dem Fußweg kriegen können.«

»Das war an der Haltestelle auf der anderen Straßenseite.«

»Dann hat er recht. Wir wollen keine Klage an den Hals kriegen.«

»Das dachte ich mir auch. Also versuchte ich, ihn zu überreden, daß er wieder mitkommt. Er wollte nicht. Er sagte, er küßte die Hände irgendeiner Frau, und wir können die Leiche haben. Ich weiß nicht, was das bedeutet, aber ich melde es lieber gleich, bevor ich zu weit weg bin und Funkkontakt verliere. Er stieg in den Bus hier ein. Der Fahrer war recht verständnisvoll, als ich sagte, der Bus könnte nicht abfahren, sagte aber, es sei illegal, daß er helfen solle, den Mann festzuhalten, und außerdem müsse er seine Tour beenden. Also stieg ich ein und sitze jetzt neben dem Mann und werde an der nächsten Haltestelle aussteigen, wenn Sie das von mir erwarten. Ich wußte eben nicht, wie ich meine Anweisungen auf korrekte Weise ausführen sollte in so einer Situation, und so dachte ich, ich bleibe bei ihm, bis Sie es mir sagen.«

»Sie haben richtig gehandelt. Lassen Sie mich jetzt mit ihm sprechen.«

Laslo hält mir das Funkgerät an den Mund. »Hallo«, sage ich.

»Die Papiere für die Überweisung Ihrer verstorbenen Frau ans Krankenhaus zu Forschungszwecken und möglichen Organtransplantationen sind jetzt fertig, mein Herr, würden Sie also bitte mit Wachtmeister Laslo zurückkommen?«

»Nein.«

»Wenn Sie der Ansicht sind, es wäre eine zu belastende emotionale Erfahrung für Sie, hierher zurückzukommen, könnten wir uns irgendwo anders treffen, wo Sie unterschreiben könnten?«

»Machen Sie mit ihrer Leiche, was Sie wollen. Ich will nie wieder irgend etwas mit ihr zu tun haben. Ich werde nie wieder ihren Namen aussprechen. Nie wieder in unsere Wohnung zurückgehen. Unser Auto werde ich auf der Straße verrosten lassen, bis es abgeschleppt wird. Diese Uhr. Sie hat sie mir gekauft und selbst auch ein paarmal getragen.« Ich werfe sie aus dem Fenster.

»Warum haben Sie sie nicht einfach hier rübergegeben?« sagt der Mann hinter mir.

»Diese Kleider. Sie hat ein paar davon gekauft, sie alle ausgebessert.« Ich ziehe mein Jackett aus, Krawatte, Hemd und Hosen und schleudere alles aus dem Fenster.

»Schaun Sie«, sagt Laslo, »ich bin bloß ein Krankenhauswächter mit einem Paar Handschellen, das ich Ihnen nicht anlegen werde, weil wir in einem öffentlichen Bus sind und Sie gerade eine Menge durchgemacht haben, aber bitte beruhigen Sie sich.«

»Diese Unterhosen habe ich mir gestern gekauft«, sage ich zu ihm. »Ich brauchte ein Paar neue. Sie hat sie nie angefaßt oder gesehen, also macht es mir nichts aus, sie noch zu tragen. Aber die Schuhe müssen weg. Sie hat sogar diese Absätze angebracht, mit einem Reparaturset, das sie im Billigladen gekauft hat.« Ich ziehe meine Schuhe aus und lasse sie aus dem Fenster fallen.

Der Bus hat angehalten. Alle anderen Fahrgäste sind gegangen außer Laslo. Der Fahrer steht auf der Straße und hält bestimmt Ausschau nach einem Polizisten oder Streifenwagen.

Ich schaue meine Socken an. »Bei den Socken bin ich mir nicht sicher.«

»Lassen Sie sie doch an«, sagt Laslo. »Sie sehen gut aus, und ich mag braun.«

»Aber hat sie sie gekauft? Ich glaube, sie hat sie mir vor zwei Jahren zum Geburtstag geschenkt, einen Picknickkorb mit achtzehn Paar Socken in verschiedenen Farben. Ja, das ist eins davon«, und ich ziehe sie aus und werfe sie aus dem Fenster. »Deshalb wollte ich ja und muß immer noch so schnell wie möglich aus dieser Stadt raus.«

»Hören Sie das?« sagt Laslo in sein Funkgerät, und der Mann am anderen Ende sagt: »Ich verstehe immer noch nicht.«

»Sehen Sie«, spreche ich hinein, »wir haben zu viele Jahre zusammen hier verbracht, meine Liebste und ich — unser ganzes Erwachsenenleben. Diese Straßen. Diese Brücke da. Jene Gebäude.« Ich spucke aus dem Fenster. »Vielleicht sogar dieser Bus. Wir sind diese Strecke so oft hin- und hergefahren.« Ich versuche, den Sitz vor mir herauszureißen, aber er bewegt sich nicht. Laslo schnappt die Handschellen um meine Gelenke. »Dieses Leben«, sage ich und schlage krachend mit dem Kopf durch das Fenster.

Ein Krankenwagen kommt und bringt mich zurück in dasselbe Krankenhaus. Ich werde zur Notaufnahme gebracht und in dem selben Untersuchungszimmer auf eine Liege gebettet, in das man auch sie jenes letzte Mal gebracht hatte, bevor man sie in ein Zweibettzimmer verlegte. Ein Krankenhausangestellter kommt herein, während die Ärzte und Schwestern die restlichen Glassplitter aus meinem Kopf entfernen und mich zusammennähen. »Wenn Sie den Leichnam Ihrer Frau noch zur Verfügung stellen möchten«, sagt er, »dann würden wir die Sache jetzt gern erledigen, solange einige ihrer Organe noch von verschiedenen Patienten oben wiederverwendet werden können.«

Ich sage: »Nein, ich will nicht, daß einer mit Teilen meiner Frau herumläuft, wo ich ihm jederzeit begegnen und sie womöglich erkennen könnte«, aber er nimmt meine Hand und führt sie, bis ich unterschrieben habe.

ROLF YNGVE
Die Wachteln

Die Wachteln kamen kurz vor der Fliederblüte in der grünen Zeit des ersten Frühlings ihrer Ehe. Der Morgen war der erste warme Morgen ohne Frost; nur Tau lag. Sie fühlte die Sonne aufs Bett scheinen und stand früher auf als sonst; als sie die Wachteln hinten im Garten bemerkte, weckte sie ihn. Er sah acht Vögel im Garten des Hausbesitzers scharren und picken.

Er erklärte ihr, daß es kalifornische Baumwachteln seien. Die Hennen sahen aus wie reiche Witwen, plump und makellos in braun und grau gekleidet. Sie wurden von drei beleibten Männchen mit grauen Brustwesten und schwarzgefiederter Halskrause begleitet. Jedem Vogel wippte eine schwarze flauschige Feder auf der Stirn. Sie wanderten im Garten herum wie eine Reisegruppe, blieben stehen, um am Boden zu picken, gleitend, ziellos und vereinzelt, blieben aber im Schwarm zusammen.

Das Paar kleidete sich an, sprach leise über die Vögel und beobachtete, wie sie ihr Frühstück vom Rasen pickten. Er kochte Kaffee, wärmte Brötchen auf, und sie aßen am Küchentisch, von wo aus sie den Schwarm beobachten konnten. Er öffnete das Fenster; sie konnten den Morgentau riechen und die Apfelblüten. Die Sonne kam durchs Fenster, in den

Brötchen waren süße Rosinen, und sie verstanden einander auch ohne Worte.

An diesem Abend ging er auf dem Nachhauseweg nach der Arbeit bei einem Futtergeschäft vorbei und kaufte Maiskörner. Er erklärte ihr, daß die Wachteln dableiben würden, so lange man sie fütterte und gut behandelte. Er streute die Körner vor dem Küchenfenster aus, und bei Sonnenuntergang kehrten die Vögel zurück. Sie kamen ganz nah ans Fenster heran, pickten ein paar Körner auf und nahmen rollend Erdbäder im Garten des Hausbesitzers. Sie fragte ihn, ob die Vögel wohl die Aussaat und die Setzlinge des Hausbesitzers fressen würden. Er sagte ihr, dem Garten könne nichts passieren, solange sie die Vögel mit Maiskörnern fütterten.

Nach der Ankunft der Vögel begannen sie den Wecker früher zu stellen. Zuerst, damit sie mehr Zeit für Kaffee und Brötchen hatten und um den Schwarm zu beobachten. Als der Flieder blühte und die Tulpen sprossen, stellten sie den Wecker noch früher und liebten sich vor dem Aufstehen. Danach badete sie, und er machte Frühstück und streute den Vögeln frischen Mais hin.

Am besten konnte man den Schwarm gleich nach Sonnenaufgang beobachten, bevor der Verkehrslärm einsetzte, bevor der Hausbesitzer seinen Pudel herausließ. Der Besitzer wohnte nebenan, ein Maschendrahtzaun trennte die beiden Gärten. Wenn er den Pudel herausließ, wurde der ganz verrückt nach den Wachteln, sprang am Zaun hoch und ließ sein irres Kleinhundegekläff ertönen. Dann erhob sich der Schwarm flügelschlagend, ließ sich in den unteren Ästen des Apfelbaums nieder und wartete, bis sich der Hund beruhigt hatte, um wieder zu dem Mais zu fliegen.

Bald schon konnte er Mais aufs Fensterbrett streuen, und die Wachteln leisteten ihnen beim Frühstück Gesellschaft. Wenn sie sich ruhig verhielten und ohne hastige Bewegungen aßen, flatterten die Vögel auf dem Fensterbrett bis auf zwei

Handbreit an die Kaffeekanne und den Brotkorb heran. Die Vögel pickten bedächtig ein paar Körner auf, eins nach dem anderen. Ihre Schnäbel tippten ans Fensterbrett, und ihre Augen glänzten. Er entfernte das Fliegengitter, um zu sehen, ob sie hereinkämen.

Die vier Hähne waren keck und stolzierten manchmal auf dem Tisch umher, putzten sich, plusterten sich auf und schüttelten ihr Gefieder. Wochenlang versuchte sie, ihnen Rosinenbrotkrümel aus der Hand zu füttern. Die Männchen schauten es an, aber es war eine von den Hennen, die schließlich auf das angebotene Stück zulief, es von der Seite her beguckte — ihr Kopfgefieder wie eine Hutfeder schräg über einem Auge — und den Krümel nahm. Auf dem Finger konnte sie die Berührung des Schnabels spüren. Sie lachte laut auf; der Schwarm stob vom Fensterbrett. Als eine Woche vergangen war und die Vögel endlich wieder ans Fensterbrett kamen, nahm die Henne immer einen Krümel.

Abends saßen sie im Liegestuhl und beobachteten den Schwarm beim Fressen. Als die Frührosen blühten und der Garten des Hausbesitzers sproß, sahen sie, wie eine Henne begattet wurde. Es geschah im Garten, und das Balzen hatten sie nicht gesehen, aber den Moment, in dem der ganz grau und braun gefiederte Hahn mit der schwarzen Krause den Hals der Henne mit seinem Schnabel nach unten bog. Die Henne wand sich am Boden, während der Hahn sie bestieg und ihr mit den Flügeln auf die Seiten schlug.

Und die Frau des Besitzers schimpfte aus dem Haus: »Tom! Sie sind wieder im Garten, TOM!« Der Besitzer rannte heraus, wedelte mit den Armen und zischte, sein Hals alt und voller Falten, sein Haar weiß und stoppelig.

Die Vögel erhoben sich flügelschlagend.

Seine Frau hielt die Gittertür auf, lehnte sich hinaus und kreischte: »Tom, du *mußt* da was tun gegen die Vögel! Wir müssen diesen Winter das verdammte Zeug vom Garten essen, also wenn du diesen Winter was essen willst, dann *tu* was.«

Die Gittertür tat einen Schlag, und sie war draußen, bucklig, den Pudel bei Fuß, krummbeinig, mit einem grauen Bauersfrauenkleid und fleckiger Schürze. Sie hörte sich an wie der Pudel.

»Verdammt noch mal, *Tom!* Tust du wohl bald was gegen die Vögel?«

Der Mieter und seine Frau saßen im Liegestuhl und sahen zu und dachten, *sie* sollten etwas tun. Vielleicht der alten Frau sagen, daß die Vögel den Setzlingen nichts anhaben würden. Aber sie dachten, sie würde mit ihnen streiten und sie anschreien, denn sie war alt und griesgrämig. Sie hielten es für das beste, später etwas zu sagen, wenn sie sich beruhigt hatte.

Am nächsten Tag sagte der Hausbesitzer, er habe die Vögel gern, und sagte, der Garten sei genug gewachsen, daß nichts mehr passieren könne. Er sagte, Wachteln habe er schon immer gern gehabt. Schon als Junge habe er sie hübsch und sehr schmackhaft gefunden, aber da war eben seine Frau. Der Besitzer sagte, seine Frau hätte sich in ein paar Tagen bestimmt beruhigt, und der Garten sei schon immer ihr wunder Punkt gewesen, weil sie für den Winter einkochten.

Als der Mohn blühte und die Erbsen reif wurden, schlüpften drei Gelege. Die ersten Küken tauchten zum Frühstück auf mit der Henne, die einen gewundenen Pfad zu den Körnern bahnte, und dem Hahn, der in Halbkreisen hinter ihnen her lief und die Küken in der Reihe hielt. Sie zählten zehn junge Vögel in den drei Familien, und sie standen noch früher auf, um sich beim Frühstück Zeit lassen und die verdorrenden Senfpflanzen hinter dem Garten schnuppern zu können.

Eine Henne führte ihre Küken immer zu Abendspaziergängen aus auf dem Gehweg vorm Haus. Sie promenierte mit ihrem Nachwuchs pünktlich um halb sechs vorbei. Der Besitzer und seine Frau saßen eines Abends auf der vorderen Veranda und wollten nicht glauben, daß die Henne auftauchen würde, wie es der Mieter beschrieben hatte. Alle lachten, als die Henne auf Kommando vorbeistolzierte. Der Besitzer und seine Frau tranken Bier und erzählten ihnen von der großen Wirtschaftskrise, als Dürre herrschte und sie mit allem sparen mußten. Die alte Frau sagte, diese Angewohnheiten hätte sie immer noch, und sie sagte auch, sie sei wegen des Gartens überempfindlich gewesen. Die beiden Mieter dachten, die Frau des Besitzers hätte sich wieder beruhigt.

Als es Herbst wurde, kochten sie Äpfel und Apfelkompott ein. Der Besitzer erntete seine Kürbisse, Karotten, Tomaten und Rüben. Die Frau des Besitzers tauschte mit ihnen eingemachte Kirschen gegen ihre eingemachten Äpfel. Der Besitzer stutzte die Pflanzen, und der Mieter half dem Alten, die Winterfenster einzusetzen, den Garten umzugraben und die Garage aufzuräumen. Er kaufte einen Fünfzigpfundsack Maiskörner und baute einen Futternapf aus Rotholz. Mit dem Futternapf auf dem Fensterbrett hatten alle achtzehn Wachteln auch bei geschlossenem Fenster Platz.

Der Schwarm war gut vorbereitet auf den Winter. Er sagte ihr, die Vögel würden einen leichten Winter haben mit den Maiskörnern, und sagte, sie würden in der Nähe des Futters bleiben. Die Küken waren groß geworden, sie waren wohlgenährt und glatt mit neuem Erwachsenengefieder. Die ursprünglichen acht waren rund, wohlgemästet vom Sommerfutter. Er versicherte ihr, daß die Vögel gut für den Winter gerüstet seien.

Als das Laub sich färbte und wieder Frost herrschte, schlossen sie das Küchenfenster. Sie konnte der Henne keine Krümel mehr füttern, aber nun konnten sie sich unterhalten, ohne die Vögel zu erschrecken. Sie sprachen über den Sommer und wie die Wachteln sie frühmorgens geweckt hatten.

Er sagte ihr, er habe sich sein Leben lang gewünscht, daß es einmal so sein würde, wie es diesen Sommer gewesen war.

Als harter Frost kam und es morgens kalt war, blieben sie länger wach und warm im Bett nebeneinander liegen und dachten an die Wachteln, dachten an die Wärme.

Am Morgen nach dem ersten Schnee waren die Wachteln verschwunden. Er wischte den Schnee aus dem Futternapf und erneuerte den nassen Mais. Der Schwarm kam an diesem Abend nicht wieder, und am nächsten Morgen war das Futter noch unberührt. Er sagte zu ihr, die Wachteln seien wahrscheinlich zum Überwintern in die Hügel vor der Stadt geflogen. Er meinte, in den Hügeln seien sie geschützter, und die Jagdzeit sei vorbei, also seien sie dort gut aufgehoben. Er sagte zu ihr, daß die Vögel im Frühjahr zurückkehren und alles wieder sein würde wie früher.

Der Mieter und seine Frau schliefen den Winter hindurch lang und fest. Der Winter war trocken, trübe und kalt. Es hieß, im Sommer sei eine Dürre zu erwarten; der Hausbesitzer hortete Gartenwasser, das er in alten Ölfässern aufbewahrte.

Der Mieter wechselte oft den Mais und streute immer etwas davon auf den gefrorenen Boden. Aber die Wachteln kamen nicht wieder, und Spatzen und Häher fraßen das Futter. Seine Frau sagte, sie wisse, daß die Wachteln im Frühjahr zurückkehren und alles wieder sein würde wie früher.

Als der Boden auftaute und es draußen nach Schlamm und Erde roch, sah der Mieter den Besitzer die Garage aufräumen und kam ihm zu Hilfe. Als er den Plastiksack voll graubrauner Federn sah: Daunenfedern, Deckfedern, einige mit Stückchen vertrockneter Haut; als er diesen Sack sah und die große Maschendrahtfalle, die vorher noch nicht in der Garage gewesen war, da fragte er den Besitzer, wie es ihm gelungen sei, alle Vögel auf einmal zu fangen. Der Besitzer sagte, seine Frau sei auf die Idee gekommen. Sie hätten den ersten Schneesturm abgewartet und die Vögel gefangen, als sie dicht gedrängt zusammensaßen. Er sagte, sie seien sehr schmackhaft gewesen.

Der Mieter erzählte seiner Frau nichts von dem Sack und der Falle, aber es war, als wüßte sie es. Nach einiger Zeit streute er keinen Mais mehr hinaus, und als der Fünfzigpfundsack zu faulen begann, warf er ihn auf den Müll.

GARY GILDNER
Schläfrige Augen

In der kleinen Stadt im Norden von Michigan, in der mein
Vater als junger Mann lebte, hatte er einen italienischen
Freund, der in einem Restaurant arbeitete. Ich will diesen
Freund Phil nennen. Phils Job in diesem Restaurant war so
gewöhnlich wie man es sich nur vorstellen kann — angefan
gen beim Kaffeekochen am Morgen bis hin zum Saubermachen
chen ám Abend. Was an Phil jedoch nicht gewöhnlich war,
war sein Klavierspielen. An den Samstagabenden fuhren
mein Vater und Phil und ihre Freundinnen die zehn oder
fünfzehn Meilen zu einem Lokal an einem See, wo sie Bier
aus Steinkrügen tranken und tanzten und Phil auf einem alten, verstimmten Klavier spielte. Er konnte jeden Song spielen, den man ihm nannte, sagte mein Vater, aber der Song,
auf den alle warteten, war der Song, den er selbst geschrieben hatte und den er immer ganz am Schluß spielte, bevor
sie aufbrachen, um in die Stadt zurückzufahren. Und alle
wußten natürlich, daß er den Song für sein Mädchen geschrieben hatte, das ebenso hübsch war wie reich. Ihr Vater
war der Bankbesitzer in ihrer Stadt, und er war ein strenger,
alter Deutscher, und es gefiel ihm nicht, daß Phil mit seiner
Tochter ging.

Wenn mein Vater die Geschichte erzählte, was nicht oft

vorkam, erzählte er sie immer auf ganz beiläufige Art und betonte vor allem die Depression, und daß sie alle nicht viel hatten, statt die wichtigen Stellen. Ich will versuchen, sie so zu erzählen, wie er es tat, wenn ich es kann.

Also fuhren sie zu dem Lokal am See, und zum Schluß spielte Phil seinen Song, und alle sagten, Phil, das ist ein toller Song, du könntest eine Menge Geld damit machen. Aber Phil schüttelte nur den Kopf und lächelte und sah sein Mädchen an. Ich muß mich an dieser Stelle einmischen und sagen, daß mein Vater, ein sanfter, aber praktisch veranlagter Mann, nicht die Gewohnheit hatte, den Teil zu betonen, wo Phil sein Mädchen ansah. Es war meine Mutter, die sagte, daß das Mädchen immer den Kopf an Phils Schulter lehnte, während er spielte, und daß er die Idee für den Song daher hatte, daß sie immer so hübsch aussah, wenn sie schläfrig wurde. Meine Mutter spielte in der Geschichte nicht mit, aber sie hatte sie gehört, als sie und mein Vater noch jünger waren, und besaß die Information von daher. Ich würde mich gerne noch ein Stück weiter einmischen und etwas darüber hinzufügen, wie Phil den Song schrieb, ihn vielleicht dabei zeigen, wie er die Melodie vor sich hinpfiff und langsam und sorgfältig die Worte durchging, um die besten zu finden, während er im Restaurant Zwiebeln oder Kartoffeln schälte; aber mein Vater fährt sie schon vom Lokal nach Hause und sagt, wie zusammengestückelt seine Reifen waren und daß der Motor des Autos ein Sammelsurium von Ersatzteilen der verschiedensten Modelle war und manche Teile außerdem seine eigene Erfindung. Und meine Mutter sagt, daß der alte Deutsche seine Tochter gezwungen hatte, ihm zu versprechen, daß sie sich nicht mit einem Mann einlassen würde, bevor sie mit dem College fertig war, und daß sie nicht zu spät zurückkommen durften. Abgesehen davon liebt meine Mutter die traurigen Stellen und hat es eilig, zu ihrem letzten Abend zu kommen, bevor das Mädchen ins College fährt.

Sie fuhren also zu dem Lokal, und es war traurig. Die Frauen hatten Tränen in den Augen, als Phil den Song des Mädchens spielte, sagte meine Mutter. Mein Vater sagte, Phil hätte einen ganzen Wochenlohn für ein neues Hemd und eine Krawatte ausgegeben, die erste Krawatte, die er je besaß, und daß die Leute ihn deswegen aufzogen. Irgend jemand sagte, Phil, du solltest den Song runter nach Bay City bringen — was für sie wie New York City war, nur realistischer — und ihn verkaufen und das Geld nehmen und auch aufs College gehen. Was nicht böse gemeint war, aber darauf lief es hinaus, denn Phil war nicht einmal auf der High School gewesen. Aber daran kann man sehen, daß die Leute versucht haben, ihn aufzumuntern, sagte meine Mutter.

Nun ja, sie kam am Erntedankfest und Weihnachten und Ostern nach Hause, und sie fuhren alle heimlich zu dem Lokal am See und tranken Bier aus Steinkrügen und tanzten, und alles war so wie immer. Und dann gab es natürlich noch die Sommer. Und alle wußten, daß Phil und das Mädchen heiraten würden, sobald sie das Versprechen erfüllt hatte, das sie ihrem Vater gegeben hatte, weil man es in ihren Augen sehen konnte, wenn er an dem alten, verstimmten Klavier saß und ihren Song spielte.

Der letzte Teil, der mit den Augen, war natürlich in der Erzählung meines Vaters nicht enthalten, aber ich mußte ihn an dieser Stelle einfach einfügen, obwohl ich weiß, daß ein paar von euch allmählich ungeduldig werden. Ihr dürft nicht vergessen, daß das alles vor vielen Jahren in den Wäldern an einem See im Norden von Michigan passierte, bevor es das Fernsehen gab. Ich wünschte, ich könnte mehr einfügen, vor allem über den Song, und wie es sich für Phil anfühlte, ihn zu singen, und wie das Mädchen sich fühlte, wenn es ihn hörte und wußte, daß es sein Song war, aber ich habe mich schon viel zu viel in eine einfache Geschichte eingemischt, die nicht einmal meine eigene ist.

Hier kommt der Knaller. Wahrscheinlich haben viele von

euch schon erraten, daß sie zum Schluß in den Ferien nicht nach Hause kommt, um Phil zu sehen, weil sie am College einen Typ kennenlernt, der gut aussieht und genauso reich ist wie sie, und weil ihr Vater die ganze Zeit von Phil gewußt und sie ständig gedrängt hat, ihn zu vergessen, gibt sie dem neuen Typ schließlich nach und fährt in den Ferien mit ihm nach Hause und verliebt sich in ihn. So jedenfalls haben die Leute in der Stadt es sich zusammengereimt, denn als sie mit dem College fertig ist, kommen die beiden zurück, schon verheiratet, und er übernimmt auf der Stelle die Bank des alten Deutschen — und kauft sich in dem Laden, in dem mein Vater als Mechaniker arbeitet, einen neuen Pontiac und bezahlt ihn bar. Daß er bar bezahlt, ließ meinen Vater immer eine Pause machen und den Kopf schütteln und noch einmal sagen, daß die Zeiten hart waren, aber hier kommt dieser Typ in einem geschniegelten weißen Hemd (mit französischen Manschetten, sagte meine Mutter) und bezahlt den vollen Preis in bar.

Und auch das hier ließ meinen Vater den Kopf schütteln: Phil brachte den Song runter nach Bay City und verkaufte ihn für fünfundzwanzig Dollar, das einzige Geld, das er je dafür bekam. Es war derselbe Song, den wir eben im Radio gehört haben und der meinen Vater an die Geschichte erinnerte, die ich eben erzählt habe. Was aus Phil geworden ist? Er blieb in Bay City und bekam einen Job als Manager in einem Kino. Mein Vater hat ihn nach der Depression dort besucht, als er auf dem Weg nach Detroit war, um bei Ford zu arbeiten. Er hielt an, und Phil gab ihm eine Schachtel Popcorn. Der Song, den er für das Mädchen geschrieben hat, hat viele Millionen Schallplatten verkauft, und wenn ich euch den Titel nennen würde, könntet ihr ihn wahrscheinlich singen oder wenigstens die Melodie pfeifen. Ich frage mich, was das Mädchen denkt, wenn es ihn hört. Oh ja, mein Vater hat auch Phils Frau kennengelernt. Sie arbeitete im selben Kino wie er, verkaufte die Karten und machte nach der Vor-

stellung den Teppich sauber, mit einer von diesen Kehrma-
schinen, die man schieben muß. Außerdem war sie groß und
laut und kein bißchen wie die andere, sagte meine Mutter.

MARILYN KRYSL
Die Artischocke

... bis wir seine persönlichsten Gedanken über die Artischocke, den Handschuh, den Keks oder die Spule berücksichtigen.

Breton, *Nadja*

Es wird in einem Zug nach Banff geschehen, wir werden beide denken, wir seien im Urlaub. Wir werden im Speisewagen sein, rauchen und über Baudelaire diskutieren oder über Gulf Oil diskutieren oder über Inflation diskutieren, während wir auf den Kellner warten. Während wir auf den Kellner warten, ohne Eile und eigentlich nicht richtig hungrig. Und bei dieser Diskussion werden wir die Ausdrücke *Bruttosozialprodukt* und *Marktwert* und *Idee des Bösen* verwenden. Und es werden du und ich sein, die da reden, nicht irgendwer anders irgendwo anders und kein fiktives, erfundenes Paar.

Der Kellner kommt, um unsere Bestellung aufzunehmen. Er ist schwarz, in einem weißen Jackett. Er wird deshalb schwarz sein, weil Kellner in Zügen nach Banff das nun einmal sind, die Eisenbahn hat beschlossen, ihr Geschäft auf diese Art zu führen. Wir werden uns wünschen, er wäre nicht unser Kellner, aber so ist es nun einmal. Und da werden wir nun einmal sein, während der Kellner wartet, wofür er ja bezahlt wird, gerade ausreichend, nicht zu viel, bis ich meine Meinung zu Baudelaire gesagt habe und wir die Diskussion abbrechen, um zu bestellen.

Das Tischtuch wird aus gestärktem weißen Leinen sein. Nicht, weil wir gestärktes weißes Leinen wollen, sondern weil man, wenn man einen Zug nach Banff nimmt, ein weißes Leinentischtuch bekommt. Und wir nehmen diesen Zug durch diese Berge. Die Berge werden natürlich nicht unseretwegen da sein, aber sie werden da sein.

Und wir werden eine Artischocke bestellen. Weil wir sie mögen. Wir mögen sie, und da stehen sie auf der Speisekarte.

Wir wissen, daß wir einige Dinge ändern können, andere jedoch nicht, und wir wissen, welche wir ändern können, wenn man gegen einen Felsen tritt, bricht man sich den Zeh, und jetzt sind wir hungrig. Zu diesem Zeitpunkt können wir ohne die Schwärze des Kellners auskommen, ohne die Stärke im Leinen, ohne die bergigen Berge, wir haben unsere Gefühle ihnen gegenüber dieser Tatsache angepaßt. Auch sind wir von diesen Gefühlen gelangweilt, die auf ihrer Anwesenheit bestehen wie lästige Kinder, die nichts zu tun haben, aber hauptsächlich sind wir hungrig. Und jeder wird natürlich hungrig, um diese Aussage herum können wir uns einig versammeln wie um einen Tisch. Momentan könnte ich bequem ohne hochtrabende moralische Phrasen auskommen und mich mit dem Aufsichtsratsvorsitzenden von Gulf zusammensetzen, solange nur jeder von uns eine Artischocke hätte.

Da kommt der Kellner mit einer weißen Platte. Ich sehe die Reihen gezackter Blätter der Artischocke, Blätter wie Federn geformt, und jetzt, näher, zu einem Punkt abgerundet wie Federn, viel näher, und sind das tatsächlich Federn, die da näherkommen, das sind tatsächlich Federn — und nun schlägt mein Hunger den Rückweg ein, den ganzen Weg hoch von meinem Bauch in meinen Mund, ein Herz, das hinausfliegen will und fort — es sind Federn, es ist ein gefiederter Kopfschmuck, es ist ein Kopf — und der Kellner setzt mir den lila Kopf von Quetzalcoatl auf einem Tablett vor.

Ich will sagen *Nein*. Sie haben meine Bestellung mit der von jemand anderem verwechselt, ich bin nicht diejenige, die das gewollt hat, nehmen Sie es weg. *Aber Madame*, sagt er, *Sie haben es bestellt*. Und ich will sagen »Nennen Sie mich nicht Madame!« Aber da ist Quetzalcoatls Kopf auf meinem Tablett.

Was wir bestellten, ist nicht, was wir wollen, man sollte meinen, jeder Narr konnte das erkennen. Wir haben immer angenommen, unsere sanftmütigen Absichten entschuldigten unseren imperialen Lebensstil. Aber wir haben uns immer noch nicht daran gewöhnt, daß ein Kellner uns Quetzalcoatls Kopf auf einer Platte bringt, nach dessen Kopf fragen zu sollen wir vergessen haben, da wir auf diesem Urlaub durch bewaldete zerklüftete großartige obwohl nicht mehr jungfräuliche Berge gekommen waren, da wir die Kinder in der Schule zurückgelassen hatten, damit sie lernen, wie der Konzern zu organisieren sei, dessen Organisatoren zu sein wir bequem zu vergessen organisiert hatten.

BERNARD MALAMUD
Ein verlorenes Grab

Hecht war ein geborener Spätentwickler.

Eines Nachts wachte er auf, hörte den Regen an seine Fenster schlagen und dachte an seine junge Frau in ihrem nassen Grab. Dies war neu für ihn, denn zu viele Jahre schon hatte er nicht mehr an sie gedacht, um sich dabei wohlzufühlen. Er sah sie in ihrem aufgedeckten Grab, Rinnsale strömten in alle Richtungen, und Celia, die er geheiratet hatte, als er schon älter war, lag allein in der zunehmenden Nässe. Nicht einmal eine einzige Blume wuchs auf ihrem Grab, obwohl er geschworen hätte, für die ständige Pflege des Grabes gesorgt zu haben.

Er folgte seinen Gedanken, um sie vielleicht mit einer Plastikplane zu bedecken, und obwohl er den Friedhof unter tropfenden Bäumen und zwischen vielen nassen Gräbern absuchte, konnte er sie nicht finden. In seinem Traum gab es weder Grabinschrift, noch Reihenbezeichnung, noch Grabstellennummer, und obwohl er stundenlang suchte, hatte er nichts vorzuweisen als sein nasses Ich. Das Grab war verschwunden. Wie kann man eine Frau zudecken, die nicht dort ist, wo sie sein sollte? Typisch Celia.

Am nächsten Morgen wand sich Hecht schließlich aus dem Bett und nahm die U-Bahn nach Jamaica, um zu sehen, wo sie beerdigt war. Er war seit Jahren nicht mehr auf dem

Friedhof gewesen; das verwunderte niemanden in Anbetracht der einstigen Umstände. Das Leben mit Celia war nicht gerade berechenbar gewesen. Doch die Dinge ändern sich im Leben, scheinbar wenigstens. Hecht hatte sich in letzter Zeit lebhafter an sein Leben zurückerinnert, aus welchem Grund auch immer. Wenn man fünfundsechzig ist, nehmen manche Dinge, die zwei verschiedene Seiten haben, eine weitere an, die beim Betrachten oder Zählen das Bild kompliziert. Hecht zählte.

Obwohl Hecht sein Leben lang mehr oder weniger im Geschäftsleben gestanden hatte, hob er jetzt nur wenige persönliche Papiere auf, und obwohl er einen kleinen Stapel von ihnen am Morgen durchgesehen hatte, hatte er nichts gefunden, um Celias derzeitigen Verbleib zu ermitteln; und nachdem er eine Stunde lang recht ziellos Grabsteine betrachtet hatte, verspürte er die Notwendigkeit, die Suche einzustellen und eine weitere Stunde mit einer jungen Sekretärin im Hauptbüro zu verbringen, die seinen Namen und Celias ohne Ergebnis in den Computer tippte und einen Wirrwarr von Beerdigungsdaten, Gräbern und Doppelgräbern zutage förderte, was ihn in Rage brachte.

»Schauen Sie, meine Liebe«, sagte Hecht zu der verwirrten jungen Sekretärin, »wenn das alles ist, was Sie mit dieser Maschine rauskriegen können, müssen wir einen anderen Weg finden, um mehr rauszukriegen, oder mir reißt der Geduldsfaden. Dieses Grab ist verlorenes Gebiet, soweit es mich betrifft, und wir müssen etwas Zweckmäßiges unternehmen, um es wiederzufinden.«

»Was glauben Sie eigentlich, was ich gerade tue, wenn ich fragen darf?«

»Was auch immer Sie da tun, es scheint wenig zu helfen. Dieser Computer hat doch angeblich ein gutes mechanisches Gedächtnis, aber entweder funktioniert er nicht, oder Teile davon sind verrostet. Ich gebe zu, daß ich keinerlei Papiere mitgebracht habe, aber das Einzige, worüber der Computer uns bisher informiert hat, ist, daß er nicht viele Informationen für uns hat.«

»Er hat uns informiert, daß er Schwierigkeiten hat, die von Ihnen gewünschte Information zu finden.«

»Was auf Null minus Null hinausläuft«, sagte Hecht. »Ich möchte Sie daran erinnern, daß wir hier über ein abhandengekommenes Grab und nicht über einen verlorenen Ehering reden. Es ist die verschwundene Grabstelle der Dame, die einmal meine Frau gewesen ist, die ich wiederzufinden suche.«

Die hübsche junge Frau, mit der er verhandelte, führte mit zusammengepreßten Lippen ein Gespräch mit einer unbekannten Person, dann ertönte der Summer auf ihrem Schreibtisch, und Hecht wurde die Erlaubnis erteilt, das Büro des Direktors zu betreten.

»Mr. Goodman läßt bitten.«

Er verkniff sich ein »Gut für Mr. Goodman«. Hecht nickte nur und folgte der jungen Dame in ein abgeschirmtes Büro. Sie klopfte einmal und verschwand, als eine freundliche Stimme durch die Tür sagte:

»Herein, herein.«

»Warum soll ich mir Gedanken machen, wenn es doch nicht meine Schuld ist?« sagte sich Hecht.

Mr. Goodman deutete auf einen Stuhl vor seinem Schreibtisch, und Hecht setzte sich und sah ihm zu, wie er Orangensaft aus einer Literpackung in ein kleines grünes Glas goß.

»Möchten Sie mir bei einem süßen Schluck Gesellschaft leisten?« fragte er und nickte zur Packung hinüber. »Ich nehme für gewöhnlich zu dieser Tageszeit eine Erfrischung zu mir. Das hält mich im Gleichgewicht.«

»Danke«, sagte Hecht, womit er andeuten wollte, daß er ernstere Probleme habe. »Ich bin hier, weil ich das Grab meiner Frau suche, bisher jedoch ohne Erfolg.« Er räusperte sich, erstaunt über die Rührung, die seine Kehle zuschnürte.

Mr. Goodman betrachtete Hecht mit Interesse.

»Ihre Vorzimmerdame konnte es nicht finden«, fuhr Hecht fort, wobei er bedauerte, daß er die notwendigen Dokumente, die die Grabstätte bezeichnen würden, nicht gefunden hatte. »Ihre junge Dame probierte an ihrem Computer jede Kombination aus, brachte aber nichts zustande. Was verloren war, ist noch immer verloren, mit anderen Worten, das Grab meiner Frau.«

»*Verloren* ist voreilig«, äußerte sich Goodman. »*Verlegt* wäre wohl treffender. In den achtundzwanzig Jahren, in denen ich diese Position bekleide, glaube ich nicht, daß wir auch nur ein einziges Grab verloren haben.«

Der Direktor tippte flink auf der Tastatur seines Tischcomputers, warf einen Blick auf den Bildschirm und zuckte mit den Achseln. »Ich fürchte, daß wir hier kein Glück haben. Der Band *H* unseres Registers, das wir benutzten, bevor wir auf Computer umgestellt haben, scheint zu fehlen. Doch ich versichere Ihnen, das ist gewiß nur vorübergehend.«

»Soweit hat mich bereits Ihre junge Dame informiert.«

»Sie ist nicht meine junge Dame, sie ist meine Sekretärin.«

»Dann nehme ich das hiermit zurück«, sagte Hecht. »Nichts für ungut.«

»Gleichfalls«, sagte Goodman. »Aber wir werden weitersuchen. Können Sie mir freundlicherweise sagen, falls es Ihnen nichts ausmacht, in welcher Beziehung Sie zu Ihrer Frau zum Zeitpunkt ihres Todes standen?« Er lugte über seine halbmondfömigen Brillengläser, um den Text auf dem Bildschirm zu überprüfen.

»In keinerlei Beziehung. Wir lebten getrennt. Was hat das mit ihrer Grabstelle zu tun?«

»Ich frage danach, weil ich dachte, es könnte Ihr Gedächtnis auffrischen. Zum Beispiel, ist das der richtige Friedhof, auf dem Sie suchen — Mount Jeroboam? Manche Leute verwechseln uns mit Mount Hebron.«

»Ich versichere Ihnen, es war Mount Jeroboam.«

Hecht zögerte einen Moment und machte dann folgende

Angaben: »Meine Frau war nicht die zuverlässigste. Sie hat mich zweimal verlassen und war monatelang verschwunden. Obwohl ich sie zweimal wieder aufgenommen habe, waren wir zum Zeitpunkt ihres Todes nicht zusammen. Einmal drohte sie, sich das Leben zu nehmen, aber schließlich tat sie es doch nicht. Am Ende starb sie an einer ganz normalen Krankheit, nicht an Krebs. Das war Jahre später, als wir nicht mehr zusammenlebten, aber ich richtete ihre Beerdigung aus, meines Wissens auf eben diesem Friedhof. Ich habe auch gehört, daß sie für kurze Zeit mit einem Kerl, den sie irgendwo kennengelernt hatte, zusammenlebte, aber als sie starb, war ich es, der sie beerdigte. Jetzt bin ich fünfundsechzig, und seit kurzem habe ich das Bedürfnis, das Grab einer Frau zu besuchen, die mit mir zusammengelebt hat, als ich ein junger Mann war. Das ist das Grab, von dem jeder mir jetzt sagt, es sei nicht zu finden.«

Goodman erhob sich hinter seinem Schreibtisch, ein kleiner Mann, 1,50 m groß.

»Ich werde eine sorgfältige Suche veranlassen.«

»Je schneller, desto besser«, antwortete Hecht. »Ich bin noch immer neugierig zu erfahren, was mit ihrem Grab passiert ist.«

Goodman brach fast in Lachen aus, fing sich jedoch und streckte die Hand aus.

»Ich werde Sie auf dem Laufenden halten, seien Sie unbesorgt.«

Hecht ging irritiert fort. Auf der Rückfahrt zur Stadt dachte er an Celia und an die diversen Male, wo sie unglücklich war. Er wünschte, er hätte Goodman gesagt, daß sie sein Leben ruiniert hatte.

In dieser Nacht regnete es. Zu seiner Überraschung fand er einen nassen Fleck auf dem Kopfkissen.

Am nächsten Tag ging Hecht wieder auf den Friedhof. »Was habe ich vergessen, an das ich mich erinnern sollte?« fragte er sich. Offensichtlich die Grabstelle, Reihe und Nummer. Obwohl er sie sorgfältig suchte, konnte er sie nicht finden. Wer kann sich an etwas erinnern, daß er ein für allemal aus seinem Gedächtnis gestrichen hat? Es ist, als wolle man aus einer Tüte Vogelfutter Bohnen ziehen.

»Aber ich muß Geduld haben, dann werde ich es herausbekommen. Mit der Zeit wird es mir schon wieder einfallen. Wenn mein Gedächtnis ja sagt, werde ich nicht widersprechen.«

Aber Wochen vergingen, und Hecht konnte sich noch immer nicht an das erinnern, woran er sich zu erinnern versuchte. »Vielleicht habe ich einen toten Punkt erreicht?«

Ein weiterer Monat verging, und schließlich erhielt er einen Anruf vom Friedhof. Es war Mr. Goodman, der sich räusperte. Hecht stellte sich ihn vor, wie er am Schreibtisch saß und am Orangensaft nippte.

»Mr. Hecht?«

»Am Apparat.«

»Hier spricht Mr. Goodman. Frohes Rosch Ha-Schanah.«

»Ihnen auch ein frohes Rosch Ha-Schanah.«

»Mr. Hecht, ich möchte Ihnen Fortschritte melden. Sind Sie auf eine Überraschung gefaßt?«

»Raus damit«, sagte Hecht.

»Lassen Sie es mich treffender sagen. Wir haben Ihre Frau aufgespürt, und es hat sich herausgestellt, daß sie nicht in dem Grab ist, in dem der Computer sie nicht finden konnte. Offen gesagt, wir haben sie im Grab eines anderen Herrn gefunden.«

»Was für ein Herr? Wer in Gottes Namen ist er? Ich bin ihr rechtmäßiger Ehemann.«

»Das, Sie verzeihen, ist der Mann, der mit Ihrer Frau zusammenlebte, nachdem sie Sie verlassen hat. Sie lebten zeitweise zusammen und dann wieder nicht, also nehmen Sie sich das nicht zu sehr zu Herzen. Nach ihrem Tod erwirkte er einen Gerichtsbeschluß, worauf sie in ein anderes Grab umgebettet wurde, in das wir ihn später beigesetzt haben. Der

Richter erteilte die Genehmigung, weil er ihn davon überzeugte, daß er sie viele Jahre über geliebt hatte.«

Hecht war peinlich berührt. »Was reden Sie da? Wie konnte er ihr Grab irgendwohin verlegen, wenn es nicht sein rechtmäßiges Eigentum war? Ihr Grab gehörte mir. Ich habe es bar bezahlt.«

»Das Grab existiert noch«, erklärte Goodman, »aber die Namen sind verwechselt worden. Sein Name war Kaplan, aber die Arbeiter beerdigten sie als Caplan. Ihr Grab ist noch immer auf dem Friedhof, wenngleich wir es unter Kaplan und nicht unter Hecht führten. Ich entschuldige mich bei Ihnen für diese Unannehmlichkeit, aber ich glaube, wir haben jetzt das Rätsel gelöst.«

»Da danke ich Ihnen«, sagte Hecht. Er fühlte, daß er eine Ehefrau verloren hatte, aber kein Witwer mehr war.

»Vergessen Sie auch nicht«, erinnerte ihn Goodman, »Sie haben ein freies Grab zur weiteren Verfügung. Keiner liegt dort, und Ihnen gehört die Grabstelle.«

Hecht sagte, das sei ganz sicher richtig.

Die Geschichte hatte ihn erstaunt. Doch wann immer er meinte, sie jemandem erzählen zu müssen, den er kannte oder gerade getroffen hatte, war er nicht sicher, ob er das wollte.

Robert Coover, »A Sudden Story«, Copyright © 1986 by Robert Coover, mit Genehmigung des Autors. Deutsch von Eike Schönfeld.

Grace Paley, »Mother«, Copyright © 1985 by Grace Paley mit Genehmigung von Farrar, Straus and Giroux, Inc. »Mutter«, aus: Später am selben Tag. st 1662. © Suhrkamp Verlag Frankfurt am Main 1987. Übers. von Jürg Laederach.

Arturo Vivante, »Can-Can«, in *The London Magazine*, Februar/März 1972, Bd. 11, Nr. 6, mit Genehmigung des Autors. Deutsch von Martin Hielscher.

Barry Hannah, »Even Greenland«, in *Carolina Quarterly*, Winter 1985, mit Genehmigung des Autors. Deutsch von Claus Derenda.

Donald Barthelme, »The King of Jazz«, aus: *Great Days*, Copyright © 1970, 1976, 1977, 1978, 1979 by Donald Barthelme, nachgedruckt mit Genehmigung von Farrar, Straus and Giroux, Inc. Deutsch von Eike Schönfeld.

John Cheever, »Reunion«, Copyright © 1962 by John Cheever, aus: *The Stories of John Cheever*, mit Genehmigung des Verlages Alfred A. Knopf, Inc. Deutsch von Eike Schönfeld.

Jane Martin, »Twirler«, in *Esquire*, November 1982, mit freundlicher Genehmigung von Alexander Speer, Treuhänder des Nachlasses von Jane Martin. Deutsch von Nina Adler.

Bel Kaufman, »Sunday in the Park«, in *The Available Press/PEN Short Story Collection*, Ballantine, 1985, mit Genehmigung des Autors. Deutsch von Martin Hielscher.

Roy Blount, Jr., »Five Ives«, in *Esquire*, Juli 1982, mit Genehmigung des Autors. Deutsch von Claus Derenda.

Richard Blessing, »Song on Royal Street«, aus *Poems & Stories*, Dragon Gate, 1983, mit Genehmigung von Marlene Blessing. Deutsch von Eike Schönfeld.

John Updike, »Pygmalion«, aus: Trust me (Spring doch!), deutsch von Uwe Friesel und Hannelore Gauster, Copyright © 1990 by Rowohlt Verlag GmbH, Reinbek bei Hamburg.

Robert Fox, »A Fable«, mit Genehmigung des Autors. Deutsch von Brigitte Walitzek.

James Still, »The Moving«, aus: *The Run For the Elbertas*, mit Genehmigung der University Press of Kentucky, 1953, und des Autors. Deutsch von Claus Derenda.

Charles Baxter, »The Cliff«, aus: *Harmony of the World*, Copyright © 1984 by Charles Baxter, mit Genehmigung der University of Missouri Press. Deutsch von Cornelia C. Walter.

Elizabeth Tallent, »No One's a Mystery«, in *Harper's,* August 1985, und in

The Available Press/PEN Short Story Collection, Ballantine, 1985, mit Genehmigung des PEN Syndicated Fiction Project und der Autorin. Nachdruck für die deutsche Sprache genehmigt durch Aitken & Stone, Ltd., London. Deutsch von Eike Schönfeld.

Gordon Lish, »The Merry Chase«, in *Antioch*, Winter 1985, mit Genehmigung des Autors. Deutsh von Claus Derenda.

Mary Robison, »Yours«, aus: *An Amateur's Guide to the Night*, Copyright © 1981, 1982, 1983, mit Genehmigung von Alfred A. Knopf, Inc. Deutsch von Michaela Giebelhausen.

Peter Taylor, »A Walled Garden«, © 1941 by Peter Taylor, mit Genehmigung von Doubleday & Company, Inc., »Ein ummauerter Garten«, aus: Aussicht auf Regen. Erzählungen. © Ernst Klett Verlage GmbH und Co. KG, Stuttgart 1989, übers. von Karin Polz.

Max Apple, »Heart Attack«, in *TriQuarterly*, Winter 1976, mit Genehmigung des Autors. Deutsch von Claus Derenda.

Langston Hughes, »Thank You, M'am«, Copyright © 1958 by Langston Hughes, erneuert 1986 von George Houston Bass, mit Genehmigung von Harold Ober Associates Incorporated. Deutsch von Brigitte Walitzek.

Raymond Carver, »Popular Mechanics«, aus: *What The Talk About When We Talk About Love*, Vintage 1982, mit Genehmigung des Autors. Deutsch von Martin Hielscher.

Lynda Sexson, »Turning«, in *Kenyon Review*, Herbst 1980, mit Genehmigung der Autorin. Deutsch von Brigitte Walitzek.

Tobias Wolff, »Say Yes«, aus: *Wieder im Bilde*, aus dem Amerikanischen von Helga Pfetsch, Copyright © R. Piper GmbH & Co. KG, München 1993.

T. Coraghessan Boyle, »The Hit Man«, in *The North American Review*, Juni 1980, mit Genehmigung des Autors. Deutsch von Martin Hielscher.

Jack Matthews, »A Questionnaire for Rudolph Gordon«, in *The Malahat Review*, Nr. 39, Juli 1976, und in *Best American Short Stories*, 1977, Houghton Mifflin, Co., mit Genehmigung des Autors. Deutsch von Cornelia C. Walter.

Ray Bradbury, »I See You Never«, Copyright © 1947, erneuert 1974 by Ray Bradbury, mit Genehmigung der Don Congdon Associates, Inc. Deutsch von Eike Schönfeld.

Fred Chappell, »Children of Strikers«, aus: *Moments of Light*, New South 1980, mit Genehmigung der New South Company. Deutsch von Cornelia C. Walter.

Steven Schutzman, »The Bank Robbery«, in: *TriQuarterly*, Winter 1976, mit Genehmigung des Autors. Deutsch von Brigitte Walitzek.

Tennessee Williams, »Tent Worms«, zuerst veröffentlicht in *Esquire*, aus: *The Collected Stories*, Copyright © 1945 by Tennessee Williams, mit Genehmigung der New Directions Publishing Corp. Deutsch von Cornelia C. Walter.

H. E. Francis, »Sitting«, in *Mississippi Review*, Frühjahr/Sommer 1981, mit Genehmigung des Autors. Deutsch von Brigitte Walitzek.

Pamela Painter, »The Bridge«, in *The Threepenny Review # 17*, Frühjahr 1984, mit Genehmigung der Autorin. Deutsch von Martin Hielscher.

Mark Strand, »Dog Life«, aus: *Mr. and Mrs. Baby and Other Stories*, Copyright © 1985, mit Genehmigung der Alfred A. Knopf, Inc. Deutsch von Martin Hielscher.

William Peden, »The Hatchet Man in the Lighthouse«, in *New Orleans Review* (Bd. 8, Nr. 1), Copyright © 1981 by Loyola University, mit Genehmigung des Autors. Deutsch von Brigitte Walitzek.

Joyce Carol Oates, »Happy«, in *Vanity Fair*, Dezember 1984, mit Genehmigung von Blanche C. Gregory, Inc. Deutsch von Claus Derenda.

Russell Edson, »Dinner Time«, aus: *The Very Thing That Happens*, New Directions 1964, mit Genehmigung des Autors. Deutsch von Cornelia C. Walter.

John L'Heureux, »The Anatomy of Desire«, aus: *Desires*, Holt, Rinehart & Winston, 1981, mit Genehmigung des Autors. Deutsch von Claus Derenda.

Lucas Cooper, »Class Notes«, in *The North American Review*, Copyright © 1984 by University of Northern Iowa, mit Genehmigung des Autors. Deutsch von Claus Derenda.

Ernest Hemingway, »A Very Short Story«, Copyright © 1925 by Charles Scribner's Sons, erneuert 1953 von Ernest Hemingway, »Eine sehr kurze Geschichte«, aus: 49 Stories, deutsch von Annemarie Horschitz-Horst, Copyright © 1950 by Rowohlt Verlag GmbH, Hamburg.

Stuart Dybek, »Sunday at the Zoo«, aus: *Brass Knuckles*, University of Pittsburgh Press 1979, mit Genehmigung des Autors. Deutsch von Claus Derenda.

Francois Camoin, »Things I Did to Make It Possible«, aus: *The End of the World Is Los Angeles*, University of Missouri Press 1982, mit Genehmigung des Autors. Deutsch von Claus Derenda.

Michael Plemmons, »Noel«, in *The North American Review*, Juni 1985, mit Genehmigung des Autors. Deutsch von Cornelia C. Walter.

Chet Williamson, »The Personal Touch«, in *Playboy*, August 1983, Copyright © 1983 by *Playboy*, mit Genehmigung des Autors und seines Agenten James Allen. Deutsch von Eike Schönfeld.

Fielding Dawson, »The Vertical Fields«, aus: *Krazy Kat & 76 More*, Black Sparrow Press 1982, mit Genehmigung des Autors. Deutsch von Claus Derenda.

Tom Whalen, »The Visitation«, in *Mississippi Review*, Winter/Frühjahr 1979, mit Genehmigung des Autors. Deutsch von Claus Derenda.

George Garrett, »The Strong Man«, aus: *An Evening Performance*, Doubleday 1985, mit Genehmigung des Autors. Deutsch von Cornelia C. Walter.

Amerikanische Erzähler

Mark Helprin
Eine Taube aus dem Osten
und andere Erzählungen
Aus dem Amerikanischen von Hans Hermann. Band 9580

Richard Ford
Wildlife
Wild Leben
Roman. Aus dem Amerikanischen von Martin Hielscher
Band 11299

Bobbie Ann Mason
Shiloh und andere Geschichten
Erzählungen. Aus dem Amerikanischen von
Harald Goland. Band 5460

Jayne Anne Phillips
Maschinenträume
Roman. Aus dem Amerikanischen von Karin Graf
Band 9199

Robert M. Pirsig
Zen und die Kunst, ein Motorrad zu warten
Roman. Aus dem Amerikanischen von Rudolf Hermstein
Band 2020

Anne Tyler
Nur nicht stehenbleiben
Roman. Aus dem Amerikanischen von Günther Danehl
Band 11409

Fischer Taschenbuch Verlag

Amerikanische Erzähler

Ernest Hemingway
Wem die Stunde schlägt
Roman. Aus dem Amerikanischen von Paul Baudisch
Band 408

Arthur Miller
Laßt sie bitte leben
Short Stories
Aus dem Amerikanischen von Harald Goland
Band 11412

Sylvia Plath
Die Bibel der Träume
Erzählungen, Prosa aus den Tagebüchern
Aus dem Amerikanischen von
Julia Bachstein und Sabine Techel
Band 9515

Thornton Wilder
Theophilus North
oder Ein Heiliger wider Willen
Roman. Aus dem Amerikanischen von Hans Sahl
Band 10811

Tennessee Williams
Moise und die Welt der Vernunft
Roman. Aus dem Amerikanischen von Elga Abramowitz
Band 5079

Fischer Taschenbuch Verlag

Anne Tyler

Atemübungen
Roman
Aus dem Amerikanischen von Reinhard Kaiser
Band 10924

Caleb oder Das Glück aus den Karten
Roman
Aus dem Amerikanischen von Günther Danehl
Band 10829

Dinner im Heimweh-Restaurant
Roman
Aus dem Amerikanischen von Ulrike von Puttkamer
Band 8254

Nur nicht stehenbleiben
Roman
Aus dem Amerikanischen von Günther Danehl
Band 11409

Die Reisen des Mr. Leary
Roman
Aus dem Amerikanischen von Andrea Baumrucker
Band 8294

Fast ein Heiliger
Roman
Aus dem Amerikanischen von Anne Ruth Frank-Strauss
352 Seiten. Geb. S. Fischer Verlag

Segeln mit den Sternen
Roman
Aus dem Amerikanischen von Reinhard Kaiser
286 Seiten. Geb. S. Fischer Verlag

Fischer Taschenbuch Verlag

fi 1605 / 2

>Jane Smileys Helden leben in der Provinz von Alltag und Gewohnheit, und wenn sie in all ihrer Sprachlosigkeit Gestalt annehmen, dann liegt es an der Kunst der Autorin, aus dem Bodensatz der Banalitäten eine fast poetische Kraft zu gewinnen.«
Die Zeit

Jane Smiley
In den Jahren der Trauer
Erzählungen und eine Novelle
Aus dem Amerikanischen von Karin S. Rausch

Dave, der 35jährige Zahnarzt, der von den *Jahren der Trauer* spricht, versucht mit einem Verdacht fertigzuwerden, der das helle, ruhig dahinziehende Geschehen seines Familienlebens zu erschüttern droht – der Verdacht, daß seine Frau ihre intensiven Gefühle für ihn verloren, daß sie sich in einen anderen Mann verliebt hat. Ähnlich ernüchternde, bedrohliche Momente überfallen fast alle Figuren in den scheinbar heilen, alltäglichen Szenarien dieser Geschichten, und oft werden sie im Zusammenhang der Ehe oder des Familienlebens erfahren. In *Lily* findet sich eine einsame Frau mittleren Alters plötzlich in den Zusammenbruch der Ehe eines befreundeten Paares verstrickt. Sie wird ungewollt zur Mitwirkenden. Jane Smiley schildert die prekären Balanceakte ihrer Protagonisten mit Einsicht und Witz. Dave, Florence und Lily richten sich ein, sie schaffen keine Veränderungen, sondern sind bemüht, die »ironische Mitte« zu halten. Dabei offenbaren sie ein lebendiges, reiches Innenleben, die Fähigkeit zur Selbstbeobachtung und viel Humor. Jane Smiley ist eine kluge und ungewöhnlich empfindsame Erzählerin.

Fischer Taschenbuch Verlag

fi 1128 / 2